Walter Kolneder

Lübbes Vivaldi-Lexikon

Lübbes Komponisten-Lexika bieten Band für Band alles Wissenswerte über die großen Meister des Abendlandes. Von Bach bis Strawinsky, von Mozart bis Bartók, von Beethoven bis Mahler machen namhafte Musikwissenschaftler die Ergebnisse einer kaum mehr überschaubaren Forschung in einer Fülle von Stichworten, Abbildungen und Notenbeispielen für den Musikfreund zugänglich. In jedem Lexikon dieser Reihe erfährt der Leser alles über den Komponisten, sein Werk und die Werkgeschichte in einer ebenso lebendigen wie wissenschaftlich fundierten Sprache.

In gleicher Ausstattung sind bisher erschienen:

Walter Kolneder
Lübbes Bach-Lexikon

Heinrich Lindlar
Lübbes Bartók-Lexikon

Heinrich Lindlar
Lübbes Strawinsky-Lexikon

Erich Valentin
Lübbes Mozart-Lexikon

Als weitere Bände dieser Reihe werden erscheinen:

Alphons Silbermann
Lübbes Mahler-Lexikon

Hans-Joachim Bauer
Lübbes Wagner-Lexikon

Emil Platen/Sieghard Brandenburg
Lübbes Beethoven-Lexikon

WALTER KOLNEDER

LÜBBES VIVALDI LEXIKON

GUSTAV LÜBBE VERLAG

Vor- und Nachsatz
zeigen einen Ausschnitt aus »Con[to] Del Vivaldi L'Amoroso« für Violine und Streichorchester PV 246 (RV 271)
(Foto: Walter Kolneder)

Abkürzungen

AfMw:	Archiv für Musikwissenschaft
AMZ:	Allgemeine Musikalische Zeitung
Bc.:	Basso continuo
BWV:	Bach-Werke-Verzeichnis
MGG:	Musik in Geschichte und Gegenwart
MQ:	Musical Quarterly
NRMI:	Nouva Rivista Musicale Italiana
NZfM:	Neue Zeitschrift für Musik
ÖMZ:	Österreichische Musikzeitschrift
PV:	Pincherle-Verzeichnis
Rass. Mus. It.:	Rassegna Musicale Italiana
RdM:	Revue de Musicologie
RIM:	Rivista Italiana Musicologica
RMI:	Rivista Musicale Italiana
RV:	Ryom-Verzeichnis
SIMG:	Sammelbände der Internationalen Musikgesellschaft
Vc.:	Violoncello
Vl.:	Violine
ZIMG:	Zeitschrift der Internationalen Musikgesellschaft

Umschlagentwurf: Loermann/Schrödter, Essen,
unter Verwendung einer Fotografie
eines anonymen Ölgemäldes (vermutlich ein Porträt von Antonio Vivaldi), ohne Jahresangabe
(Berlin, Archiv für Kunst und Geschichte)
Lektorat: Erika Freund, München
Satz: ICS Computersatz GmbH, Bergisch Gladbach
Druck und Einband: Friedrich Pustet, Regensburg

Printed in West Germany
ISBN 3-7857-0381-3

Vorwort

Als ich im Jahre 1936 in Graz ein Programm für das Schülerorchester des Konservatoriums zusammenstellte, fiel mir eine frühe Partitur Vivaldis in die Hände. Es handelte sich dabei um das von Alfred Einstein bei Eulenburg herausgegebene Konzert für zwei Violinen und Streichorchester op. III Nr. 8 – ein Meisterwerk von hohen Qualitäten. Seither nahm dieser Komponist einen besonderen Rang in meinem musikalischen Weltbild ein. Enger wurde die Verbindung zu Vivaldi erst Jahre nach dieser frühen Begegnung. Als ich 1950 als Bratscher bei einer Streichquartett-Aufführung in Salzburg spielte, erzählte mir mein ehemaliger Lehrer Bernhard Paumgartner, er habe in Turin sechs Bratschenkonzerte Vivaldis gesehen. Ich fuhr sofort nach Turin, fand zu meiner großen Enttäuschung aber nur Konzerte für Viola d'amore. Bei dieser Gelegenheit machten jedoch die Bände der großen Durazzo-Sammlung einen überwältigenden Eindruck auf mich. In den folgenden Jahren fotografierte ich die gesamten Vivaldi-Bestände in Turin, wobei ich in jeder Weise von Alberto Gentili unterstützt wurde, von dem ich auch aus erster Hand die aufregende Entdeckungsgeschichte dieser Sammlung erfuhr. Da die italienischsprachige Literatur zu Vivaldi nicht sehr ergiebig war, beschloß ich, *das* grundlegende Werk über diesen Komponisten zu schreiben – und stürzte mich unverzüglich in die Arbeit. Und dann erlebte ich meine nächste große Enttäuschung: Marc Pincherle hatte ein solches Buch bereits 1948 publiziert!

Die Begegnung mit diesem Manne und die zahlreichen Besuche bei ihm in Paris haben meine weiteren Arbeiten über Vivaldi nachhaltig beeinflußt. Mein Lehrer Wilhelm Fischer hat dies einmal sehr hübsch in folgende Worte gefaßt: »Wenn einer einen ersten Pfad durch einen Urwald haut, dann bleiben für den nächsten noch genug Bäume, die gefällt werden müssen, um daraus einen gangbaren Weg zu machen.« Seit der »Aufführungspraxis bei Vivaldi« (1955) habe ich mich wiederholt mit den Bäumen beschäftigt, die Pincherle stehengelassen hat. Daß auch ich gezwungen war, noch viele Bäume stehenzulassen, hat mittlerweile zu einer umfangreichen Vivaldi-Literatur geführt, von deren Autoren in diesem Lexikon unter anderem die Rede sein wird.

Das vorliegende Nachschlagewerk ist das Ergebnis einer Überschau über die gesamte Vivaldi-Forschung. Ungezählte Kollegen haben daran unbewußt mitgewirkt – der unvergessene Marc Pincherle allen voran. Der Autor ist der Fondazione Cini in Venedig für die Bereitstellung von Literatur zu Dank verpflichtet und möchte an dieser Stelle auch der venezianischen Cembalistin Vania Dal Maso für ihre unermüdliche Hilfe danken.

Karlsruhe, im Sommer 1984 *Walter Kolneder*

Antonio Lucio Vivaldi (4. 3. 1678–28. 7. 1741)
Antoni Lucio Vivaldi wurde am 4. März 1678 als ältestes von neun Kindern des Friseurs und sehr guten Liebhabergeigers Giambattista → Vivaldi in → Venedig in der Pfarre → San Giovanni in Bràgora geboren und seiner schwächlichen Konstitution wegen durch die Hebamme notgetauft. Die kirchliche Taufe wurde erst am 6. Mai in der Kirche San Giovanni in Bràgora nachgeholt.
Für die musikalische Entwicklung des Knaben war es sicherlich von größter Bedeutung, daß der Vater unter den neuberufenen Mitgliedern des Orchesters von San Marco war, als dieses 1685 nach der Ernennung des Vizekapellmeisters Giovanni → Legrenzi zum Primo Maestro vergrößert wurde. Im Aufnahmedokument wird der Vater übrigens als »Giov. Battista Rossi« genannt, seiner rotblonden Haarfarbe wegen. Aus demselben Grund nennt man später den Sohn nach der Priesterweihe »il prete rosso«.
Über die Zeit bis zum 18. September 1693, dem Tag, an dem Antonio die Tonsur erhielt, gibt es keine zuverlässigen Quellen. Er war wohl Geigenschüler seines Vaters und wuchs hörend in die Musikpflege an San Marco hinein. Ob er Theorieschüler von Legrenzi war, der 1690 starb, ist fraglich; ein von 1691 datiertes, aber ohne Autorennamen in Turin erhaltenes »Laetatus« könnte ein frühes Opus sein. Antionio war auch nicht, wie oft behauptet wird, reguläres Mitglied des Orchesters von San Marco. Sein Name erscheint jedoch in Auszahlungslisten beim Weihnachtsfest 1696; er gehörte zu den Geigern, die die Streicher verstärkt hatten (»A pré Vivaldi per violino cechini 1«).
Über die priesterliche Laufbahn von V. sind wir gut informiert (Venezia, Archivio Patriacale, Registro Sacre Ordinazioni 1688–1706). Er erhielt die vier niederen Weihen am 19. September 1693 (Ostiario), 2. September 1694 (Lettore), 25. Dezember 1695 (Esorcista) und am 2. Dezember 1696

Siegel Antonio Vivaldis

Die Kirche San Geminiano in Venedig, die auf Befehl Napoleons I. abgerissen wurde, um den Markusplatz in seiner heutigen Form gestalten zu lassen

(Accolita), die drei höheren am 4. April 1699 (Suddiacono), 18. September 1700 (Diacono) und am 24. März 1703 (Sacerdote). In den Dokumenten wird er teils Angehöriger der Pfarre San Geminiano genannt, teils der von San Giovanni in Oleo. Ein Priesterseminar ist nicht erwähnt. Man konnte damals auch Priester als Gehilfe eines Pfarrers werden. Diese Form der Ausbildung ließ V. sicherlich mehr freie Zeit für seine musikalischen Studien.

Der fünfundzwanzigjährige Priester muß als Geiger die Mehrzahl seiner venezianischen Kollegen bereits weit übertroffen haben. Durch Ratsbeschluß der Verantwortlichen für das »Ospedale della Pietà« (→ Ospedali) vom 12. August 1703 wurde auf Vorschlag des Leiters des Musikseminars, des Komponisten Francesco → Gasparini, der 1701 berufen worden war, eine neue Stelle, offensichtlich für ihn, geschaffen, »um das Ensemble immer vollkommener zu machen und demselben eine größere Reinheit im Klang zu geben«. Am 17. März 1704 erhielt V. erstmalig dreißig Dukaten für das abgelaufene Semester; er hat demnach seine Stelle als Geigenlehrer bereits im September 1703 angetreten. Das Salär betrug übrigens das Vierfache des väterlichen Anfangsgehalts in San Marco. Was man von ihm erwartete, zeigte sich schon bald: Bereits mit Beschluß vom 17. August 1704 wurde er zusätzlich zum Unterricht in der → Viola all'inglese verpflichtet und sein Gehalt um vierzig Dukaten erhöht, so daß es nun einhundert Dukaten pro Jahr betrug.

Wohl zum Unterricht für seine Schülerinnen dienten die Opera I, Triosonaten, 1705 erschienen bei Giuseppe Sala in Venedig, und insbesondere die Opera II, Sonaten für Violine und bezifferten Baß, 1708/09 erschienen bei Antonio → Bortoli in Venedig. Damit hatte er sich im Kreis der Maestri als einer der ihren eingeführt. Wird er auf dem op. I noch als »Musico di Violino, Professore Veneto« (venezianischer Berufsmusiker) bezeichnet, so auf dem op. II bereits als »Maestro de' Concerti del Pio Ospedale della Pietà di Venezia« (Leiter der Konzerte . . .). Das hing wohl damit zusammen, daß Gasparini sich mit großem Erfolg am venezianischen Opernleben beteiligte (allein 1705 kamen nicht weniger als fünf Werke auf die Bühne) und sich deshalb häufig von V. vertreten ließ. Dessen Konzertschaffen dürfte schon bald nach dem Antritt der Stelle begonnen haben. In stiller und emsiger Arbeit verbesserte er die Qualität des Anstaltsorchesters, so daß dieses die der übrigen Ospedali weit übertraf und wegen seiner Strichkultur sogar mit dem Orchester der Pariser Oper verglichen wurde. Der Besuch der Sonn- und Feiertagskonzerte gehörte bald zum Programm der vielen ausländischen Besucher, und die Einnahmen aus den Stuhlmieten trugen wesentlich zum Unterhalt der Anstalt bei. So waren im Jahre 1709 die Gesandten Frankreichs, Österreichs, Polens, Rußlands und Spaniens sowie der Apostolische Nuntius unter den Hörern der Konzerte in der Pietà.

Über V.s frühes Konzertschaffen gibt es eine aufschlußreiche Nachricht. Am 27. November 1710 schrieb der spätere Fürstbischof von Würzburg, Johann Philipp Franz von → Schönborn, an einen venezianischen Geschäftsfreund:

». . . zu trachten noch einige rare compositiones des Vivaldi zu erhalten und nechstens zu behendigen . . .«

Und vom 15. Juni 1712 ist eine Notiz erhalten, die besagt:

»e una dozzena de più nuovi Concerti del Vivaldi, Lotti e Polaroli« (und etwa ein Dutzend der neuesten Konzerte von . . .)

(Aus: Zobeley, Rudolf Franz Erwein Graf von Schönborn . . . Würzburg 1949.)

Konzerte V.s müssen also schon jahrelang handschriftlich im Umlauf gewesen sein. Am 16. November 1711 bot die Londoner Zeitung »The Post Man« die zwölf Konzerte *L'Estro Armonico* op. III zum Kauf an. Daß die Ausgabe jetzt beim Amsterdamer Verlag Estienne → Roger erscheinen konnte, deutet auf V.s weitreichenden Ruhm. Der Erfolg muß durchschlagend gewesen sein; Roger ließ jedenfalls unmittelbar darauf die zwölf Konzerte *La Stravaganza* op. IV folgen. Die Wirkung auf → Bach war ungeheuer. → Quantz hatte die Konzerte bereits 1714 im sächsischen Pirna kennengelernt. Seine Opera III und IV hatten V. zu einem in der ganzen damaligen Kulturwelt hochgeschätzten Meister gemacht.

Über dieses so glanzvoll begonnene Leben fällt ein tragischer Schatten: Krankheitshalber war V. schon bald nicht mehr imstande, Messe zu lesen.

Als es zum Konflikt mit Kardinal Tommaso → Ruffo von Ferrara gekommen war, schrieb er an seinen Gönner, den Marchese Guido → Bentivoglio d'Aragona, in einem Brief vom 16. November 1737: »Es sind nun 25 Jahre, daß ich keine Messe lese . . ., und dies wegen einer Krankheit, an der ich von Geburt an leide . . . Kaum zum Priester geweiht, habe ich noch etwas mehr als ein Jahr Messe gelesen und es dann aufgegeben, weil ich dreimal wegen meines Übels vom Altare gehen mußte, ohne die Messe zu beenden . . ., weil ich wegen meiner Brustkrankheit, die man auch Atembeklemmung nennt, nicht gehen kann . . .«
Mit dieser Krankheit hat sich in jüngster Zeit eine französische medizinische Dissertation von Roger-Claude → Travers befaßt. Es scheint sich um Angina pectoris gehandelt zu haben, die sich, jahreszeitlich bedingt, zeitweise sehr verschlechterte und zu Anfällen führte.
Bald nach der Veröffentlichung der frühen Konzerte wandte sich V. überraschenderweise der Oper zu. Er hatte wohl aus nächster Nähe beobachtet, daß es Gasparini möglich war, seine Tätigkeit am Ospedale mit der eines Opernkomponisten zu verbinden. Mit Sicherheit kannte er Gasparinis Opern, hat vielleicht gelegentlich bei Aufführungen mitgewirkt. Jedenfalls war er mit dem Theater wohlvertraut, auch durch des Vaters häufige Mitwirkung in Opernorchestern. Als Gasparini 1713 ein halbes Jahr Urlaub zur Wiederherstellung seiner durch das venezianische Klima angegriffenen Gesundheit nahm und von diesem Urlaub nicht mehr zurückkehrte, wurde er von V. vertreten. Im gleichen Jahr (1713), als Gasparinis letzte für Venedig geschriebene Oper aufgeführt wurde, nahm V. einen Monat Urlaub, um seinen dramatischen Erstling → *Ottone in Villa* in Vicenza aufzuführen, das damals als eine Art Probebühne für Venedig galt.
Der eigentliche Grund für V.s Hinwendung zum Theater dürfte jedoch finanzieller Natur gewesen sein. Als man nämlich am 24. Februar 1708 über seine Weiterbeschäftigung für das Jahr 1709 abstimmte, erhielt V. sieben Ja- und sechs Neinstimmen. Wegen des knappen Ergebnisses mußte die Abstimmung wiederholt werden – nun aber standen sechs Ja- sieben Neinstimmen gegenüber. V. war also ohne Stelle. Erst am 27. September 1711 wurde er mit allen Stimmen wiedergewählt; das Honorar betrug sechzig Dukaten pro Jahr. Der ganze Vorgang ist höchst eigenartig. Vielleicht wollte man sparen und sah später, daß man V. nicht entbehren konnte. Da ein stellenloser Instrumentalkomponist keinerlei Existenzbasis hatte, blieb als einziger Ausweg die Komposition von Bühnenwerken. → Giazotto vermutete übrigens mit guten Gründen, daß V. schon ab 1711 an der Impresa von → Sant' Angelo beteiligt war, wenn er auch noch nicht in der Öffentlichkeit als → Impresario in Erscheinung trat. Daß ein Geistlicher Opern komponierte, war in Italien im 17. und 18. Jahrhundert keine Seltenheit – Legrenzi, der vermutlich V.s Lehrer war, hatte siebzehn Opern geschrieben. V. scheint aber ziemlich genau gewußt zu haben, daß ein Opernkomponist nur dann zu Geld kam, wenn er die Aufführung selbst

in die Hand nahm. Es überrascht nicht, im Tagebuch des Herrn von → Uffenbach den Satz zu lesen: ». . . der entrepreneur davon war der berühmte Vivaldi, so auch die Oper komponiert hatte . . .«
Uffenbach hatte 1715 im Teatro Sant' Angelo einer Opernaufführung unter V. beigewohnt; der Komponist spielte als Zwischenaktmusik ein eigenes Violinkonzert (vgl. Preußner, Die musikalischen Reisen des Herrn von Uffenbach. Kassel 1949/67).
V. hat die Tätigkeit als Impresario mit Unterbrechungen während seiner ganzen venezianischen Zeit mit großem Geschick und auch mit einer gewissen Skrupellosigkeit ausgeübt, die wohl zu diesem Berufe gehört. Von 1716 bis 1718 schrieb er vier Opern auch für das Theater → San Moisè, und in den Jahren 1737, 1738 und 1739 wurde jeweils eine Vivaldi-Oper am Theater Sant' Angelo aufgeführt. Später gab er jedoch die Geschäfte an Fabritio → Brugnolo ab, nachdem er sich in Zeiten der Abwesenheit mehrmals hatte vertreten lassen. Auch außerhalb Venedigs wurden seine Opern bald aufgeführt, so in Florenz 1718, 1727, 1729 und 1736, in → Mantua 1719 und 1720, in Rom 1720, 1723 und 1724, in Mailand 1721, in Reggio Emilia 1727, in Livorno 1729, in Verona 1732, 1735 und 1737 sowie in Ancona 1733. Verläßliche Zahlen über den Umfang seiner Opernproduktion zu geben, ist nicht möglich, weil sich auch Umarbeitungen, → Pasticcios, darunter befanden und er manchmal nur einen Akt zu einem Werk beigetragen hat. Die Zahl fünfzig dürfte dem eigentlichen Werkbestand jedoch ziemlich nahe kommen. In einem Brief an den Marchese Bentivoglio vom 2. Januar 1739 erwähnt er selbst, »doppo 94 Opere de me composte«, versteht aber darunter offenbar auch Wiederaufnahmen oder Aufführungen von solchen Werken, an denen er als Bearbeiter oder Einrichter beteiligt war.
V.s wachsender Ruhm im Ausland führte zu einer nicht abreißenden Kette von Besuchern, aber auch zu Einladungen von kürzerer oder längerer Dauer außerhalb Venedigs. Einer der frühesten Besucher war → Friedrich IV. von Dänemark und Norwegen, der 1708/09 mit seinem Gefolge von fünfzig Personen in der Lagunenstadt weilte und einem von V. »in assenza del Gasparini« (in Abwesenheit Gasparinis) geleiteten Konzert beiwohnte.
V.s Ruf als Geiger zog 1712 Gottfried Heinrich → Stölzel an, der, obgleich erst zweiundzwanzig Jahre alt, bereits Kapellmeister in Breslau und ein erfolgreicher Komponist war. Vier Jahre später kam im Gefolge → Friedrich Augusts III. von Sachsen und Polen der Geiger Johann Georg → Pisendel nach Venedig, freundete sich eng mit V. an und spielte auf Wunsch des Kurfürsten in einer Oper ein Violinkonzert seines Meisters. Im selben Jahr suchte ihn ein weiterer Deutscher, im Auftrag des Herzogs von Württemberg, als Schüler auf: Daniel Gottlob → Treu aus Stuttgart, der seinen Namen in »Fedele« italianisierte.
Ein etwa dreijähriges Dienstverhältnis als »Maestro di Cappella di Camera di S.A. il Sign. Principe Filippo Langravio d'Hassia-Darmestat« fällt mit

Vermutliches Porträt von Antonio Vivaldi (Foto: Mendel-Ziolo)

ziemlicher Sicherheit in die Jahre um 1719/20. In Rom spielte V. zweimal vor dem Papst. Ob es sich um Innozenz XIII. oder um → Benedikt XIII. handelte, ist nicht geklärt, wahrscheinlich aber war es Benedikt.
Schicksalhafte Bedeutung sollte Mantua für V. erlangen. Er lernte dort die Tochter eines französischen Friseurs oder Perückenmachers, Anna → Giraud (in italienischer Schreibung Girò) kennen, die seine Schülerin und später seine Interpretin wurde.
Eine Reise nach → Wien erwähnt V. selbst. Sie könnte in die Jahre 1729/30 gefallen sein, weil aus dieser Zeit ein Urlaubsgesuch des Vaters erhalten ist, in dem es heißt: ». . . Passando in Germania ad accompagnar un suo filio . . .« Ob ihn diese Reise bis nach → Prag geführt und ob möglicherweise eine Beziehung zu Graf Anton → Sporck bestanden hat, ist nicht verbürgt. Jedenfalls wurden zwischen 1726 und 1732 in Prag fünf Vivaldi-Opern durch den venezianischen Impresario Antonio → Denzio aufgeführt.
Mit → Karl VI. traf V. in Triest zusammen: »Der Kaiser hat sich mit V. lange über Musik unterhalten, man sagt, daß er mit ihm allein in vierzehn Tagen mehr gesprochen hat, als er mit seinen Ministern in zwei Jahren spricht.« (Brief des Abbé Conti an Madame de → Caylus vom 14. September 1728.)
Ein Dienstverhältnis scheint zu dem in Florenz residierenden Herzog von → Lothringen bestanden zu haben. Im Textbuch zur Oper *L'* → *Adelaide* von 1735 wird V. nämlich als »Maestro di capella di S. A. S il duca di Lorena« bezeichnet. Allerdings könnte es sich auch nur um die Lieferung von Kompositionen als »Kapellmeister von Haus aus« oder um gelegent-

liche Anwesenheiten bei größeren Festen gehandelt haben. Im selben Verhältnis stand V. wohl auch zu Graf Venceslav → Morzin, Erbprinz zu Hohenelbe, denn das op. VIII (erschienen 1725) ist ihm gewidmet. Im Vorwort schreibt der Komponist:

»Wenn ich bei mir die vielen Jahre überlege, in denen ich mich der hochgeschätzten Ehre erfreute, Durchlaucht als Musikmeister in Italien zu dienen, bin ich errötet beim Gedanken, daß ich bisher noch nicht ein Zeichen meiner tiefen Verehrung gegeben habe . . . Die höchste Einsicht, welche Eure Durchlaucht in die Musik besitzt, und die Qualitäten Eures hervorragenden Orchesters werden mich immer sicher sein lassen . . .«

Schließlich wurde V. nach → Amsterdam eingeladen, wo man am 7. Januar 1738 die Jahrhundertfeier der Stadtsschouwburg beging. V. leitete ein Konzert, in dem er u. a. sein Konzert PV 444 (RV 562) mit einem Orchester von vierundzwanzig Musikern aufführte.

Es ist klar, daß durch so häufige, auch längere Abwesenheiten sein Dienstverhältnis zur Pietà völlig aus den Fugen zu gehen drohte. Schon 1723 schlägt man ihm vor, er solle zwei Konzerte pro Monat liefern, wenn es sich ohne besondere Portospesen machen lasse.

Auf der Reise nach Amsterdam erlebte V. noch einmal den ganzen Glanz seines europäischen Ruhms in den damaligen Musikzentren. Ein Jahr zuvor hatte ihn das Schicksal im Lebensnerv getroffen: Der in → Ferrara residierende Kardinal Tommaso Ruffo verbot eine Opernaufführung in der zum

Namensliste der Musiker, die am 7. 1. 1738 in einem von Antonio Vivaldi in Amsterdam geleiteten Konzert spielten

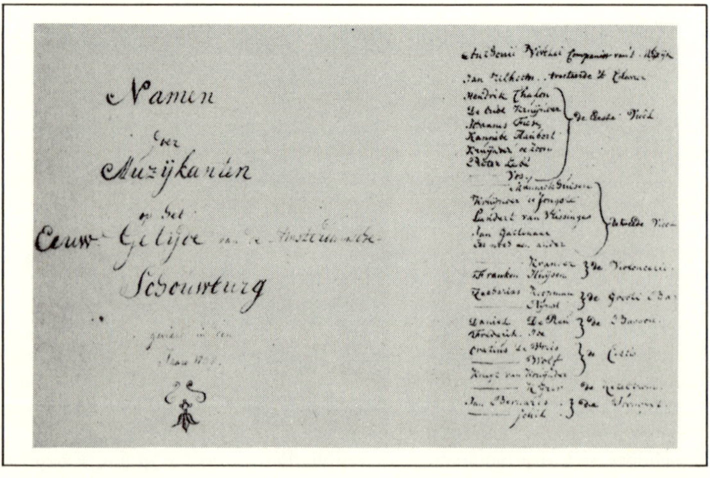

Gebiet des Kirchenstaates gehörenden Stadt. V. war im Oktober 1736 durch den auch als Impresario tätigen Abate → Bollani von einer Adelsgesellschaft beauftragt worden, zwei Opern für den Karneval zu schreiben. Durch mehrere → Briefe, die er an seinen Gönner, den Marchese Bentivoglio, nach Ferrara schrieb (auch die Antworten sind erhalten), sind wir genauestens über die Vorgänge informiert. Nach mancherlei Schwierigkeiten mit dem unerfahrenen Bollani hat er schließlich selbst die Impresa in Händen. Er verpflichtet das gesamte Personal für 6000 Dukaten und schießt außerdem Geld für die Herstellung des Notenmaterials vor. Da ließ, vermutlich Anfang November, der Apostolische Nuntius in Venedig V. zu sich kommen und teilte ihm im Auftrag des Kardinals das Opernverbot für Ferrara mit. »Weil ich Priester bin, ohne Messe zu lesen, und weil ich eine ›amicizia‹ [Freundschaft, Verhältnis] mit der Sängerin Girò habe.« Der Marchese soll bei Ruffo vorsprechen, aber dieser bleibt hart. »Außerdem hat er mir versichert, daß er in diesem Entschluß festbleiben werde, auch wenn er vom Papst selbst den Auftrag erhalte, ihn zu widerrufen. Er werde eher den Erzbischofstuhl verlieren, als seine Meinung ändern, weil er glaubt, so handeln zu müssen.« (Brief Bentivoglios an V. vom 20. November 1737.)
Ruffo hatte sich verpflichtet gefühlt, dem Sittenverfall insbesondere bei der Geistlichkeit Einhalt zu gebieten. Aus einem »Editto in occasione del Carnovale« (Edikt anläßlich des Karnevals) vom 8. Januar 1738 erfahren wir, daß er allen Geistlichen bei Strafe von fünfzig Scudi gebietet, ». . . sich gänzlich zu enthalten des Maskierens . . ., anstößig Spazierengehens und jeder anstößigen Ausschweifung ähnlicher Art, besonders der Teilnahme in irgendeiner Weise, sei es auf Bällen, Festen, Festessen . . .« V. fügte sich ins Unvermeidliche. Das Verbot hat ihn nicht nur persönlich schwer getroffen, sondern auch finanziell, weil er die abgeschlossenen Verträge einhalten mußte.
Das Verhältnis zur Anstaltsleitung in der Pietà, das infolge der häufigen Abwesenheiten ohnehin nicht das beste war, änderte sich ebenfalls. Man war des sich im wesentlichen gleichgebliebenen Kompositionsstils von V. allmählich überdrüssig geworden. In einem Brief vom 29. August 1739 an M. de Blancey schreibt Charles de → Brosses:
»Zu meinem großen Erstaunen habe ich gefunden, daß er [V.] hierzulande nicht so geschätzt ist, wie er es verdiente. Hier, wo alles nach der Mode geht und die Musik des vergangenen Jahres keine Einnahme mehr bringt, hört man seine Werke seit allzulanger Zeit.«
V. beschloß, noch einmal im Ausland sein Glück zu versuchen und sich nach Wien zu wenden, wo er bei seinem alten Gönner, Kaiser Karl VI., unterzukommen hoffte. Am 29. April 1740 beschäftigte sich der Verwaltungsrat des Ospedale della Pietà mit dem Angebot, Vivaldische Partituren zu kaufen. Im Sitzungsprotokoll heißt es:
»Nachdem sich die Notwendigkeit ergibt, daß unser Ensemble Konzerte

behält, sei es für Orgel, sei es für andere Instrumente, um das genannte Ensemble im gewohnten Ansehen zu bewahren, auch, wenn der ehrwürdige Herr Vivaldi aus dieser Stadt abreisen wird, es sich trifft, daß derselbe eine gewisse Anzahl von Konzerten vorbereitet hat und es notwendig sein würde, davon einen glatten Kauf zu machen.«
Man beschließt, daß den Herren Verwaltern über Kirche und Anstalt die Vollmacht zum Kauf erteilt wird. Über die Bezahlung hieß es »eine Zechine pro Konzert aus unserer Kasse . . .«
Der Antrag wird zwar abgelehnt, doch hat man wenigstens einige Posten gekauft. An den sinkenden Preisen läßt sich deutlich die geringer werdende Wertschätzung V.s ablesen. Er bekam
am 27. April: 15 Dukaten und 13 Lire für 3 Konzerte und 1 Sinfonia;
am 29. April: 1 Dukaten pro Konzert für »un molta portione di concerti« (eine große Menge von Konzerten);
am 12. Mai: 70 Dukaten und 23 Lire für 20 Konzerte.
Frühestens Anfang September 1740 reiste V. ab. Vielleicht nahm er den Weg über → Graz, wo Anna Giraud 1739/40 in mehreren seiner Opern sang. Am 20. Oktober 1739 starb jedoch Karl VI.; sein Tod und der darauf folgende Österreichische Erbfolgekrieg machten jede Hoffnung auf eine einträgliche Tätigkeit bei Hofe zunichte. Das letzte Schriftstück, das wir von V.s Hand besitzen, ist eine Quittung über zwölf ungarische Gulden, die Graf Vinciguerra von → Col(l)alto »per tanta musica« (für viel Musik) bezahlt hat. Möglicherweise handelt es sich dabei um die fünfzehn Konzerte sowie um eine Sinfonie aus dem Repertoire der Kapelle auf Schloß → Brtnice in Mähren, die sich jetzt in Brünn befinden.
Am 28. Juli 1741 starb der Meister in Wien und wurde noch am selben Tag begraben. Die Eintragung im Totenbuch von St. Stephan lautet:
»28. Dito (= July 1741)
Der Wohl Ehrwürdige Herr Antonj Vivaldi, Weltl. Priester im Satlerisch Haus beym Karner thor, in Spitaller gottsacker, Kleingleuth.
Conduct Vivaldi
den 28. Julij
Der Wohl Ehrwürdige Herr Antonj Vivaldi, Weltl. Priester, ist im Satlerisch Haus beym Karner thor an Innrem Brand bschaut worden, alt 60 Jahr, im Spitaller gottsacker.

Kleingleuth	2.36
Herrn Curaten	3.–
Bahrtuch	2.15
Pfarrbild	–.30
grabstall	2.–
Bahrleicher und Mesner	1.15
Kirchendiener	–.30
6 Trager mit mantl	4.30

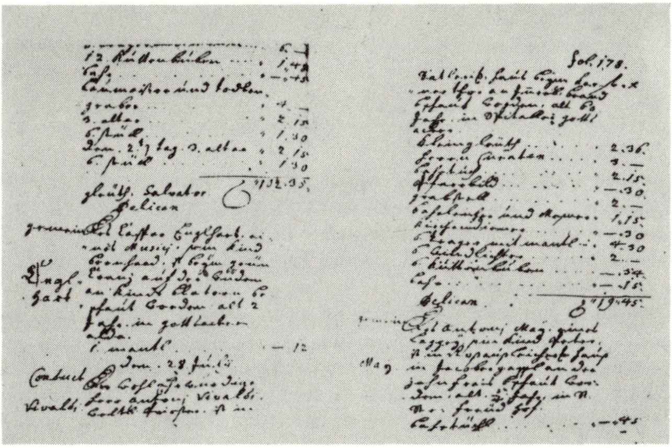

Eintragung im Totenbuch von St. Stephan (Wien) vom 28. 7. 1741

Der »Spitaller gottsacker« bei der Karlskirche in Wien

6 Windlichter	2.–
6 Kuttenbuben	–.54
Bahr	–.15
	19.45

Pelican«

(Aus: Wien, Dom- und Metropolitanpfarramt St. Stephan, Totenbuch, Tomo 23, Fol. 63.)

Der genaue Todestag konnte durch das »Wiener Diarium« vom 2. August 1741 ermittelt werden. Dort heißt es:

»Lista deren verstorbenen zu Wien/Den 28. Julii/In der Stadt./Der Wol.-Ehr-würd. Hr. Antonius Vivaldi/weltl. Priester im Walleris. H. bey dem/ Kärtner-Thor/alt 60. J.«

Der »Spitaller gottsacker« oder, wie er später genannt wurde, »Bürgerspitals- oder Armensünder gottsacker« befand sich in der Nähe der Karlskirche und wurde im Zuge baulicher Umgestaltung aufgelassen. Das Haus, in dem V. starb, wurde 1873 abgerissen. Es stand an der Ecke Kärntnerstraße/ Sattlergäßchen, wo sich heute das »Kurier-Eck« befindet.

*

Abkürzungen

Der schnell schreibende Meister kürzte ab, wo er nur konnte, so z. B. $^{\#}_{\#}$ für $^{\#}\#$, oder er verwendete eine Art Kürzel, das »Ut sopra« (wie oben) bedeutet, dies bei Unisono-Stellen. Natürlich schrieb er And^{e} für Andante, Ad^{io} für Adagio und All^{o} für Allegro. In der Partitur der Oper → *Griselda* schreibt er anstelle von Achteln einfach halbe Noten und fügt als Anweisung hinzu: »copiate crome« (als Achtel schreiben). Andere Abkürzungen waren: L.D. (für Laus Deo), LDBMDA (für Laus Deo Beataeque Mariae Deiparae Amen).

In einem für Dresden bestimmten Konzert findet sich folgender Titel: »Con^{to} P.S.A.S.I.S.P.G.M.D. G.I.M.B.« → Pincherle hat vermutet, es könne heißen: »Per Sua Altezza Serenissima il Signor Pisendel Giorgio . . .«

A cappella

Bedeutete im 18. Jahrhundert (im Gegensatz zum heutigen Sprachgebrauch, wo a cappella Vokalmusik ohne instrumentale Begleitung bedeutet) das »Mitgehen von Instrumenten mit dem Vokalsatz«. Die Vivaldische Handschrift eines »Credidi à 5 voci à Cappella« besagt, daß die Instrumentalstimmen vom Kopisten ausgeschrieben werden mußten, wozu der Komponist folgende Anweisung gibt: »Die ersten Geigen nimmt man aus dem Alt eine Oktave höher, die zweiten vom Sopran, die beiden Violetten von den beiden Tenören.« Nur der Instrumentalbaß (Violoncelli und Bässe) ist ausgeschrieben wegen der Bezifferung.

Ad Corda reclina

Geistliches Vokalwerk in F-Dur, in einer Sammlung »Concertus Italicus«. Warschau, Universitätsbibl.

L'Adelaide
Dramma per musica / Da rappresentarsi / nel Nuovo Teatro / dell'Accademia Filarmonica / nel Carnovale dell'anno 1735 / Dedicato / a Sua Eccellenza il Signor / Antonio Grimani / Capitanio, e Vice-Podestà / di Verona / In Verona, per Jacopo Vallarsi / Con licenza de' Superiori / La Musica è del Sig. Don Antonio Vivaldi Maestro di Cappella di S.A.S. Il Duca di Lorena, e di S.A.S. Il Principe Filippo Langravio d'Assia Darmstat / Li balli sono d'invenzione, e direzione del sig. Petrillo Gugliantini / Le scene sono d'invenzione delli Signori Francesco Bibiena, Giannantonio Paglia, e Michel Angelo Spada / Il vestirario è d'invenzione del sig. Natale Canziani. 3 Akte.
→ Vallarsi war der Drucker des von Antonio → Salvi stammenden Textbuches.
Personen und Interpreten: Adelaide vedova di Lotario reina d'Italia, Girò Anna; Ottone re di Germania, Pieri Maria Maddalena virtuosa di S.A. Ser. il Sig. duca di Modena; Berengario già duca di Spoletti, poi re d'Italia, Giacomazzi Margherita; Idelberto figlio di Matilde e di Berengario, Moriggi Pietro virtuoso di S.A.S. il Sig. principe Filippo langravio d'Assia Darmstat; Everardo marchese di Toscana e zio di Adelaide, Mareschi Marc'Antonio; Clodomiro capitano di Berengario, Mazoli Giovanni.
Partitur nicht erhalten, Textbücher in Verona und Mailand. Eine von V. unterzeichnete Widmung an den »capitanio e Vice-Podestà« von Verona (→ Grimani).
Eine Oper gleichen Titels wurde 1739 in → Graz im Theater »auf dem Tummel-Plaz« aufgeführt. Daß das Werk von V. stammt, ist wahrscheinlich, jedoch nicht verbürgt. Das gleiche gilt von einer »L'Adelaide«, die 1744 in → Prag aufgeführt wurde. Nach → Giazotto ist die Oper wahrscheinlich identisch mit *L'* → *Atenaide* von 1728. Das Textbuch zu V.s Oper von 1735 hat Klaus Hortschansky genauestens untersucht (Inf. e Studi Viv. 1983) und dabei mindestens fünf Schichten festgestellt. Eine Tabelle mit der Herkunft der einzelnen Texte findet sich auf den Seiten 72 und 73 des zitierten Werkes.

L'Adorazione delli tre Re Magi al Bambino Gesù
→ Oratorium. Das Textbuch wurde 1722 in Mailand bei San Fedele gedruckt und ist in Mailand erhalten, die Partitur jedoch verloren. Nach → Selfridge-Field fand eine Aufführung in → Venedig statt.

Agogik
Terminus des Musikwissenschaftlers Hugo Riemann für Modifikation des Grundtempos, wie sie durch einen lebendigen Vortrag entstehen. V. hat in seinen Opern mit textbedingten Tempoänderungen gerechnet; sie finden sich aber auch in der Instrumentalmusik, insbesondere dort, wo kadenzartige Wendungen ausklingen. Der Beginn des → Ritornells ist dann in der Regel mit All° bezeichnet. Im Flötenkonzert *Gardellino* PV 155 (RV 90, 428) steht im 1. Satz vor einer Solostelle die Bezeichnung »à piacimento«.

Als auskomponierte Agogik könnte man eine Folge von Tempobezeichnungen verstehen wie etwa in einem Duett aus → *Ottone in Villa.* Auch Tempostauungen durch Fermaten gehören hierher, wodurch sich Überraschungseffekte ergeben (siehe Notenbeispiele oben).

Agrell(i), Johan Joachim (Giovanni)
(1701–1765, Schwede, zuletzt in Nürnberg tätig)
Publizierte 1767 bei → Walsh in London »A Collection of Easy Genteel Lessons for the Harpsichord. Composed by G. A. Book II. To which is added Vivaldi's celebrated 5th Concerto, set for the Harpsichord«.

Alberti, Giuseppe (Gioseppe)
Sang in → Venedig 1731 in *L'*→ *Odio vinto dalla Costanza,* in → Mantua 1732 in → *Farnace* und → *Semiramide,* in Brünn 1735 die Titelrolle in → *Orlando furioso,* in → Graz 1739 in → *Adelaide,* die wahrscheinlich von V. stammt, und in → *Rosmira* und 1740 die Titelrolle in → *Catone in Utica.*

Albertini, Girolamo (oder Momoletto)
»Virtuoso di S.A.S. il Sig. prencipe Carlo langravio d'Assel Cassel«, sang 1720 in → Venedig in *La* → *Verità in Cimento* und 1721 in → *Filippo Re di Macedonia.*

Albertini, Giuliano
Altkastrat aus Florenz, »im Dienste des Kardinal von Toscana und später der Violante von Toscana«, sang 1733 in Florenz in → *Farnace.*

Albinoni, Margarita
Sang 1716 in Brescia in → *Nerone fatto Cesare.*

Albizzi, A.M.
Florentiner Drucker, der 1718 das Textbuch zu V.s Oper → *Scanderbeg* druckte.

The Alchemist
Ein 1733 in London nach einem Textbuch von Ben → Jonson aufge-

führtes → Pasticcio nach Musik von → Corelli, → Geminiani, → Händel und V.

Aldivia (Licante)
Anagrammatisch für A. Vivaldi.

Alessandro nell'Indie
Oper von Johann Adolf → Hasse, 1737 in → Ferrara im Teatro Bonacossi in einer Bearbeitung V.s aufgeführt. Textbuch von → Metastasio. Im 18. Jh. über sechzigmal komponiert.
Eine Oper gleichen Titels wurde 1738 in → Graz im Theater »auf dem Tummel-Plaz« aufgeführt; möglicherweise handelt es sich um dasselbe Werk. Textbuch in Graz. (Siehe → Brief V.s an den Marchese → Bentivoglio vom 29. 12. 1736.)

Aliquotsaiten
Aliquotsaiten sind mit den Hauptsaiten gleichgestimmte Saiten, die durch Mitschwingen erklingen, wenn diese gestrichen werden.
Aliquottöne sind Obertöne, die zusammen mit dem Grundton erklingen.

Alla caccia, alla caccia
→ Kantate »del Vivaldi« für Alt und Bc., D-Dur. Turin, Sammlung → Foà, Bd. 28.

Allacci, Leone (1586–1669)
Bedeutender Gelehrter griechischer Abstammung, gab in Rom 1660 eine »Drammaturgia di L.A. in sette indici« heraus. Für das Opernschaffen V.s ist die 2. Auflage des Werkes wichtig: »Drammaturgia di L.A. accresciuta e continuata fino all'anno

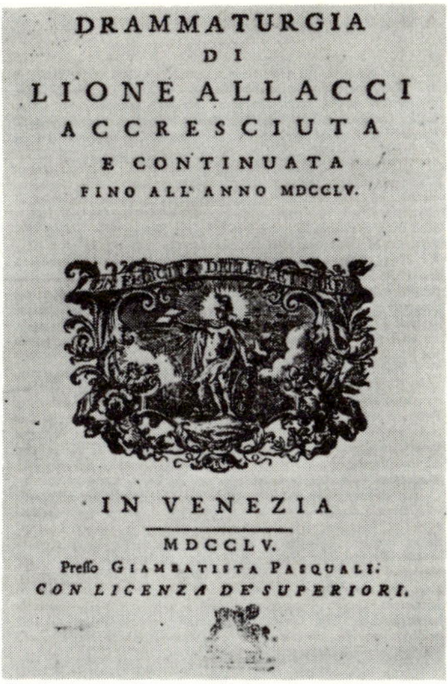
DRAMMATURGIA
DI
LIONE ALLACCI
ACCRESCIUTA
E CONTINUATA
FINO ALL' ANNO MDCCLV.

IN VENEZIA
MDCCLV.
Presso Giambatista Pasquali:
CON LICENZA DE' SUPERIORI.

MDCCLV. In Venezia MDCCLV. Presso Giambatista Pasquali«.
Lit.: M.G. Pensa, La felicità delle Lettere . . . In: Inf. e studi Viv. 1983.

Allemanda (it.) / **Allemande** (fr.)
Tanz deutscher Herkunft von mäßiger Bewegung im Vierviertelkakt, meist in durchlaufender Bewegung.

All'ombra di sospetto
→ Kantate für Sopran, Querflöte und Bc. Dresden, Landesbibliothek Mu/1/I/7.

All'ombra d'un bel faggio
→ Kantate für Sopran, Flöte und Bc., B-Dur. Turin, Sammlung → Foà, Bd. 28.

All'or che lo sguardo fissai
→ Kantate »del Vivaldi« für Sopran

und Bc., F-Dur. Turin, Sammlung → Foà, Bd. 27.

Altmann, Wilhelm
(*1862 Adelnau, Provinz Posen, †1951 Hildesheim)
Direktor der Musikabteilung der Königlichen Bibliothek Berlin. Legte einen »Thematischen Katalog der gedruckten Werke A.V.s« vor (AfMw 1922), den er mit erweitertem Titel »nebst Angaben der Neuausgaben und Bearbeitungen« in der AMZ (1922, S. 262–279) publizierte.

Alvilda Regina de' Goti
Drama per musica / da rappresentarsi nel teatro / di sua eccellenza / il signor / Francesco / Antonio / del S.R.I. / conte di Sporck / la primavera dell'anno 1731 / La musica è tutta del sig. D. Antonio Vivaldi / fuorché li recitativi e le Arie Bernesche. 3 Akte.
Das anonyme Libretto wurde im gleichen Jahre in → Prag von Alberto Guglielmo → Wessely gedruckt.
Personen und Interpreten: Alvilda regina de' Goti prigoniera di Alfo, Madonis Girolama; Alfo re di Dania amante della sudetta, Dreyer Giovanni; Guntero fratello di Alvilda pur re de' Goti, prigioniero di Alfo, Eberard Giustina »virtuosa di S.A.S. la gran principessa di Toscana«; Olmiro fratello di Olfo ed amante di Gilde, Flora Margherita; Gilde amante di Olmiro e figlia di Ernando, Cosimi Anna, »virtuosa di S.A.S. il Sig. principe di Modena«; Ernando gran ministro di Dania e padre di Gilde, Denzi Antonio; Despilla seguace di Alvilda, Monti Cecilia; Marfesso servo faceto di corte, Cajo Bartolomeo.
Die Partitur ist nicht erhalten, Textbücher befinden sich in Prag und Křimice.

L'Amante cabala
Intermezzo von → Goldoni (1736). V. wird als Komponist nur vermutet, die Partitur ist nicht erhalten.

Amato ben tu sei la mia speranza
→ Kantate für Sopran, Streicher und Bc., a-Moll. Paris, Bibliothèque Nationale.

D'Ambraville (D'Ambravil), Rosa
Sopran/Mezzosopran aus Modena, »virtuosa di S.A.S. il Sig. Duca di Modena«, sang 1716 in → Venedig in *La → Costanza trionfante degl'Amori e degl'Odi* und 1718 in → Mantua in → *Armida al Campo d'Egitto*.

Amor hai vinto
→ Kantate »del Vivaldi« für Alt, Streicher und Bc., e-Moll. Derselbe Text »del Sig. D. Antonio Vivaldi« für Sopran und Bc. in c-Moll. Beide Handschriften befinden sich in Turin, Sammlung → Foà, Bd. 27.

Amsterdam
Eine für den Musikdruck bedeutende Stadt, die durch den Zuzug von Estienne → Roger geradezu ein Zentrum des Verlagswesens von europäischem Rang wurde.
Zur Jahrhundertfeier des Stadtsschouwburg wurde V. eingeladen, er dirigierte ein Konzert mit zehn Werken.

Anagramm
Buchstabenvertauschung. Derartige Spiele waren in der V.-Zeit sehr beliebt: z. B. Calindo Grolo = Carlo → Goldoni; Lotavio Vandini = Antonio Vivaldi → *(Aristide)*.

Antiphon (gr.) / **antifona** (it.)
Wechselgesang, doppelchörige Vortragsart. V. hat drei als »antifone« bezeichnete Kompositionen hinterlassen, von denen zwei für eine Solostimme und zwei Streichorchester angelegt sind.

Appoggiatura
Bedeutet langer Vorschlag.

Arbeitsweise
Skizzen zu den Werken V.s sind kaum bekannt. Sehr wahrscheinlich haben auch so gut wie keine existiert, sondern der Komponist schrieb alles in einer Arbeitspartitur nieder. Sie wurde allmählich so perfektioniert, daß sie auch als endgültige Niederschrift diente. In diesen Arbeitspartituren finden sich viele Korrekturen, die z. T. unmittelbar beim Schreiben erfolgten. Im Konzert PV 190 (RV 511) wurden z. B. die Tutti schon während der Arbeit gekürzt, noch bevor der Baß ausgeschrieben war. In der Regel schrieb V. die führende Stimme über längere Strecken aus. Es gibt aber auch Fälle, in denen die Begleitharmonie vor der melodischen Hauptstimme ausgeschrieben wurde, also die harmonische Progression führend war. Für die Schnelligkeit, mit der V. schrieb, gibt es zwei hübsche Belege: Die Partitur zu → *Tito Manlio* (I) trägt den handschriftlichen Vermerk: »fatto in cinque giorni« (gemacht in fünf Tagen), und de → Brosses schreibt in einem Brief vom 29. 8.: ». . . das ist ein alter Mann, der eine wunderbare Besessenheit des Komponierens hat. Ich habe gehört, wie er sich rühmte, ein Konzert mit allen Stimmen schneller komponieren zu können als die Kopisten zum Abschreiben brauchten.«
Dem Herrn von → Uffenbach aber verkaufte er zehn Konzerte, die er in drei Tagen »expresse für ihn« komponiert habe – wie er sagte.
Dabei stand sein Schreiben stets unter der Kontrolle eines äußerst kritischen Kunstverstandes, der unmittelbar im Schaffensprozeß selbst wirksam war. Aber auch nach Fertigstellung eines Werkes hat V. noch oft daran gefeilt. A. → Gentili hat festgestellt, daß die Oper *La → Verità in Cimento* im ersten Akt mit einem Quintett schließt, daß dieses Quintett aber in zwei anderen Fassungen in einem Kantatenband der Sammlung → Foà steht. In seiner Ausgabe eines Violinkonzerts in A-Dur (PV 228, RV 340) hat Ludwig → Landshoff den Eindruck wiedergegeben, den eine Partitur V.s macht: »Mit der steigenden Erregung des Schaffenden werden die temperamentvollen Schriftzüge von Seite zu Seite flüchtiger. Die eilende Feder hat offenbar den vorausstürmenden Gedanken des an Einfällen unerschöpflichen Geistes kaum nachzukommen vermocht. Immer größere Dimensionen nehmen die Vorzeichen zu Beginn der Zeilen an, immer mächtiger ladet der barocke Schwung der Akkoladen und der bis

in das nächstuntere System hinabreichenden Endschleifen der Violinschlüssel aus. Viele in der Eile übersehene Versetzungszeichen sind erst bei nochmaliger Durchsicht nachgeholt und aus Mangel an Raum zwischen den Noten über sie gesetzt worden.«

Einmal jedoch hat sich der Komponist in der schöpferischen Eile »vermoduliert«: Im Violinkonzert C-Dur op. IX Nr. 1 vergißt er die Haupttonart und moduliert nach h-Moll, einer Tonart, die schon außerhalb des Modulationsplans des → Solokonzertsatzes lag. Als er dann den Irrtum bemerkte, strich er einen Teil heraus und schlug den harmonischen Weg ein, der ihn auf die traditionelle Weise zurück nach C-Dur führte.

Argippo

Drama per musica / da rappresentarsi nel teatro / di sua eccellenza / il signor / Francesco / Antonio / del S.R.I. / conte di Sporck / l'autunno dell'anno 1730. La musica è del sempre celebre Sig. D. Antonio Vivaldi. 3 Akte.

Das Textbuch, in → Prag anonym bei Alberto Guglielmo → Wessely 1730 gedruckt, stammt von Domenico → Lalli. Partitur nicht erhalten, Textbücher in Prag, Křimice und → Venedig. Sie sind der einzige Nachweis für die Existenz dieser Oper.

Titelseite, Inhaltsangabe, Verzeichnis der auftretenden Personen und Szenenangaben zu der Oper *Argippo*

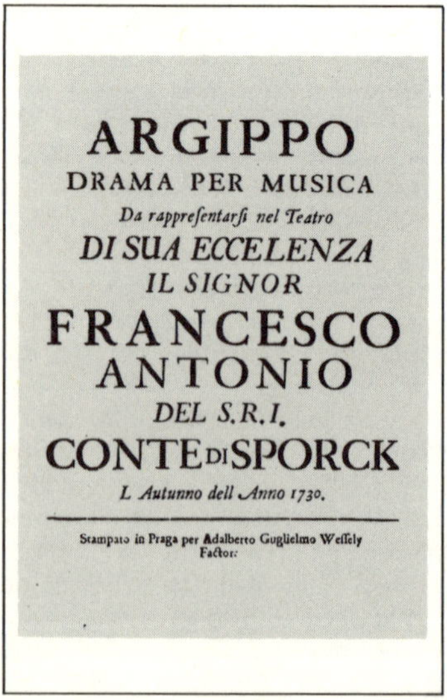
ARGIPPO
DRAMA PER MUSICA
Da rappresentarsi nel Teatro
DI SUA ECCELENZA
IL SIGNOR
FRANCESCO
ANTONIO
DEL S.R.I.
CONTE DI SPORCK
L Autunno dell Anno 1730.

Stampato in Praga per Adalberto Guglielmo Wessely Factor:

ARGIPPO
Musicalisches Schau-Spiel
Welches
Auff dem Ihro Hoch-Gräffl. Excellenß
Herrn Herrn
Frantz Antoni
Des Heil. Röm. Reichs
Graffen von Sporck
x. x.
Zugehörigen Theatro im Jahr 1730.
soll repräsentiret werden.

Gedruckt zu Prag in Carolin bey denen Labaunischen Erben/durch Adalbert Wilhelm Wessely Factorn.

ARGUMENTO.

Tisifaro, gran Mogor,, o sia Re d' una parte dell' Indie Orientali, aveva un unica figlia, per nome Zanaida, la quale trovavasi da due Principi amata; l'uno Silvero, Cugino del gran Mogor, l' altro Argippo Re di Cingone, e di Tisifaro feudatario, a cui solo corispondeva Zanaida. Dovéndosi dunque Argippo al proprio Regno restituire, prese Silvéro il motivo d' ingannare Zanaida, facendole dire la stessa notte della destinata partenza, che bramava il detto Re di Cingone seco abboccarsi in Luogo buio, e secreto, al che acconsentendo Zanaida, Silvero in qualità d' Argippo ad essa portossi, ed ottenne (tra la somiglianza della voce, che in questi due Principi per accidente trovavasi, e tra la ferma immaginativa in Zanaida, che quello fosse l' amato Argippo) di soddisfare con titolo di sposo alle amorose sue brame, promèttendole, che averebbe al ritorno otténuto dal di lei Padre l assenso al loro occulto Imeneo. Argippo, innocente di questo fatto, portatosi al proprio Regno, s' invaghi, e prese in Moglie un altra Principessa per nome Osira, & indi per divertirla, seco guidolla in Agra, residenza del gran Mogor, dove l' ingannata Zanaida, credéndosi da Argippo tradita, e sprezzata, & arossendo di scuoprire al Padre l' errore, proruppe in si strana disperazione, che il Padre ne rimase oltre modo dolente, sin tanto che non gli fu noto il motivo, percui fù Osira in periglio di Vita, ma in fine da Silvero difesa per impulso del proprio rimorso.

ATTO-

Innhalt.

Thisiphar grosser Mogor, das ist eines Theils von dem Orientalischen Indien König / hatte eine Tochter Zanaida mit Nahmen. Zweyer Printzen Liebe gewann diese Printzessin: Silverii des Mogors selbsten Vetters / dann Argippi Königs in Cingo, nnd Thisiphars Lehen-Besitzers; und diesem letzteren allei-nig widmete Zanaida ihre Neygung. Da nun Argippus in sein Königreich wiederum zu ziehen gemüssiget wurde / nahme Silverus davon die Gelegenheit / Zanaidam hinterlistig auff seine Seiten zu bringen. Liesse dahero noch in selbiger Nacht / da Argippus sich beurlauben solte / ihr andeuten: es verlangete der König in Cingo in einem geheimen und finsteren Orth mit selber etwas Wichtiges abzureden / deme sie auch eingewilliget. Unterdessen tratte Silverus zu ihr hinein; und erhielte von ihr (massen / weilen unter dieser Printzen Stimmen kein Unterschied zu mercken ware / Zanaida ihr fest eingebildet / sie redete mit ihren geliebten Argippo) jene Vergnügenheit / zu welcher ein Bräutigam den Zuspruch hat / verhiesse ihr auch / er wolle in seiner Zuruckkehr die Verwilligung in die zwischen ihnen beyden getroffenen Ehe-Verlobnuß außwürcken. Argippus der Sach unwissend kommet in sein Königreich / vermählet sich mit einer andern Printzessin / derer Nahm Osira; Diese um zu divertiren / führet er mit sich nacher Agra, so des grossen Mogors Residentz ist. Zanaida, als welche der Meynung ware / sie wäre von Argippo hinters Licht geführet / folgends auch geschimpffet worden / sich scheüende / ihren verwirrten Zustand dem Vatter zu entdecken / lasset sich von einer so ungemeinen Verzweifflungs-Passion überwältigen / daß ihrem Königlichen Herrn Vattern so lang nicht wohl daran war / als biß man endlich des Unweesens den Ursprung gefunden; wordurch hernach Osira von der grösten Lebens-Gefahr umringet / von dem sich schuldig bekennenden Silvero hat müssen verthätiget werden.

Auff-

ATTORI.

Argippo Re di Cingone prima Amante di Zanaida, ora sposo d' Osira
Il Sig. Giovanni Dreyer.

Tisifaro. Gran Mogor, e Padre di Zanaida.
Il Sig: Antonio Denzi.

Zanaida Amante d' Argippo, di cui si crede già sposa.
La Sig. Anna Cosimi Virtuosa di Camera di S. A. S. il Sig. Principe Ereditario di Modena.

Osira Sposa di Argippo.
La Sig. Giustina Eberard, Virtuosa di S. A. R. la Gran Principessa di Toscana.

Silvero Cugino del Gran Mogor, e sposo occulto di Zanaida
La Sig. Marianna Manzi.

Gli Intermezzi saranno rapresentati dalla
Sig.ra Cecilia Monti, e dal
Sig. Bartolameo Cajo.

La Musica e' del sempre celebre Sig. D. Antonio Vivaldi.

MU-

Aufftrettende Persohnen.

Argippus König in Cingo vormahliger Amant Zanaidæ, hernach Osiræ Bräutigam.
Der Herr Johann Dreyer.

Thisiphar, grosser Mogor, und Zanaidæ Vatter.
Der Herr Antonius Denzius.

Zanaida Argippi Liebhaberin / dessen sie sich bereits eine Braut zu seyn vermeynet.
Die Frau Anna Cosimi, Jhro Durchleuchtigen Hohheit des Erb-Printzen von Modena Caminer-Virtuosin.

Osira, die würckliche Braut Argippi.
Die Frau Justina Eberhard / Jhro Königlichen Hohheit der Groß-Toscanischen Fürstin Virtuosin.

Silverus, des grossen Mogors Vetter / und Zanaidæ unbewuster Bräutigam.
Die Frau Marianna Manzi.

Die Zwischen Spiele werden von der Fraun Cæcilia Monti, und von dem Herrn Bartholomäo Cajo repræsentiret werden.

Die Music ist eine Composition des allzeit berühmten Herrn Don Antonii Vivaldi.

Ver-

MUTAZIONI
DI SCENA

NELL' ATTO PRIMO.

I Gabinetto del Gran Mogor all' Indiana.
II. Atrio della Reggia con veduta della Città bagnata dal Fiume Gemini, su cui bizarro Naviglio reale.
III. Giardino Reale.

NELL' ATTO SECONDO.

IV. Loggie Reali.
V. Stanze di Tisifaro.

NELL' ATTO TERZO.

VI. Giardinetto nel Quarto d' Osira.
VII. Tribuna della Deità Kam nel mezzo ad un Bosco, illuminato di notte, con apparato di Sacrifizio.

La Scena è nella Reggia di Agra Città capitale, e Ressidenza del gran Mogor.

ATTO

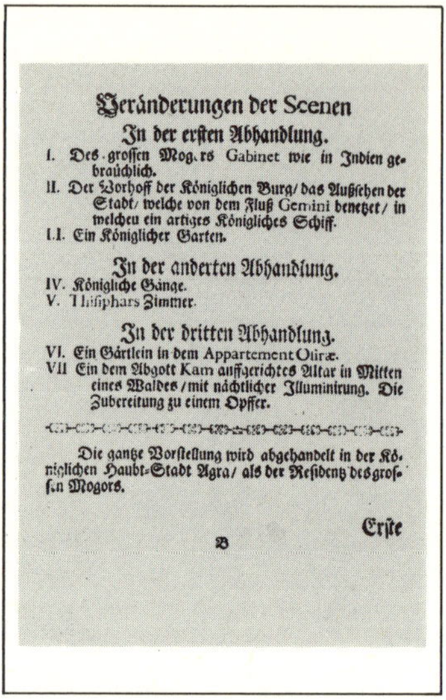

Veränderungen der Scenen

In der ersten Abhandlung.

I. Des grossen Mogors Gabinet wie in Indien gebräuchlich.
II. Der Vorhoff der Königlichen Burg/ das Außsehen der Stadt/ welche von dem Fluß Gemini benetzet/ in welcheu ein artiges Königliches Schiff.
III. Ein Königlicher Garten.

In der anderten Abhandlung.

IV. Königliche Gänge.
V. Thisiphars Zimmer.

In der dritten Abhandlung.

VI. Ein Gärtlein in dem Appartement Osiræ.
VII Ein dem Abgott Kam auffgerichtes Altar in Mitten eines Waldes/mit nächtlicher Illuminirung. Die Zubereitung zu einem Opffer.

Die gantze Vorstellung wird abgehandelt in der Königlichen Haubt-Stadt Agra/ als der Residentz des grossen Mogors.

Erste

B

Personen und Interpreten: Argippo re di Cingone, prima amante di Zanaida, ora sposo d'Osira, Dreyer Giovanni; Tisifaro gran Mogor e padre di Zanaida, Denzi Antonio; Zanaida amante d'Argippo di cui si crede già sposa, Cosimi Anna »virtuosa di camera di S.A.S. il Sig. principe ereditario di Modena«; Osira sposa di Argippo, Eberard Giustina »virtuosa di S.A.S la gran principessa di Toscana«; Silvero cugino del gran Mogor e sposo occulto di Zanaida, Manzi Marianna.

Arie

Ein größer angelegtes Sologesangstück in der Oper, das in der Regel lyrisch-betrachtend an den Ruhepunkten steht, auch in → Kantate und → Oratorium übernommen wurde und besetzungsmäßig zum Duett, Terzett usw. erweitert werden konnte. Die Arie wird vom Orchester plus Bc. begleitet; Soloinstrumente sind häufig. Die Form ist meist dreiteilig, der B-Teil steht inhaltlich (motivisch, tonartlich und oft auch besetzungsmäßig) im Gegensatz zum A-Teil, der am Schluß wiederholt wird, meist mit D.C. angezeigt, daher die Bezeichnung Da-Capo-Arie.

→ Cross nennt einen Arientyp in der Oper → *Griselda* Aria parlante. Er dürfte unter dem Einfluß von Anna → Giraud entstanden sein, über die V. zu → Goldoni sagte: ». . . sie liebt diese Art von Arien nicht, eher eine Arie mit Handlung, die Leidenschaften ausdrückt, aber nicht pathetisch ist und auch nicht cantabel.«

Lit.: E. Cross, Vivaldi as opera composer: »Griselda.« In: The Musical Times, 1978, S. 411–416.

Ariodante

Oper, Musik von Carlo Francesco Pollarolo mit Arien von Antonio Bioni, Dreier, Orlandi und V., 1727 in Breslau aufgeführt. Textbuch von A. → Salvi.

Aristide

Drama / eroi-comico / per musica / da rappresentarsi nel teatro / Grimani di S. Samuel / dalla compagnia de'comici / l'autunno dell'anno 1735 / di / Calindo Grolo / dedicato / all' amico suo pastore / Linco Melliado / La musica è del sig. Lotavio Vandini / Li balli sono d'invenzione e direzione del sig. Antio Ricconi. 1 Akt. Die Namen sind anagrammatisch verschlüsselt: Calindo Grolo = Carlo → Goldoni; Linco Melliado = Domenico → Lalli; Lotavio Vandini = Antonio Vivaldi; Antio Ricconi = Ricci Antonio.
Das Textbuch wurde bei Alvise Valvasene in → Venedig gedruckt. Die Partitur ist nicht erhalten; Textbücher in Los Angeles, Washington, Mailand, Venedig und Paris.
Personen und Interpreten (auch ihre Namen sind verschlüsselt): Xerse re degli Assiri, Nigandro Tipei (= Gandini Pietro); Aristide capitano degli Ateniesi, Asate Gacolani (= Casali Gaetano); Arsinoe sua moglie, Sattalea Quapessali (= Passalaqua Elisetta); Cireno capitano di Xerse, Limboldo Arecordi (= Lombardi Rodelico); Bellide serva d'Arsinoe, Agatea Murnesa (= Amurat Agnese); Carino servo d'Aristide, Regippe Musei (= Imer Giuseppe).

Armida al Campo d'Egitto

Drama per musica / da rappresentarsi nel teatro Arciducale / di Mantova / nel mese di aprile e maggio / dedicata / a sua altezza serenissima il Sig. / principe Filippo / langravio / d'Hassia, Darmstatt, d'Hirschfeld, conte / di Cazenelenbogen / Diez, Fiegenheim, Nidda / Schavemboug, Isenbourg e Bü- / dingen, ecc., generale maresciallo di cam- / po di sua maestà cesarea e cattolica, / colonello d'un regimento di corazze, / cavaliere dell'insigne ordine di S. Uber- / to e governatore plenipotenziario della / città e stato di Mantova, ecc. ecc. La Musica è del sempre celebre Maestro Sig. D. Antonio Vivaldi. 3 Akte.
Personen und Interpreten: Califfo re d'Egitto, Zanoni Angelo: Armida principessa reale di Damasco, Merigi Antonia »virtuosa di S.A.S. la signora gran Principessa Violante vedova di Toscana«; Osmira nipote di Califfo, Venturini Rosa »virtuosa di camera di S.A.S. il Sig. principe Antonio Farnese die Parma; Erminia principessa reale d'Antiochia, D'Ambraville Rosa »virtuosa di S.A.S. il. Sig. duca di Modena«; Emireno capitan generale, Fabri Annibale Pio; Adrasto, Laurenti Maria Antonia; Tisaferno, Mingone Luca Antonio.
Das keinen Verfassernamen nennende, von Giovanni → Palazzi stammende Textbuch wurde 1718 bei Marino → Rossetti in → Venedig gedruckt. Der 1. und 3. Akt sind als Partitur in Turin, Sammlung → Foà, erhalten. Im 1. Akt zwei Arien von Leonardo Leo.
Das Werk wurde im gleichen Jahr in

Venedig im Teatro Giustiniano aufgeführt, 1720 unter dem Titel *Gli*→ *Inganni per Vendetta* in Vicenza, wiederum als *Armida* 1731 im Teatro di San Margarita und 1738 in → Sant'Angelo, beide in Venedig. Textbücher befinden sich in: Berkeley, Bologna, Florenz, Ljubljana, Los Angeles, Mailand, Modena, Padua, Rom, Rovigo, Venedig und Washington.

Arnold, Denis (*1926 Sheffield)
Studium in Sheffield und London, Bachelor of Arts, seit 1975 Professor an der Oxford University. Schrieb neben Büchern zur venezianischen Musik des 16. und 17. Jhs. zahlreiche Beiträge für Grove und MGG.
Zu V.: Orphans and Ladies. The Venetian Concervatoires (1690 bis 1707). In: The Musical Times, 1963; Instruments and instrumental teaching at the early Italian conservatoires. In: Galpin Society Journal, 1965; Orchestras in 18th century Venice. In: Galpin Society Journal, 1966; Vivaldi's Church Music: an introduction. In: Early Music, 1973; Venetian motets and their singers. In: The Musical Times, 1978; Vivaldi's motets for Solo Voice. In: Proc. V. Conference at the Fondazione Vini, Venedig 1979; The solo motet in Venice (1625 to 1775). In: Proc. of The Royal Musical Ass. 1979/80.

Arsilda Regina di Ponto
Drama per musica / da rappresentarsi nel teatro di S. / Angelo nell'autunno dell' / anno 1716 / dedicata / all'illustriss. signore il Sig. / D. Giacomo Brivio / conte do Brocheles e veggio feuda- / tario di Montevecchia / La Musica è del celebre virtuoso di violino il Signor / D. Antonio Vivaldi. 3 Akte.
Das keinen Verfassernamen nennende Textbuch stammt von Domenico → Lalli und wurde 1716 in → Venedig bei Marino → Rossetti gedruckt. Es ist in Bologna, Florenz, Los Angeles, Paris, Washington, Mailand und Rom erhalten. Die Partitur hat sich in zwei Fassungen in Turin (Sammlung → Foà, Bd. 35) erhalten, einmal autograph, einmal in Abschrift.
Personen und Interpreten: Arsilda regina di Ponto, amata amante di Tamese re di Cilicia, Dotti Anna Vicenza; Lisea creduta Tameso re di Cilicia suo fratello, amante di Barezne re di Lidia da lui tradita, Fabri Anna Maria; Mirinda principessa del sangue, confidente di Lisea, Cotte Maria Teresa; Barzane re di Lidia, amante prima di Lisea poi di Arsolda, Valcata Carlo; Tamese re di Cilicia, fratello di Lisea creduto morto, amato amante d'Arsilda in abito da giardiniero, Fabri Annibale Pio; Cisardo zio paterno di Tamese e Lisea, amministratore della corona, Zannoni Angelo; Nicandro principe di Bitinia, confidente di Tamese e suo confederato, Pellizzari Antonia.
Das Werk wurde im gleichen Jahr in Kassel aufgeführt, die → Sinfonia ein zweites Mal für den → *Teuzzone* verwendet.

Artabano Re de'Parti
Umarbeitung der 1716 in → Venedig aufgeführten Oper *La* → *Costanza trionfante degl'Amori e degl'Odi*. Das Textbuch (von Anto-

nio → Marchi) trägt folgende Titelseite: »Drama per musica / da rappresentarsi nel teatro / Giustiniano / di San Moisè / il carnovale dell'anno MDCCXVIII / consacrato / a sua eccellenza il Sig. / Pietro Amanuele / Martinengo Colleone / marchese di Pianezza, conte di Caver- / nago, ecc. ecc. ecc.«
Es wurde 1718 von Marino → Rossetti in Venedig gedruckt. Als Komponist ist angeführt: »La virtù musicale del signor Don Antonio Vivaldi che esige allora tutta l'ammirazione, può maggiormente ora impregnare la tutta attenzione per applaudirlo avendolo di nuove adornato.« (Die schöpferische Kraft des . . ., welche schon immer alle Bewunderung herausforderte, kann nunmehr in noch höherem Maße ihre Aufmerksamkeit beanspruchen, um ihm Beifall dafür zu spenden, daß er das Werk mit neuen Ideen bereichert hat.) Die Partitur ist nicht erhalten, möglicherweise gab es gar keine. V. hat die Änderungen wohl nur für die Kopisten angegeben. Textbücher sind erhalten in Bologna, Florenz, Los Angeles, Mailand, Rom und Washington. Die gegenüber der Aufführung von 1716 geänderte Besetzung macht die Neubearbeitung verständlich.
Personen und Interpreten: Artabano re de' Parti, Natali Francesco detto il Perugino; Tigrane re d'Armenia, Machari Costanza; Doriclea sua consorte, Merighi Antonia »virtuosa di S.A.S. la signora gran principessa Violante vedova di Toscana«; Eumena sua figlia, Venturini Rosa »virtuosa di camra di S.A.S. il Sig. Principe Antonio Farnese di Parma«; Getilde principessa amante di Farnace, Orlandi Chiara detta la Mantonina; Farnace favorito di Tigrane, amante di Getilde, Briganto Francesco; Olderico principe d'armenia e amante d'Eumena, Imperatore Annibale.
Weitere Aufführungen: Vicenza 1719 und → Mantua 1725.

Artikulation
In der Musik versteht man unter Artikulation die Verbindung oder Trennung der einzelnen Töne. V.s Artikulation kommt ganz aus seiner persönlichen Spielart als Geiger. Die Tätigkeit als Geigenlehrer wie als Dirigent eines aus Schülerinnen der Pietà (→ Ospedali) gebildeten Orchesters hat dazu geführt, daß in seinen Partituren die sehr genau bezeichneten Stimmen weitaus überwiegen. Wünscht er breit gezogenen Strich, so schreibt er vor »attaccata alla corda« oder »arcate lunghe anco le violette«. Sehr eigenwillig und der barocken Durchschnittspraxis entgegengesetzt sind Bogensetzungen in den Konzerten PV 38 (RV 183), PV 65 (RV 505) und PV 63 (RV 15) (siehe nächste Seite oben). In PV 207 (RV 94) stehen Bindebogen, die den zeitüblichen weit vorausgreifen; V. verlangt dann »guardate la ligatura« (siehe nächste Seite unten).
Hieraus ergibt sich, daß für die heutige Aufführung eines unbezeichneten Werkes eine genaue Einrichtung notwendig ist, die auf dem Studium der bezeichneten Werke basiert.

Ascende laeta montes et colles
Introduzione al Dixit a Canto solo

con Instrumenti, del Vivaldi für Sopran, Streicher und Bc., A-Dur. Turin, Sammlung → Giordano, Bd. 35.

Atenaide o sia Gli Affetti Generosi

Drama per Musica / Da rappresentarsi in Firenze nel Teatro / di via della Pergola nel Carnovale / dell'anno 1729 / sotto la protezione / dell'Altezza Reale / del Serenissimo / Gio: Gastone I / Gran Duca di Toscana / La Musica è del Sig. D. Antonio Vivaldi.

Das Textbuch von Apostolo → Zeno wurde 1728 gedruckt, »si vende nella Stamperia di Domenico Ambrogio Verdi / dirimpetto all'oratorio di S. Filippo Neri«. Die nichtautographe Partitur befindet sich in Turin, Sammlung → Giordano, Bd. 39; Textbücher sind in Bologna, Florenz und Mailand.

Personen und Interpreten: Teodosio II imperatore amante d'Atenaide, Valletta Gaetano; Atenaide sotto nome di Eudossa figlia di Leontino, Turcotti Giustina; Pulcheria sorella di Teodosio, Girò Anna; Varane figlio d'Isdegarde re de' Persi, Moro Lisabetta; Leontino filosofo padre di Atenaide, Fabbri Annibal Pio; Marziano generale di Teodosio, amante di Pulcheria, Faini Anna Maria; Probo prefetto del Pretorio, amante di Pulcheria.

Lit.: M. G. Pensa, L'Atenaide di Apostolo Zeno adatta per la musica di Vivaldi. In: A. V. Teatro Musicale Cultura a Società, Bd. II. Firenze 1982.

Aure voi più non siete
→ Kantate »del Sig. D. Antonio Vivaldi« für Sopran und Bc., e-Moll. Turin, Sammlung → Foà, Bd. 28.

Bach, Johann Sebastian
(*1685 Eisenach, †1750 Leipzig)
Über eine entscheidende stilistische Wende im Bachschen Schaffen berichtet Johann Nikolaus → Forkel in der ersten Bach-Biographie (1802), die auf Informationen der beiden ältesten Bach-Söhne beruhte.
»Joh. Seb. Bachs erste Versuche in der Composition waren wie alle ersten Versuche mangelhaft. Ohne einigen Unterricht, durch welchen ihm ein Weg vorgezeichnet worden wäre, der ihn allmählig von Stufe zu Stufe hätte führen können, mußte er es so wie alle diejenigen, die ohne Leitung eine solche Bahn betreten, anfänglich machen, wie es werden wollte. Auf dem Instrumente auf und ab laufen oder springen, beide Hände dabey so voll nehmen, als die fünf Finger erlauben wollen, und dieses wilde Wesen so lange forttreiben, bis irgendein Ruhepunkt zufälligerweise erhascht wird, sind die Künste, welche alle Anfänger miteinander gemein haben. Sie können daher auch nur Fingercomponisten seyn (oder Clavier-Husaren, wie sie Bach in seinen späteren Jahren nannte), das heißt: sie müssen sich von ihren Fingern vormachen lassen, was sie schreiben sollen, anstatt, daß sie den Fingern vorschreiben müßten, was sie spielen sollen. Bach blieb aber nicht lang auf diesem Wege. Er fing bald an zu fühlen, daß es mit dem ewigen Laufen und Springen nicht ausgerichtet sey, daß Ordnung, Zusammenhang und Verhältniß in die Gedanken gebracht werden müsse, und daß man zur Erreichung solcher Zwecke irgendeine Art von Anleitung bedürfe. Als eine solche Anleitung dienten ihm die damals neu herausgekommenen Violinconcerte von Vivaldi. Er hörte sie so häufig als vortreffliche Musikstücke rühmen, daß er dadurch auf den glücklichen Einfall kam, sie sämmtlich für sein Klavier einzurichten. Er studirte die Führung der Gedanken, das Verhältniß derselben untereinander, die Abwechselungen der Modulation und mancherley andere Dinge mehr. Die Umänderung der für die Violine eingerichteten, dem Clavier aber nicht angemessenen Gedanken und Passagen, lehrte ihn auch musikalisch denken, so daß er nach vollbrachter Arbeit seine Gedanken nicht mehr von seinen Fingern zu erwarten brauchte, sondern sie schon aus eigener Fantasie nehmen konnte.« (S. 42)
Über den Zeitpunkt dieser Einrichtung äußert sich Forkel nicht. Im allgemeinen wird jedoch angegeben »nicht vor 1714«, als Bach schon neunundzwanzig Jahre alt war. Joseph Müller-Blattau nennt dies in seiner Forkel-Ausgabe (S. 102) einen »folgenschwersten« Irrtum. Aber V.s op. III war schon 1711 in London zum Verkauf angeboten worden, und Rudolf Franz Erwein Graf von → Schönborn hat sich aus → Venedig bereits 1710 »einige rare compositiones des Vivaldi« bestellt. Sie müssen demnach schon einige Jahre vorher in Deutschland im

Umlauf gewesen sein, zumal Bach Werke V.s in Fassungen bearbeitet hat, die von der Druckfassung der Opera III und IV erheblich abweichen. Des Musikwissenschaftlers Wolfgang Schmieders Ansatz »vermutlich Weimar 1708–1718« kommt dem möglichen frühen V.-Einfluß schon näher, da Bachs Schaffen erst relativ spät einsetzte. Reichlich »deutsch-national« klingt das, was → Rühlmann dazu zu sagen hat, nämlich, ». . . daß Bach ohne alle und jede Kenntnis der Vivaldischen Violinconcerte ein ebenso großer Meister der Kunst

BWV	Inventaire thématique Pincherle (= Ryom-Verzeichnis)	bearbeitet für	Erste Druckausgabe	Handschriften
593	2 (= 522)	Orgel	op. III/8 a-Moll Estienne Roger Amsterdam 1711 (2 Solovl., Str. Orch. mit Bc.)	
594	151 (= 208)	Orgel	op. VII/11 D-Dur (= op. VII, 2. Buch Nr. 5) Jeanne Roger Amsterdam ca. 1716/17 (Solovl., Str. Orch. mit Bc.)	Schwerin Nr. 3 in D-Dur (5565) Turin, Giord. V/22
596	250 (= 565)	Orgel	op. III d-Moll Estienne Roger Amsterdam 1711 (2 Solovl. u. Vc. obligato, Str. Orch. mit Bc.)	
972	147 (= 230)	Clavier	op. III/9 D-Dur Estienne Roger Amsterdam 1711 (Solovl., Str. Orch. mit Bc.)	Schwerin Nr. 1

973	102 (= 299)	Cla-vier	op. III/9 G-Dur (op. VII. 2. Band, Nr. 2) Jeanne Roger Amsterdam ca. 1716/17 (Solovl., Str. Orch. mit Bc.)	Dresden Cx 1024
975	338 (= 366)	Cla-vier	op. IV/6 g-Moll Estienne Roger Amsterdam ca. 1712/13 (Solovl., Str. Orch. mit Bc.)	Landesbiblio-thek Darmstadt (Kriegsverlust)
976	240 (= 265)	Cla-vier	op. III/12 E-Dur Estienne Roger Amsterdam 1711 (Solovl., Str. Orch. mit Bc.)	Landesbiblio-thek Darmstadt (Kriegsverlust)
978	96 (= 310)	Cla-vier	op. III/3 G-Dur Estienne Roger Amsterdam 1711 (Solovl., Str. Orch. mit Bc.	
980	327 (= 383/381)	Cla-vier	op. IV/1 B-Dur Estienne Roger Amsterdam ca. 1712/13 (Solovl., Str. Orch. mit Bc.)	Upsala Caps 61:7
1065	148 (= 580)	4 Cem-bali u. Str. Orch.	op. III/10 h-Moll Estienne Roger Amsterdam 1711 (4 Vl., Vc. obligato, Str. Orch. mit Bc.)	früher in Dresden (Cx 1035)

geworden wäre . . .« (NZfM 1867, S. 401)
Insgesamt hat Bach, vielleicht angeregt durch seinen Verwandten und Weimarer Kollegen Johann Gottfried → Walther, zehn Konzerte V.s bearbeitet (siehe vorstehende Tabelle). Bach hat gelegentlich in V.s Vorlagen tief eingegriffen, vor allem aber hat er Verzierungen und Diminutionen, die V. offenbar dem Spieler überlassen hat, ausgeschrieben (siehe nächste Seite).
Die Anregungen waren jedoch vor allem formaler Natur. Wenn man die Konzertform mit der Fugenanlage vergleicht, sieht man, was Bach von V. gelernt hat.
Im Konzert:
1. → Ritornell Tonika
1. Solo (→ Solokonzertsatz) zur Dominante)
2. Ritornell Dominante
2. Solo zur Tonikaparallele
3. Ritornell Tonikaparallele
3. Solo zur Tonika
4. Ritornell Tonika
In der Fuge:
1. Durchführung Tonika
1. Zwischenspiel zur Dominante
2. Durchführung Dominante
2. Zwischenspiel zur Tonikaparallele
3. Durchführung Tonikaparallele
3. Zwischenspiel zur Tonika
4. Durchführung Tonika
Ob Bach auch noch andere Werke V.s kennengelernt hat – es gab später in → Dresden genug Gelegenheit dazu –, ist sehr fraglich, doch sind manche Parallelen auffallend genug, z. B. die Invention F-Dur mit einem Ritornellbeginn PV 394 (RV 153). Man muß sich aber vergegenwärtigen, daß das barocke musiksprachliche Vokabular relativ beschränkt war, und bei der beiderseitigen reichen Produktion genug (unbewußte) »Entnahmen« entstanden sein dürften.
Lit.: Paul Graf Waldersee, Antonio Vivaldis Violinconcerte unter besonderer Berücksichtigung der von Johann Sebastian Bach bearbeiteten. In: Vierteljahrschrift f. Mw. 1885, 1. Vierteljahr; Nicholas Anderson, The Italian influence on Bach's vocal music. In: V. Veneziano Europeo. Firenze 1980, S. 123–135.

Bachmann, Alberto (*1875 Genf)
Vielgereister Violinvirtuose, gab in seinem Buch »Les grands violinistes du Passé« (Paris 1913) eine »Table thématique des œuvres d'A. V.«, die hundertzehn Konzerte, neun Symphonien und sechzehn Sonaten umfaßt, das sind die Opera zwei, drei und acht sowie die Dresdner Bestände.

Bagno, Conte Antonio Guidi di
Wurde 1719 zum Bischof von → Mantua gewählt. V. schrieb eine *Cantata in Lode di Monsignor Vescovo Bagni di Mantova.* Das Autograph befindet sich in Turin, Sammlung → Foà, Bd. 27.

Bajazet
Die Oper wurde in Verona 1735 unter dem Titel → *Tamerlano* aufgeführt. Das Textbuch besagt: Tragedia per musica / da rappresentarsi / nel nuovo teatro / dell'Accademia / Filarmonica / nel carnovale dell'anno 1735 / dedicato / a sua eccellenza / la signora / Isabella Correr / Pisa-

Largo
Bach
Largo cantabile
Vivaldi
(Violino principale)
(Violini I II e Viola)

ni / Li balli sono d'invenzione del sig. Petrillo Gugliantini / Le scene sono d'invenzione delli Sigg. Francesco Bibiena, Giannantonio Paglia, e Michele Angelo Spada / Il vestirario è d'invenzione del signor Natale Canziani. 3 Akte.

Personen und Interpreten: Tamerlano imperatore de' Tartari, Pieri Maria Maddalena »virtuosa di S.A.Ser. il Sig. duca di Modena«; Bajazette imperatore de' Turchi prigioniero di Tamerlano, Mareschi Marc'Antonio; Asteria figliuola di Bajazette amante d'Andronico, Girò Anna; Andronico principe greco confederato col Tamerlano, Moriggi Pietro »virtuoso di S.A.S. il Sig. principe Filippo langravio d'Assia Darmstat«; Irene principessa di Trebisonda promessa sposa al Tamerlano, Giacomazzi Margherita; Idaspe confidente d'Andronico, Manzoli Giovanni.

Die Partitur, die sich unter dem Titel *Bajazet* in Turin in der Sammlung → Giordano, Bd. 36, befindet, umfaßt zwei Arien von J. A. → Hasse und eine von Jacomelli. Nach → Ryom stammen weitere sechs Arien und ein Rezitativ, wahrscheinlich auch nicht von V. Das Textbuch – ohne Verfasserhinweis – wurde von Jacopo → Vallarsi in Verona gedruckt. Es stammt von A. → Piovene. Lagerungsorte: Mailand, Padua und Rovigo.

Baldini, Lucrezia
Altistin, sang 1726 in → Venedig in → *Farnace* und 1728 in → *Rosilena ed Oronta*. Vom 13. 10. 1726 ist ein von V. unterzeichneter Vertrag erhalten (→ Impresario).

Barbieri
Jesuit, Sekretär von Papst → Benedikt XIII., der vermutlich V.s Vorspielen bei diesem vermittelte. Als begabter Improvisator verfaßte er Texte, die V. komponierte. Eine zeitgenössische Quelle besagt: »Der Herr Vivaldi aus Venezia hat die Arien auf die Worte von S. E. Mons. Barbieri geschrieben, welcher ihm 100 Scudi dafür gegeben hat, und man hat sie im Hause des Fürsten Colonna gesungen, wo auch der kaiserliche Gesandte hingegangen ist . . .«

Barbieri, Antonio
Tenor aus Reggio, »virtuoso di S.A.S. il Sign. principe Filippo langravio d'Assia Darmithath«, sang 1720 in → Venedig in *La → Verità in Cimento*, in → Mantua in *La → Candace o siano Li Veri Amici*, 1721 in Venedig in → *Filippo Re di Macedonia*, 1724 in Rom in → *Giustino*, in Venedig in *Il → Vinto trionfante del Vincitore* und 1731 in Pavia in → *Farnace*.

Barbieri, G.
Drucker in → Ferrara, der 1737 das Textbuch zur Oper *Il → Demetrio* von J. A. → Hasse / V. und 1739 das zur V.-Oper → *Siroe Re di Persia* druckte.

Bartoluzzi, Girolamo
Sänger, »detto il Regiano, allievo del Sig. Francesco Gasparini, virtuoso dell'eccellentiss. Sig. duchessa di Guadagnolo«. Sang 1720 in Rom in → *Tito Manlio* (II), 1723 in → *Ercole sul Termodonte* und 1724 in → *Giustino* sowie in *La → Virtù trion-*

fante dell'Amore e dell'Odio overo Il Tigrane. Er verkörperte hauptsächlich Frauenrollen, da es Frauen in Rom verboten war, im Theater aufzutreten.

Bartsch, G.
Drucker in Wolfenbüttel, der 1722 für eine Aufführung von V.s Oper → *Orlando furioso* in Braunschweig das Textbuch druckte.

Baßführung
V. schrieb in seiner »Zweisprachigkeit« entweder Hauptstufenbässe (insbesondere in raschen Sätzen) oder aus der Vokalpolyphonie herkommende, meist stufenweise Führungen von großer harmonischer Intensität. Für die erste Art hat er stereotype Figuren entwickelt, die sich im Terz- oder Quintraum oder in Oktavensprüngen bewegen. Ganze Sätze sind so entwickelt und verdecken die etwas primitive Baßstruktur. Auch das → Passegieren war eine Möglichkeit, einen einfachen Stufenbaß auszuziehen. Wie V. den Baß durch zwei Violoncelli auszieren läßt, zeigt der Mittelsatz aus PV 58 (RV 561) (siehe unten). Eine große Rolle spielt der stufenweise (auch chromatisch) fallende Baß, über den Oberstimmen von typischer Struktur erfunden werden (beschrieben in: Kolneder, Melodietypen bei V., S. 91–107).

Bearbeitungen
Hier sind zwei Gruppen zu unterscheiden: eine kleine, die V.s Bearbeitungen fremder Musik, und eine sehr große, die die Bearbeitungen seiner Musik durch fremde Komponisten umfaßt.
Zur ersten Gruppe gehören nur die Opern anderer Komponisten, die er für Aufführungen einrichtete. Nach Reinhard → Strohm sind dies: 1713/14 → Orlando furioso (G. A. → Ristori), 1714 → Rodomonte sdegnato (M. A. Gasparini), 1715 Lucio Papirio (L. A. Predieri), 1717 Penelope la casta (F. Chelleri), 1727

Medea e Giasone (G. Fr. Brusa), 1728 Gli odi delusi dal sangue (G. B. Pescetti und B. → Galuppi), 1737 Il → Demetrio (J. A. → Hasse) und → Alessandro nell'Indie (J. A. Hasse). Da jedoch die Partituren nur zum Teil erhalten sind, ist es kaum möglich, präzise Aussagen zu machen. Dasselbe gilt für die von V. zusammengestellten → Pasticci. Ob man sie zu den Bearbeitungen zählen soll, ist eine Frage der Terminologie. Auch die Übernahmen aus eigenen Werken, manchmal nur von → Ritornellen (z. B. aus dem »Frühlingskonzert« [→ *Jahreszeitenkonzerte]*) sind kaum als Bearbeitungen anzusprechen. Dagegen sind die vielen Doppelfassungen echte Bearbeitungen, wobei allerdings die Vorlage ihren Charakter als für sich bestehendes Werk kaum eingebüßt hat.

Unter den Bearbeitungen von Werken V.s durch andere Komponisten stehen die von J. S. → Bach obenan. Von → Pisendels Einrichtungen für das Dresdner Orchester sind nur jene Konzerte als bearbeitet anzusprechen, bei denen konzertierende Bläser hinzugefügt sind. Jean-Jacques Rosseaus herausgeschriebene Solostimme für Flöte des »Frühlingskonzerts« gehört sicherlich nicht dazu, dagegen sind die *Jahreszeitenkonzerte* in der Einrichtung durch → Chédeville sowie insbesondere die → Motette → *Laudate Dominium* von → Corrette Bearbeitungen von hohem Wert.

Seit man um 1900 begonnen hat, die Werke V.s herauszugeben, hat man sie meist als »Bearbeitungen« deklariert, was sie infolge der vielen Zutaten ja tatsächlich sind. Als man von der Existenz der Turiner Violoncellowerke noch nichts wußte, hatte der Komponist Vincent d'Indy die Idee, die gedruckten sechs Vc.-Sonaten für Vc. und Streichorchester »mises en concert« zu bearbeiten, d. h. den → Generalbaß für Streichorchester auszusetzen. Der französische Cellist Paul Bazelaire hat das gleiche mit der 5. Sonate vorgenommen, sie aber als »Concerto en mi mineur« veröffentlicht. Auf der Platte Decca F-128 wurde das Werk aber wie folgt angekündigt: Konzert e-Moll. 1. Largo (Bearb.: Paul Bazelaire), 2. Allegro (Bearb.: Vincent d'Indy), 3. Largo (Alla Siciliana/Bearb.: Siegfried Barchet), 4. Allegro (Bearb.: Paul Bazelaire). Der italienische Komponist Luigi Dallapiccola hatte dann die unglückliche Idee, entgegen der originalen Bezifferung der sechs Sonaten eine Ausarbeitung eigener Erfindung 1955 bei Schirmer zu publizieren. Das Resultat ist höchst eigenartig (vgl. Kolneder, Schule des Generalbaßspiels, Bd. I, S. 180 f.). Die Verhunzung des Werkes (man verzeihe den Ausdruck) geht aber weiter: François Rabboth gab das Konzert 1980 bei Leduc erneut heraus, diesmal für Kontrabaß und Klavier »d'après la réalisation de Paul Bazelaire«. Inzwischen haben der Trompeter Maurice André und andere eine ganz neue Welle der Bearbeitung ausgelöst: eine Oboensonate, herausgegeben für Trompete und Klavier (Orgel), und zwei Konzerte d-Moll für Trompete und Orchester durch Jean Thielde; durch den gleichen Bearbeiter die Sonate op. II/

Nr. 6 als Konzert für vier Posaunen. Beim Hören solcher Einrichtungen stellt man immer wieder fest, wie widerstandsfähig diese Musik ist oder wie »klangfarbenneutral« (Güttler) V.s Solostimmen sind.

Beatus vir
111. Psalm, von V. dreimal komponiert:
1. »a voce sola e 5 Istromenti« für Sopran, Streicher und Bc., A-Dur. Turin, Sammlung → Giordano, Bd. 33;
2. »in due chori a 8 con Istromenti, del Vivaldi« für achtstimmigen Doppelchor, zwei Oboen, Streicher und Bc., C-Dur;
3. für zwei Soprane, Alt, vierstimmigen Chor, Streicher und Bc., B-Dur, als Allegro einsätzig durchkomponiert. Beide Turin, Sammlung → Foà, Bd. 40.

Benda, Franz (František)
(*1709 Benatty, †1786 Potsdam)
Zuletzt »Maitre de Concert de Sa Majeste le Roi de Pruße«.
»In Dresden wo die Capell Knaben unter sich Concerte hielten, spielte ich die Viola. Zugleich übte ich mich auf der Violine und spielte die damahligen Vivaldischen Concerte auswendig.« (Aus der Autobiographie.)

Benedetti, Francesco Giovanni
»Virtuoso di S.A.S. il Sig. principe Filippo langravio d'Assia Darmstat«, Baß, sang 1719 in → Mantua in → *Teuzzone* und die Titelrolle in → *Tito Manlio* (I) sowie 1720 in Vicenza in *Gli → Inganni per Vendetta.*

Benedikt XIII.
Im Mai 1724 gewählt. War vermutlich der Papst, vor dem V. zweimal gespielt hat.

Benincasa, Conte Bartolommeo
Freund → Durazzos, ließ 1784 in Parma »Descrizione della raccolta di stampe di S. Conte Jacopo Durazzo, esposta in una dissertazione sull'arte dell'intaglio a stampa« drucken.

Bentivoglio d'Aragona, Guido Marchese
(*1705 Venedig, †1759 Ferrara)
Als zweitgeborener Sohn für die geistliche Laufbahn bestimmt, verzichtete er auf seine Würden, als der ältere Bruder starb. V. kannte ihn vermutlich von → Venedig her. Er traf ihn in Rom wieder, wo sich Bentivoglio auf die höheren Kirchenämter vorbereitete. Als Mandolinenspieler und guter Liebhaberschauspieler kümmerte er sich um das Opernleben in → Ferrara, wohin er V. holte.
Lit.: A. Gavicchi, Inediti nell'epistolario Vivaldi-Bentivoglio. In: NRMI, 1967, S. 45–79.

Beregan, Niccolò (auch Berengani, Nicola)
(*1627 Vicenza, †1713 Venedig)
Venezianischer Adliger, seit 1661 gesuchter Textdichter. V. komponierte sein Buch zur Oper → *Giustino,* das vor ihm schon von → Legrenzi und Albinoni vertont worden war.

Berenice
Libretto von Antonio Maria → Luc-

chini. Vielleicht ein → Pasticcio, das 1729 in Livorno aufgeführt wurde. Nach → Rinaldi ist es eine Neubearbeitung des → *Farnace.*

Beretta, Lorenzo
»Servitore della serenissima repubblica di Lucca«, sang 1717 in → Venedig in *Il → Vinto trionfante del Vincitore* und 1719 in → Mantua in → *Tito Manlio* (I).

Bernabò
Römischer Drucker, der zu den folgenden Opern V.s die Textbücher druckte: → *Ercole sul Termodonte* (Rom 1723) und → *Giustino* sowie zu *La → Virtù trionfante dell'Amore e dell'Odio overo Il Tigrane,* beide Rom 1724.

Besetzung
V. hat in den Pietà-Konzerten (→ Pietà) mit einem Orchester von zwanzig bis vierzig Spielerinnen musiziert; im Chor standen ihm dreißig bis vierzig Sängerinnen zur Verfügung. In der Oper dürfte das Orchester eher kleiner gewesen sein. Die dafür vorgesehenen Räume in zeitgenössischen Abbildungen lassen dies vermuten. Auch bei besonders festlichen Anlässen, wie etwa beim Amsterdamer Jubiläumskonzert, ging V. über fünfundzwanzig Spieler nicht hinaus.
Für die festliche Eröffnung des neugebauten Theaters in Verona (1732) holte man »i più insigni professori« zusammen. Eine Ausnahme bildeten nur gelegentliche Freilichtaufführungen. In *La → Sena festeggiante* findet sich die Bemerkung: »2 hautbois o più se piace.« Dagegen muß man oft mit zwei Cembali rechnen; häufig zu findende Anmerkungen wie »Cembali tacent« deuten darauf hin.
→ Giazotto hat allerdings ein Dokument gefunden, das mit kleineren Zahlen rechnet. Dort heißt es Art. 45: »Der Chor ist aus 42 Mädchen der Anstalt zusammengesetzt.« Art. 46: »Diese sind in Sängerinnen und Spielerinnen eingeteilt, in aktive und in Anfängerinnen.« Art. 78: »Aktive Sängerinnen sind 18, Anfängerinnen 8, aktive Spielerinnen sind 10, Anfängerinnen 4.« Auch eine von Rostirolla mitgeteilte Besetzung (NRMI, 1979, S. 189) gehört hierher: 5 Soprane, 4 Alte, 3 Tenöre, 1 Baß im Chor, 4 Violinen, 3 Violen, 2 Violette, 1 Tiorba, 1 Violone, 3 → Orgeln (!) im Orchester.

Bettinelli, G.
Venezianischer Drucker, der 1734 das Textbuch zu V.s Oper → *Dorilla in Tempe* druckte.

Biancardi, Sebastiano
Neapolitaner, der sich in → Venedig als Textdichter Domenico → Lalli nannte.

Bianchi, Barbara
Sang im → Kukus-Bad und in → Prag 1724 in → *Orlando furioso oder Der rasende Orland,* 1726 in Prag in *La → Tirannia gastigata.*

Bibiena (Galli), Francesco
Entstammte einer Familie, deren Mitglieder in vier Generationen als Bühnenbildner und Architekten tätig waren.

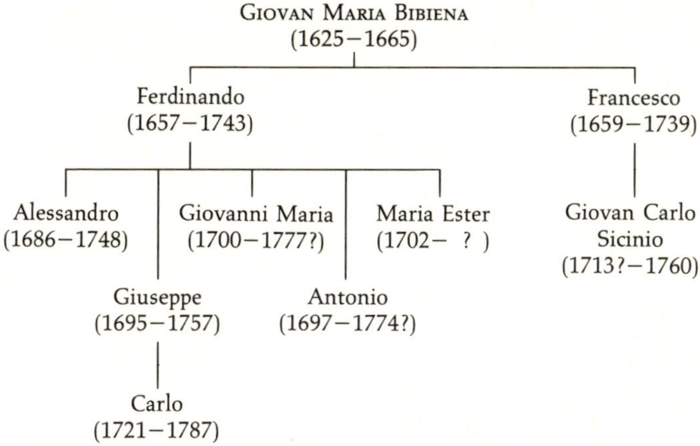

Bibiena wirkte vornehmlich in Verona, wohin man V. 1732 eingeladen hatte. Er sollte zur Eröffnung des von Bibiena seit 1729 erbauten »Nuovo Teatro dell'Accademia« die Oper *La* → *Fida Ninfa* nach einem Textbuch von Scipio → Maffei komponieren. In der Folge hat Bibiena die Bühnenbilder zu → *Catone in Utica* (Verona 1737) und ebenfalls in Verona 1735, zusammen mit Giannantonio Paglia und Michelangelo Spada, zu *L'*→ *Adelaide* und zu → *Tamerlano* geschaffen. Mit seinem Mitarbeiter Giuseppe Chamant schuf er das einzige bekannte Bühnenbild »Inneres des Teatro Filarmonico in Verona während einer Probe zu *La Fida Ninfa* von V.«.

Bibliotheken

Bis zum Jahre 1927, als der erste Teil der → Durazzo-Sammlung für die Nationalbibliothek Turin angekauft wurde, besaß die Sächsische Landesbibliothek in → Dresden den größten V.-Bestand, gefolgt von → Wiesentheid und der Bibliothèque Nationale in Paris (jetzt mit der des Conservatoire vereinigt). Im Laufe der Forschungen sind in einer großen Anzahl von Bibliotheken Werke V.s (Autographe und Abschriften) sowie Textbücher zu Opern aufgetaucht. Ihre weite Streuung beweist die Verbreitung im damaligen Kulturbereich und darüber hinaus. In alphabetischer Reihenfolge sind es die Bibliotheken von: Agen, → Amsterdam, Assisi, Bergamo, Berkeley, Berlin, Bologna, Braunschweig, Brünn, Brüssel, Cambridge, Cambridge/Mass., Chicago Cividale del Friuli, Danzig, Darmstadt, Dillingen, Donaueschingen, Evanston, → Ferrara, Florenz, Genua, → Graz, Hamburg, Hannover, Krakau, Křimice, Leipzig, Leufstabruk, Lissabon, Ljubljana, London, Los Angeles, Lund, Macerata, Mailand, Manchester, → Mantua, Meiningen, Modena, München, Münster, Neapel, Padua, Parma, → Prag, Reggio Emilia, Rochester, Rom, Rostock, Rovigo, Schwerin, Skara, Stockholm, Tenbury, Toronto, Treviso, Trondheim, Uppsala, → Venedig, Verona, Vicenza, Warschau, Washington, → Wien, Wiesentheid, Wolfenbüttel und Zürich. → Ryom hat von »etwa 60 Bibliotheken« gesprochen.

Bilanzoni, Francesco
»Virtuoso di S.E. il sign. principe di Torelle«, sang 1733 in → Venedig in → *Montezuma*, 1734 in → *Dorilla in Tempe* und in *L'→ Olimpiade.*

Bildnisse
Es gibt nur zwei authentische Bildnisse von V.: 1. die Karikatur von → Ghezzi, 1723 vermutlich während einer Probe im Teatro Capranica in Rom gezeichnet, und 2. Effigies Antonii Vivaldi, ein Stich 1725 von François Morellon de La Cave, der sich in venezianischem Privatbesitz befindet. Der Künstler stammte aus Frankreich und arbeitete seit 1710 in → Amsterdam. Die übrigen Bildnisse sind teils Kopien, teils wird nur vermutet, daß sie V. darstellen: 1. Stich von J. Caldwell nach La Cave für Hawkins, A general History . . . London 1776; 2. Stich von Lambert jeune mit der Aufschrift »Ant. Vivaldi gravé par Lambert jeune d'après le Dessin original appartenant à M. Fayolle«, in »Galerie des violons et luthiers célèbres« (Paris, Bibl. Nat.); 3. ein von → Vatielli als Bildnis V.s angesprochenes Gemälde, das sich in Bologna befindet, und 4. ein anonymes Porträt (Foto Mendel-Ziolo), das erstmalig auf der Plattentasche EMI C 06p-02.803 wiedergegeben wurde.

Bioni, Gaetano A. (oder nur A.)
Wird in den Textbüchern zum → *Orlando furioso* (→ Kukus-Bad und → Prag 1724) als Komponist genannt, hat aber wahrscheinlich nur die → Rezitative den Sängern der Aufführungen angepaßt.

Bissaro, Conte Enrico
Textdichter von → *Silvia*, Mailand 1721. Das Textbuch war schon 1710 von Bartolomeo Cordans für Vicenza komponiert worden. 1730 wurde das Werk in → Venedig wiederaufgenommen.

Blainville, Charles-Henri
(1711–um 1777)
Publizierte 1754 in Genf »L'esprit de l'art musical, ou Réflexions sur la Musique et ses différentes parties« (von J. A. → Hiller in den »Nachrichten« 1767 übersetzt). Darin wird V. mit seinem »Frühlingskonzert« (→ *Jahreszeitenkonzerte)* neben P. A. Locatelli erwähnt.

Böhmen
Die Beziehungen V.s zu Böhmen wurden durch den Grafen Anton von → Sporck hergestellt, der 1724 den venezianischen Sänger und → Impresario Antonio → Denzio mit seiner Operngesellschaft an seine Theater in → Kukus und → Prag (mit gelegentlichen Ausflügen nach Karlsbad) verpflichtete. In den Jahren 1726 bis 1732 wurden folgende Werke V.s aufgeführt: *La → Tirannia gastigata*, → *Farnace*, → *Argip-*

Antonio Vivaldi
Stich von François Morellon de La Cave, 1725 (Foto: Bildarchiv Jürgens, Köln)

po, → *Alvilda Regina de' Goti,* → *Doriclea und* → *Dorilla in Tempe.* Daß Vivaldi selbst in Prag gewesen ist, wird nur vermutet. In seiner Monographie über den Grafen Sporck (Wien 1923) schreibt H. Benedikt über das Jahr 1725: »Denzio berichtete, er habe an Stelle der Giusti durch Antonio Vivaldi in Venedig die Sopranistin Chiara Orlando und an Stelle Vidas den Tenor Novello engagiert. Mit der Konteraltistin Peruzzi aus Venedig steht er noch durch Vivaldi in Verhandlung . . .«

Eine weitere Beziehung ergibt sich wohl aus dem letzten Dokument, das wird von des Komponisten Hand besitzen. Es ist die Quittung über den Notenverkauf an den Grafen Vinciguerra di → Col(l)alto, vielleicht die fünfzehn Konzerte und die eine Sinfonie betreffend, die sich in Brünn erhalten haben.

→ Pincherle entdeckte in manchen Themen von Schlußsätzen böhmische Einflüsse, die sich aus dem Umgang mit Musikern des Grafen → Morzin ergeben haben könnten.

Boivin, François († um 1733)
Pariser Verleger. Seine Witwe führte das Geschäft bis mindestens 1762 weiter. Um 1737 erschien »chez Me Boivin M^{de} rue St. Honoré à la Règle d'Or« das vermutliche op. XIII V.s, die Sammlung *Il Pastor Fido.*

Bollani, Giuseppe Maria
Abate; ein Verwandter → Bentivoglios. Wurde 1736 von einer Ferrareser Adelsgesellschaft mit der Impresa von zwei Opernaufführungen beauftragt. Über den Verlauf seiner Verhandlungen mit V. siehe → Ferrara. Auf V. bezieht sich eine Stelle in einem Brief Bentivoglios vom 30. 12. 1736: »Auch ich glaube, daß dieses Jahr das der unerfahrenen Impresarii ist.«

Bonacossi
Drucker aus → Ferrara. Druckte 1737 das Textbuch für die Oper → *Alessandro nell'Indie* von J. A. → Hasse und V.

Bonaventi, Giuseppe (auch Boniventi oder Boneventi)
(*um 1670 Venedig, † um die Mitte des 18. Jh.)
1712–1718 Kapellmeister des Markgrafen Karl Wilhelm von Baden-Durlach. 1721 schrieb er nach einem Textbuch von → Lalli die beiden ersten Akte zu → *Filippo Re di Macedonia,* V. den dritten Akt.

Bonlini Giovanni Carlo
(*1637 Venedig, †1731 ebd.)
Publizierte anonym in → Venedig als adliger Dilettant »Le glorie della Poesia e della Musica contenute nell'esatta Notizia de'Teatri della Città di Venezia e nel Catalogo purgatissimo de Drammi Musicali quivi sin'hora rapresentati, con gl'Auttori della Poesia e della Musica, e con le Annotazioni a suoi luoghi propri«. Die Arbeit ist außerordentlich genau, eine hervorragende Quelle von den Anfängen der venezianischen Oper an. Sie verzeichnet 658 Titel in chronologischer Folge.

Bortoli, Antonio
Venezianischer Musikverleger, tätig von 1705 bis 1764. Druckte 1708/09

V.s op. II, zwölf Sonaten für Violine und Bc. Als er die 4. Auflage von Francesco → Gasparinis »L'Armonico pratico al Cimbalo« herausbringen wollte, richtete er ein Schreiben an die Zensurbehörde, in dem er V. als Empfehlung erwähnt. Er druckte 1713 das Textbuch zu V.s → *Ottone in Villa* für die Aufführung in Vicenza und 1728 für Venedig das zu → *Rosilena ed Oronta.*
Vielleicht identisch (Druckfehler?) mit ihm ist C. Bertoli, der 1718 das Textbuch zu V.s Oper → *Armida al Campo d'Egitto* für eine Aufführung in → Mantua druckte.

La Bottega da cafè
(Das Kaffeehaus)
→ Intermezzo von → Goldoni, aufgeführt 1736 in → Venedig im Teatro Grimani di → San Samuele. Die Musik soll von V. sein, wird aber auch Macari zugeschrieben. Die Partitur ist verloren. Das Textbuch wurde 1736 bei Alvise Valvasene in Venedig gedruckt. Exemplare davon befinden sich in Mailand, Rom und Venedig. Das Werkchen mit nur drei Darstellern wurde 1743 in Mailand und 1744 in Venedig im Teatro → San Moisè wieder aufgeführt, ohne daß sich in den Textbüchern der Name eines Komponisten gefunden hätte.

Braccioli, Grazio
(*1682 Ferrara, †1752 ebd.)
»Dottore in ambo le leggi« (Doktor beider Rechte), lebte in Venedig von 1711, dem Jahr der Aufführung seiner »Armida in Damasco«, Musik von G. Rampini, bis zum Jahr 1715. Als Textdichter hauptsächlich für das Theater → Sant' Angelo tätig (elf Textbücher gedruckt). Ging dann nach → Ferrara, wo er einen Lehrstuhl für Rechtswissenschaften angenommen hatte. Textdichter für V.s Opern → *Orlando finto pazzo,* 1714, → *Orlando furioso,* 1714, und → *Orlando,* 1727. Alle in → Venedig aufgeführt.

Braganti (Briganti), Franceso
Aus Forlì stammender Sänger, trat 1717 in → Venedig in → *Tieteberga,* 1718 in → *Armida al Campo d'Egitto* und im gleichen Jahr in → *Artabano Re de' Parti* auf.

Briefe
Von V. haben sich vierzehn Briefe erhalten: Sechs wurden 1871 von Frederico → Stefani in → Venedig publiziert, ein weiterer wurde von → La Mara 1886 in deutscher Übersetzung und 1938 von Francesco → Vatielli im Original herausgegeben, ein anderer von Marc → Pincherle 1948. Dann entdeckte Adriano → Cavicchi einen Schriftwechsel V.-→ Bentivoglio, der fünf Briefe V.s enthielt (publiziert in: NRMI, 1967), schließlich fand Fabrizio della Seta in römischen Archiven einen weiteren Brief (In: A. V. Teatro Musicale Cultura e Società, Bd. 2, S. 521), publiziert 1982. Sie werden hier in vollem Umfang wiedergegeben.

(An die Fürstin Maria Livia Spinola Borghese, Rom)
Ich lege Eurer Exzellenz meine tiefste Hochachtung zu Füßen und teile Ihnen meine glückliche Ankunft in Venedig mit, wo nichts anderes

mich betrübt als der einzige Kummer, fern zu sein, Eurer Exzellenz zu dienen.
Wenn es Eurer Exzellenz gefallen würde, mein Glück zu vollenden, würde es genügen, die Nachteile des Fernseins mit der Ehre einiger hochgeschätzter Befehle zu verbessern. Ich weiß wohl, daß der größte meiner Fehler meine Unfähigkeit ist, aber in jeder Weise bitte ich die übergroße Güte Eurer Exzellenz, dieses Hindernis zu überwinden und mich dessen würdig zu machen.
In kurzem werde ich der höchst vollendeten Signora Laura mit einigenen ebenfalls venezianischen Kompositionen dienen. Ich bitte Eure Exzellenz, mich Eurem ganzen vortrefflichen Hause zu Füßen zu legen, und ich demütige mich mit der auserlesensten Huldigung.
Eurer Exzellenz unterwürfigster, ergebenster ehrerbietigster Diener
Antonio Vivaldi.
Venezia 20 Marzo 1723
(Archivio Segreto Vaticano, Fondo Borghese Pacchi, 10, gruppo 13)

(3. November 1736)
Exzellenz,
Die höchste Güte Eurer Exzellenz läßt mich wissen, daß Sie niemals die in Rom gemachten geschätzten Zusagen vergessen hat, mich immer in Ihrem starken Schutz zu halten. Ich versichere E. E., daß das Erscheinen des Herrn Abate Bollani mich ebenso überrascht hat, wie es mir Vergnügen machte. Ich verbreite mich nicht, E. E. Dank zu sagen, weil ich die Störung verringern möchte und weil meine armselige Feder nicht genügen würde, um meine gebührenden Dankesbezeigungen zu machen. Ich hoffe sehr, daß E. E. aus der Handlungsweise des obenerwähnten Abate erkennen wird, daß ich in dieser Angelegenheit kein anderes Ziel gehabt habe, als Ihnen meine demütige Ergebenheit zu zeigen und ein vollendetes Theater zu bilden. Indessen versichere ich E. E., daß es uns gelungen ist, eine Truppe zusammenzustellen, die, wie ich hoffe, seit vielen Jahren zur Karnevalszeit nicht auf der Bühne von Ferrara erschienen ist. Die meisten Sänger haben mehrmals in den ersten Theatern gesungen, und jeder hat seine besonderen Verdienste. E. E. hält sich, auf mein Ehrenwort, gut bedient und zufriedengestellt noch vor dem Anhören der Gesellschaft. Nachdem ich mich geweigert habe, für neunzig Zecchinen die dritte Oper für S. Cassiano zu machen, da sie mir meine gewohnte Zahlung von hundert Zecchinen gewähren mußten, wird Ferrara trotzdem zwei Opern haben, welche wie eigens dafür gemacht erscheinen werden, weil sie beide von meiner Feder eingerichtet und vollendet sind zu nur sechs Zecchinen pro Oper, was die Bezahlung für einen Komponisten ist. Dieses erniedrigende Opfer habe ich gebracht mit der alleinigen Rücksicht auf die wohlwollende Vermittlung E. E.
Ich bedaure sehr, nicht persönlich kommen zu können, weil mich die besagte Oper von S. Cassiano daran hindert. Jedenfalls werde ich am Ende der Karnevalszeit zu Füßen von E. E. sein, wenn es mir möglich sein wird. Frl. Anna Girò bezeugt E. E.

ihre demütigste Ehrfurcht, und da es ihr gefällt, ihre Unvollkommenheit in Ferrara anzubieten, bittet sie noch, daß Sie ihr ihren kräftigsten Schutz gewähren.
Ich selbst, überladen mit Wohltaten, kann nur kein Mittel unversucht lassen, um jedem geschätztesten Wink E. E. entgegenzukommen, welchen ich, etc.
Venezia 3 Novembre 1736
Antonio Vivaldi

(24. November 1736)
Exzellenz,
Die Ehre, den hochgeschätzten Winken, E. E. zu dienen, hat die Oper von Ferrara zu meiner ganzen Aufmerksamkeit werden lassen. Ich höre von Herrn Lanzetti, daß der Herr Impresario daran ist, den Vertrag mit der Mancini zu verfehlen, indem er sich irrt, daß der Vertrag nach Venedig geschickt werden muß, und nicht nach Ferrara und dann von hier in seine Hände gelangt. Was ich E. E. versichern kann, ist, daß die Mancini eine solche Sängerin ist, daß sie das Ansehen der Gesellschaft steigert, im Gegensatz dazu sind die Moscowita und die Natalizia nur Anfängerinnen und nur fähig, eine kleine Rolle zu singen. Heute sandte Herr Lanzetti an die Genannte die Rolle des ersten Aktes ab, und dies aus Vorsicht, während allen es mißfallen würde, daß die gute Truppe geschwächt bliebe. Angesichts der Tatsache, daß alle Sängerrollen des Demetrius vertauscht sein müssen und ein Spiel der Irrtümer wurden, habe ich mich entschlossen, alle Rezitative neu zu machen und den Sängern sehr viele von meinen Arien zu geben. Schon ist der erste Akt draußen, und alle Sänger werden ihre Partien können, bevor sie von Venedig abreisen. Vielmehr möchte ich wissen, um die viel größere Ehre zu haben, dem Gefallen E. E. zu begegnen, und ich bitte Sie, mich zu versichern, daß es mein größter Ruhm sein wird, immer Mittel zu suchen, mich zusammen mit Frau Girò in der tiefsten Ehrerbietung zu ergeben. E. E. anhänglichsterster, gehorsamer und ergebenster Diener.
Venedig, 24 November 1736
Antonio Vivaldi

(26. Dezember 1736)
Exzellenz,
Ich nähere mich Ew. Exz. nicht, um dem alten Brauch vieler zu folgen, die nur von Jahr zu Jahr Ihren Glückwunsch bringen; sondern ich bezeuge Ihnen vielmehr meine untertänigste Ehrerbietung, um Ihnen zu bekunden, daß ich nichts anderes wünsche, als daß Gott Sie und Ihr vortreffliches Haus für alle Zukunft mit seinen höchsten Segnungen überschütte.
Ich denke, die Oper wird in Szene gehen, und ich hoffe, daß sie nicht übel aufgenommen wird, was ich von ganzer Seele wünsche. Heute lasse ich den wohlgeordneten und zur Abschrift fertigen ersten Akt abgehen. Da ich mich aber, um einer Verbesserung willen, genötigt sehe, eine kleine Abänderung von einigen Versen vorzunehmen, nehme ich mir die Freiheit, einen Teil beizufügen, damit Sie mit Ihrem hohen Verständnis denselben gefäl-

ligst prüfen; denn, wenn ich ihn dem Impresario schickte, würde er in Aufregung geraten.
In diesem Jahre scheinen die Impresarii von geringer Erfahrung zu gedeihen. So die von S. Cassiano, von S. Angelo, von Brescia; von dem von Ferrara spreche ich nicht.
Ich kann nicht sagen, wie heiß ich wünsche, nach Ferrara zu kommen, nur um Ew. Exz. meine Aufwartung zu machen. Ich bitte Ew. Exz., mich gütigst zu benachrichtigen, ob Sie sich noch an der Mandoline vergnügen.
Die angeborene Güte Ew. Exz. bitte ich um die Fortdauer Ihrer freundlichen Gönnerschaft und um die Erlaubnis, mich in gewohnter Verehrung immerdar nennen zu dürfen.
Ew. Exzellenz
gehorsamsten Diener
Antonio Vivaldi.
Venedig, 26. Dec. 1736

(29. Dezember 1736. Das Autograph war im Besitz von Marc Pincherle.)
Exzellenz,
Die hochgeschätzten Gefühle, mit welchen E. E. sich herablassen, Ihre verehrten Briefbogen zu zeichnen, läßt mich immer lebhafter an Ihre Erinnerung glauben. Es sind nur die Wirkungen des Wohlwollens und die Zeichen der Milde. Daher kann ich nicht die Freude erklären, die ich empfinde, während ich E. E. allzu viele Störung bereite.
Erlauben Sie also, daß ich dazu übergehe, den sehr klugen Überlegungen E. E. einen kleinen geringfügigen Fall zu unterbreiten, der mir auftaucht und den ich bis jetzt nach Möglichkeit zu verschweigen mich bemüht habe.
Der ehrwürdige Herr Bollani hat mich überrascht mit der Situation, daß ich versprochen habe, ihm zwei Opern zu geben, einmal die Ginevra und dann die Olimpiade, und zu beiden die für seine Truppe bearbeiteten Rezitative zum erbärmlichen Preis von fünf Zecchinen für eine. Kaum nach Ferrara zurückgekehrt, hat er mich damit belästigt, daß ich ihm sofort die Ginevra hinausschikke. Ich habe sofort das Original eingerichtet und die Stimmen schreiben lassen und schicke Sie E. E. zum Zeichen der Wahrheit; aber die der Moro und des Tenors sind noch in meinen Händen. Kaum habe ich das getan, siehe da, eine neue Anordnung: die, daß die Cavaliere nicht mehr die Ginevra, sondern den Demetrius haben wollen.
Ich suche das Original im Hause Grimani, um es kopieren zu lassen, aber ich sehe, daß von den sechs Stimmen fünf geschrieben werden müssen, weil alle Rezitative hier nicht passen, deswegen bin ich entschlossen, alle Rezitative neu zu machen (E. E. sehen mein gutes Herz). Ich muß E. E. darauf aufmerksam machen, daß außer den sechs Zecchinen ich mit dem Herrn Impresario übereingekommen bin, daß ich das Abschreiben aller Sing- und Instrumentalstimmen bezahle. Nachdem also der Demetrius vollkommen eingerichtet ist, lasse ich die Sing- und Instrumentalstimmen abschreiben, verpflichte alle, sie auswendig zu lernen, mache drei Proben und bringe alles in Ordnung. Ich hatte sicherlich nicht das-

selbe Vergnügen mit der zweiten Oper. Als alles dies gemacht war, benachrichtigte ich ihn, daß ich fünfzig Lire für die Singstimmen und die Instrumente ausgegeben habe, zwischen Ginevra und Demetrius und weil von einer Oper allein sie dreißig Lire kosten würden, deswegen sind es zehn Briefe, die ich ihm schreibe, diesem Lanzetti Anordnung zu geben für die anderen zwanzig, und er antwortet nie darauf. Mit vieler Post bedrängt er mich, daß ich ihm die Olimpiade schicke. Ich richte mein Original ein, vielmehr ich richte es mit Anmerkungen zugrunde. Ich lasse einige Stimmen unter meinen Augen abschreiben auch ohne seine Anordnung, weil ich an seinen Vorteil glaube durch den Unterschied zwischen diesen Kopisten und jenen dort; und siehe da, eine neue Anordnung: Er will nicht mehr die Olimpiade, sondern den Alessandro nell'Indie. Diesen fragt er auch noch unter einem lächerlichen Vorwand, nämlich daß S. E. Michiel Grimani ihm sein Original schicke, um es in Ferrara abschreiben zu lassen, was ein richtiger Impresario nicht machen würde. Da dieses ein erfolgreiches Original war, so schwöre ich E. E., daß, um es zu haben, dazu die Gewalttätigkeit des Herrn Pietro Pasqualigo notwendig ist, aber unter der Bedingung, daß sie sofort vom Kopisten abgeschrieben wird, von welchem der genannte Impresario weiß, daß sie drei Zecchinen wollen. Das Original ist abgeschrieben und bezahlt, die Rezitative eingerichtet mit der Vorschrift für das Abschreiben. Am Mittwoch gehen von Venedig nur Briefe allein ab, und ich habe unbedingt den ersten Akt abschreiben wollen und noch mit vier Lire Spesen; überdies, um das Porto zu sparen, habe ich sie an Frl. Girò durch Herrn Bertelli abgeschickt. Durch denselben schicke ich an E. E. den zweiten und Mittwoch den dritten. Der Herr Impresario wollte ihn nach der Abschrift einrichten lassen, um die drei Zecchinen zu sparen, aber ich habe das nicht erlauben können. Deswegen schuldet mir der Herr Impresario sechs Zecchinen und zwanzig Lire. E. E. sehen, wenn ich vier Opern anstelle von zwei eingerichtet habe, verdient er es, und ich verlasse mich auf die Güte E. E. Dieser Herr hat keine Ahnung von den Impresario-Geschäften, er weiß nicht, wo man ausgeben und wo man sparen muß. Wenn ich die ganze Besetzung in meinem Theater gebildet hätte, hätte ich vor allem diesen Tenor nicht gehabt und hundertfünfzig Scudi gespart, aber er hat dem Lanzetti verbunden sein wollen, der nur der Becchera zu gefallen sucht und sich getäuscht hat, weil die Isola und Konsorten diese Gage nicht verdienen. Nach Ostern werde ich eine große Impresa machen, aber mit Überlegung. Ich bitte um Entschuldigung für die lange Belästigung und küsse Ihnen demütig die Hände.

Venedig, 29. Dezember 1736
Antonio Vivaldi

(2. Januar 1737)
Exzellenz,
In Ausübung meiner Verpflichtung sende ich an Herrn Bertelli, um sie

E. E. auszuhändigen, den dritten Akt und nehme an, daß Sie den zweiten schon erhalten haben, den ich vergangenen Samstag an Sie abgeschickt habe. Ich bitte E. E. um die Güte, mit Ihrer Autorität zu veranlassen, daß der Herr Impresario sofort in die Hand von Frl. Girò die sechs Zecchinen zahlt, ebenso die zwanzig Lire für den Kopisten, welche ich mit vollem Recht haben muß. Ich spüre, daß die Oper lang ist, und war sicher, daß eine Oper von vier Stunden nicht für die Ferrara eingerichte war. Indem ich die Rezitative komponierte, habe ich mit Gewalt abgekürzt, aber dieser Lanzetti hat mich im Auftrag des Impresarios daran gehindert.
E. E. wird gesehen haben, daß ich über die Mancini die Wahrheit geschrieben habe, und wird der gleichen Ansicht sein, daß die Moscovita nur ein Schatten derselben ist. Unsere Theater gehen immer schlecht. Man versucht daher, daß ich in S. Cassiano eine Oper mache für ein Geschenk von hundert Zecchinen; aber meine Gönner und ich wollen nicht, weil es ein schlecht geführtes Theater ist und mit so hohen Preisen, daß es unmöglich ist, sich wieder zu erholen, weshalb ich den Ruf nicht riskieren kann. Ich bitte E. E. um die hochverehrte Fortsetzung Ihres Schutzes etc.
Venedig, 2. Januar 1737
Antonio Vivaldi

(3. Mai 1737)
Exzellenz,
Ich erneuere E. E. meine alte untertänigste Hochachtung, welche auch in Verona in Ihrer wohlwollenden Erinnerung zu leben sucht. Hier, gelobt sei Gott, ist meine Oper im höchsten Erfolge, und alles gefällt mir außerordentlich, die Sänger wie die Tänzer, jeder nach seinem Können. Hierzulande liebt man die Intermezzi nicht, daher lasse ich diese die meisten Abende aus. Ich bedaure sehr, daß E. E. eine Reise nach Bologna vorbereitet und meine Oper nicht hören kann, von der ich hoffte, sie prächtig zu finden.
Wir haben nur sechs Aufführungen gemacht, nach den Abrechnungen glaube ich nicht zu verlieren, vielmehr, wenn Gott uns bis zum Ende begünstigt, ist uns ein Verdienst ganz sicher und vielleicht kein geringer. Eine ähnliche Oper, übrigens zum Teil auf andere Texte komponiert, hoffe ich, könnte eine höchste Nachsicht auch in Ferrara haben. Sie ist jedoch im Karneval nicht durchführbar, weil die Tänze allein, welche ich im Sommer zu einem Preis beanspruchen kann, den ich bestimme, mich selbst im Karneval siebenhundert Luigi kosten würden. Ich bin in ähnlichen Fällen ein freier Unternehmer, und ich begleiche aus meiner Tasche und nicht mit geliehenem Geld. Es genügt, daß E. E. befiehlt oder Gefallen zeigt, im nächsten Herbst wird es mir eine Ehre sein zu gehorchen. Ich werde mit Ehre die geschätztesten Winke erwarten, etc.
Verona, 3. Mai 1737
Antonio Vivaldi

(6. November 1737)
Exzellenz,
Da es der Güte E. E. gefallen hat, mich auf Ihren Schutz für meine

Opernaufführung in Ferrara hoffen zu lassen, unterbreite ich mit einer tiefen Ehrfurcht eine demütigste Bitte. Ich habe der Coluzzi hundert Luigi in ihrem Vertrag gewährt, mehr als sie jemals gesehen hat, unter der Bedingung, daß sie bereit zu allen Proben und Aufführungen sei. Es wird E. E. bekannt sein, daß diese ihrem Vater durchgegangen ist. Nun will sie sich mit dem Pompeati verheiraten, ebenfalls Tänzer, der im nächsten Karneval in Turin tanzen muß, ein sehr schlechter Mensch von Natur aus, fähig zu jedem Unfug und zu jeder Absonderlichkeit. Nun sagt man mir, daß die Coluzzi diesen Herbst in Venedig tanzen möchte, eine Sache, die von mir aus nicht möglich ist, weil die Komposition der Tänze mindestens sechzehn bis achtzehn Tage dauert, und diese Komposition kann nicht in Venedig gemacht werden, weil ich alle Tänzer hier und dort verstreut habe, und deshalb habe ich den Catanella verpflichtet, einen tüchtigen Erfinder, der häufig mit Madame St. George arbeitet. Wenn die Coluzzi im Herbst tanzen würde, müßte man die Tänze in fünf oder sechs Tagen machen, und das ist unmöglich. Ich bin ganz sicher, daß S. E. die Signora Procuratessa Foscarini die Verpflichtungen E. E. mit höchster Aufmerksamkeit verfolgt, und deshalb bitte ich Sie untertänigst, mir die Huld zu erweisen, einen wirksamen Brief an die obenerwähnte Dame zu schreiben, damit sie die Coluzzi rufen läßt und ihr den Auftrag gibt, für den 2. Dezember in Ferrara zu sein. Was mich dann vor allem drängt, ist, daß E. E. die Güte haben, einen sehr dringenden Brief zu schreiben, damit dort klar wird, daß es Ihnen gefällt, meiner Opernaufführung Ihren Schutz angedeihen zu lassen. Ich bitte also E. E. die Güte zu haben, mir diese Gnade zu gewähren. Ich werde gegen den 15. abreisen. Und mit der tiefsten Verehrung bestätige ich etc.

Venedig 6. November 1737
Antonio Vivaldi

(13. November 1737)
Exzellenz,
Die großmütigsten Zeichen von E. E. Gnade hören nicht auf mich zu begünstigen, und ich glaube, daß jetzt S. E. die Signora Procuratessa Ihre gütigste Aufmerksamkeit erhalten wird. Ich muß jedoch E. E. berichten, daß ich in all diesen Tagen gedrängt wurde, die Coluzzi in San Giovanni Grisostomo tanzen zu lassen. Das Haus Grimani hat schon mit meinem Maestro, dem Komponisten der Tänze, wegen der Ordnung gesprochen, damit er sie ohne die Coluzzi einrichte, da diese fähig ist, sie in zwei Tagen zu lernen. Da jedoch E. E. sich herabgelassen hat, sich mit dieser Angelegenheit zu beschäftigen, habe ich S. E. Michele Grimani geantwortet, daß er an Sie schreibe, da ich ganz von den ergebensten Winken abhänge. E. E. kann, wenn es Ihr beliebt, die Sache erleichtern, da ich bis zu dieser Stunde mich schon versichert habe, daß, wenn die Coluzzi zu jeder beliebigen Zeit kommt, meine Oper am Stephanstag in Szene gehen wird, auch wenn ich viel Geld versäumen sollte. Wenn es Gott gefällt,

werde ich Montag nach Ferrara abreisen, und inzwischen ergebe ich mich etc.
Venedig 13. November 1737
Antonio Vivaldi

(16. November 1737)
Exzellenz,
Nach so vielen Quertreibereien und so vielen Mühen ist nun die Oper in Ferrara zugrunde gerichtet. Heute hat mich Monsignore, der Apostolische Nuntius, rufen lassen und im Namen Seiner Eminenz angeordnet, nicht nach Ferrara zu kommen, um die Oper zu machen, und dies deshalb, weil ich Priester bin, ohne Messe zu lesen, und weil ich eine »amicizia« [Freundschaft, Verhältnis] mit der Sängerin Girò habe. Nach einem so schweren Schlag können sich E. E. meinen Zustand vorstellen, auf meinen Schultern lasten die Verträge über sechstausend Dukaten, die für diese Oper unterzeichnet wurden, und zur Zeit habe ich mehr als einhundert Zecchinen ausgelegt. Die Oper ohne die Girò zu machen, ist nicht möglich, weil ich keine ähnliche Primadonna finden kann. Die Oper ohne mich machen, kann ich nicht, weil ich nicht fremden Händen einen so hohen Geldbetrag anvertrauen will. Andererseits bin ich an die Verträge gebunden, woraus sich ein Meer von Unglück ergibt. Was mich am meisten betrübt, ist die Tatsache, daß seine Eminenz Ruffo diesen armen Mädchen einen Makel gibt, den die Welt ihnen nie gegeben hat.
Seit vierzehn Jahren sind wir zusammen in die meisten Städte Europas gereist, und überall wurde ihr Anstand bewundert, und ich kann es auch von Ferrara sagen. Alle acht Tage beichten und kommunizieren sie, wie man von beeideten und glaubwürdigen Zeugen erfahren kann. Es sind nun fünfundzwanzig Jahre, daß ich keine Messe lese, und ich werde es auch nicht mehr tun, nicht aus Verbot oder Befehl, wie Sie Seine Eminenz informieren können, sondern aus freien Stücken, und dies wegen einer Krankheit, an der ich von Geburt auf leide, die mich sehr bedrückt. Kaum zum Priester geweiht, habe ich noch etwas mehr als ein Jahr Messe gelesen und es dann aufgegeben, weil ich dreimal wegen meines Übels vom Altare gehen mußte, ohne die Messe zu beenden. Deshalb verbringe ich mein Leben fast immer zu Hause und verlasse es nur in der Gondel oder im Wagen, weil ich wegen meiner Brustkrankheit, die man auch Atembeklemmung nennt, nicht gehen kann.
Kein Adliger lädt mich zu sich ein, nicht einmal unser Doge, weil sie alle von meiner Krankheit wissen. Unmittelbar nach dem Mittagessen kann ich gewöhnlich das Haus verlassen, aber nie zu Fuß. Dies ist der Grund, warum ich nicht Messe lese. Ich bin drei Karnevalspielzeiten in Rom gewesen, um Opern aufzuführen, und E. E. weiß es, daß ich niemals die Messe gelesen und im Theater gespielt habe, und man weiß, daß sogar Seine Heiligkeit mich spielen hören wollte und wie viele Gunstbezeigungen ich empfangen habe. Ich bin nach Wien eingeladen worden und habe nie Messe gelesen. In Mantua habe ich drei

Jahre im Dienste des allergroßherzigsten Fürsten von Darmstadt gestanden zusammen mit diesen Fräulein, welche immer von S.A.S. Hoheit mit dem höchsten Wohlwollen betrachtet wurden, und nie habe ich Messe gelesen. Meine Reisen kosteten mich immer viel, weil ich sie immer mit vier oder fünf Personen gemacht habe, welche mir beistanden. Alles, was ich an Gutem leisten kann, mache ich zu Hause am Schreibtisch. Deshalb habe ich die Ehre, mit neun Fürstlichkeiten im Briefwechsel zu stehen, und meine Briefe gehen durch ganz Europa. Deshalb habe ich an Herrn Mazzucchi geschrieben, daß ich nicht nach Ferrara kommen kann, wenn er mir nicht sein Haus zur Verfügung stellt. Kurz: Alles kommt von meiner Krankheit, und diese Mädchen pflegen mich sehr, weil sie über alle meine Übel informiert sind.

Dies sind Wahrheiten, in fast ganz Europa bekannt. Ich wende mich also an das Wohlwollen E. E., damit Sie die Güte haben, auch Seine Eminenz Ruffo aufzuklären, indem dieser Befehl mein völliges Verderben ist. Ich sage es E. E. noch einmal, daß ohne mich die Oper in Ferrara nicht aufgeführt werden kann, und dies aus vielen Gründen. Wenn ich sie jetzt nicht mache, muß ich mich entweder in eine andere Gegend begeben, welche ich jetzt nicht finde, oder die ganzen Verträge auszahlen, so daß ich, wenn sich S. E. nicht rühren läßt, ich E. E. bitten würde, wenigstens von S. E. dem Legaten die Verschiebung der Oper zu erreichen, damit ich davon loskomme, die Verträge auszuzahlen.

Ich schicke auch an E. E. die Briefe Seiner Eminenz Albani, welche ich selbst vorzeigen müßte. Seit dreißig Jahren bin ich Maestro an der Pietà, und ohne Ärgernis. Ich empfehle mich dem vollendetsten Schutz E. E. und bleibe untertänigst etc.
Venedig 16. November 1737
Antonio Vivaldi

(23. November 1737)
Exzellenz,
Gott will es so, ich kann auch E. E. nichts anderes hinzufügen. Das, was ich auf Ehrenwort E. E. versichern kann, ist, daß es mir in den Kopf gekommen ist, zu kommen, um in Ferrara die Oper zu machen, um auf lange Sicht E. E., meinem immer wohlwollendsten Beschützer zu dienen. Seine Eminenz Ruffo kümmert sich nicht darum, daß ich in Rom gespielt habe und zweimal in den Privatgemächern des Papstes selbst. Er macht mir dieses Hindernis, ich muß mich fügen. Die Oper ohne mich kann in Ferrara sicherlich nicht stattfinden. Um E. E. nicht lästig zu fallen mit einem langen Brief, schreibe ich an Herrn Picchij und beauftrage ihn, alles zu berichten.

Seine Eminenz Ruffo jedoch ist zu schlecht informiert gewesen, weil ich die Opernunternehmungen vielleicht zu vornehm mache.

Ich warte nie an der Tür, weil ich mich dessen schämen müßte, und in Ferrara dachte ich, daß der Picchij stehen sollte. Ich spiele niemals im Orchester, außer am ersten Abend, weil es mir nicht schicklich ist, den Beruf eines Orchestermusikers auszuüben. Ich wohne niemals im glei-

chen Hause mit den Schwestern Girò. Die bösen Zungen können sagen, was sie wollen. E. E. weiß, daß in Venedig eines mein Haus ist, für das ich 200 Dukaten zahle, ein anderes, sehr weit von meinem entfernt, ist das der Girò. Ich höre auf zu schreiben, da ich mich vor S. E. Marchese Rondinelli erniedrigen werde, und ich ergebe mich demütigst.
Venedig 23. 9mbre (= November)
Antonio Vivaldi

(30. November 1737)
Exzellenz,
Ich glaube, daß E. E. von Herrn Picchij über alles informiert sein wird. Die Vorschläge, die mir von demselben kamen, sind lächerlich. Wenn ich die Sänger und Tänzer zu einem niedrigeren Preise hätte haben können, kann man wohl glauben, daß ich sie zuerst für mich beschafft hätte. Ich beteure E. E., wenn die Besetzung von jemand anderem als von mir zusammengestellt worden wäre, würde sie vierundzwanzigtausend Lire anstatt fünfzehn kosten.
Ich habe bis heute meine Entschlüsse aufgeschoben, aber schließlich bin ich durch die Zeit zugrunde gerichtet worden, ich kann nicht die anderen preisgeben, denn ich habe Sänger bis nach Rom. Ich bedaure, daß der Hauptgrund für die Maßnahme war, E. E. lange zu dienen. Ich bitte jedoch E. E., meinem widrigen Schicksal die Schuld zuzuschieben und zu glauben, daß ich überall und allezeit, wenn es mir erlaubt sein wird, versuchen werde, meine Verehrung zu Füßen zu legen. Ich verbleibe . . .
(P. S.) Die Zeit erlaubt es mir nicht, es nochmals zu sagen. Nachdem ich alle Briefe geschrieben habe, habe ich an einen Eilkurier gedacht als einen sicheren Notbehelf, aber das wird mich neun Zecchini kosten, um die Entschlüsse von Ferrara bis Mittwoch früh zu erfahren. Picchij irrt viel in den Abrechnungen, ich bitte jedoch E. E., sich meinen Brief vorlesen zu lassen, und entschuldige die Kühnheit.
Venedig 30. 9mbre (= November)
Antonio Vivaldi

(7. November 1738)
Exzellenz,
Ich habe mir die Ehre gegeben, den hochgeschätzten Winken E. E. zu gehorchen, noch bevor ich sie erhalte. S. E. der Herr Gesandte hat mir in freundlichster Art gesagt, daß er an E. E. geschrieben habe. Er hat mich den Sopran sehen und hören lassen, welchen ich einen jungen Mann von gutem Aussehen gefunden habe, mit guter Stimme, der trefflich singt, weshalb ich der Anordnung zuvorgekommen bin, indem ich jedoch immer die höchste Verehrung betone, die ich dem hochgeschätzten Namen E. E. bekenne und meine vollkommene Bereitschaft in der Ehre, alle Wege zu suchen, auf denen ich Ihrem Vergnügen begegnen kann. Ich habe den Sänger vom Impresario verpflichten lassen.
Ich bitte die Güte E. E., mich neuer Aufträge würdig zu machen, damit ich mit mehr Mut Ihnen die Hände küsse und zusammen mit den Damen Girò Sie meiner untertänigsten Huldigung versichern kann.

Venedig 7.9mbre (= November) 1738
Antonio Vivaldi

(2. Januar 1739)
Exzellenz,
Wenn die Unglücklichen keinen Beistand haben von den glücklicheren Mäzenen, müssen sie verzweifeln. In einem solchen elenden Zustand befinde ich mich, wenn E. E., mein wohlwollender alter Schutzherr, mir nicht zu Hilfe eilt. Mein Ansehen in Ferrara ist in einem solchen Ausmaße gegeißelt worden, daß sie bereits verweigern, den Farnace als zweite Oper zu machen, die von mir nach dem Vertrage mit Mauro eigens für diese Gesellschaft neu gemacht wurde. Mein größtes Vergehen ist, daß sie meine Rezitative verdammen. Mit meinem Namen und mit all dem Ansehen und auf alle Fälle nach vierundneunzig von mir komponierten Opern kann ich ähnliche Unanständigkeiten nicht ertragen. So habe ich die Ehre, hier E. E. die reine Wahrheit zu schreiben.
Durch die Berichte, die ich zuerst erhalten habe, glaubte ich schon, daß Beretta nicht fähig wäre, das erste Cembalo zu spielen, aber mir wurde von Herrn Acciaioli versichert, daß er ein tüchtiger Künstler sei und ein ehrenhafter Mensch, obwohl ich ihn in der Folge als einen verwegenen, unwissenden Kerl gefunden habe. Schon von den ersten Proben habe ich einen Bericht gehabt, daß jener nicht wußte, wo er den Kopf hatte, um die Rezitative zu begleiten. Dann hat er die Kühnheit gehabt, Hand an meine Rezitative zu legen, um sie seiner Fähigkeit und Boshaftigkeit anzupassen, so daß sie zwischen dem Nichtspielenkönnen und der Abänderung schlecht geworden sind.
Tatsache ist, daß vorher dieselben Rezitative in Ancona gemacht wurden, ohne eine Note zu ändern, zu welchen E. E. wissen kann, daß sie reichen Applaus fanden, besonders in einigen Szenen gerade die Rezitative.
Dieselben wurden in Venedig in den Proben von Michielino, dem zweiten Tenor von Ferrara, gespielt und gingen bewundernswürdig, und wenn sie in den Proben von Michielino gesungen werden, wird man sehen, ob sie gut oder schlecht sind. Tatsache ist, daß in meinen Originalen nicht eine Note kassiert werden darf, weder mit dem Messer noch mit der Feder, woraus folgt, daß alles, was gemacht wurde, von jenem so tüchtigen Künstler stammt. Exzellenz, ich bin verzweifelt, ich kann es nicht ertragen, daß ein derartiger Ignorant sein Vermögen über die Zerstörung meines armen Namens stellt. Ich bitte um Gottes Barmherzigkeit, mich nicht zu verlassen, während ich E. E. schwöre, daß, wenn mein Ansehen bedroht bleibt, ich seltsame Dinge machen werde, um meinen ehrenvollen Namen zu schützen, weil der, der mir die Ehre nimmt, mir das Leben nehmen kann.
Der höchste Schutz E. E. ist mein einziger Trost in diesem Falle, und indem ich mit Tränen in den Augen Ihre Hände küsse, füge ich mich.
(P. S.) Alles kommt daher, weil ich nicht in Ferrara bin und weil Monsi-

gnore der Kommissar sich mit aller Gewalt für einen Impresario hält.
Venezia 2. Januar 1739
Antonio Vivaldi

Damit endet der Briefwechsel. Die Briefe vom 3. 9. 1736, 2. 1. 1737, 3. 5. 1737, 6. 11. 1737, 13. 11. 1737 und vom 16. 11. 1737 wurden von Stefani publiziert, der vom 26. 12. 1736 durch La Mara/Vatielli, jener vom 29. 12. 1737 stammt aus dem Besitz von Pincherle, der vom 20. 3. 1723 wurde von Seta veröffentlicht, die übrigen von Cavicchi. Der Brief vom 26. 12. 1736 wurde in der Übersetzung von La Mara gegeben, die aller übrigen stammt vom Autor.

Brosses, Charles de
(*1709 Dijon, †1777 Paris)
Präsident des Parlaments von Burgund, bereiste in den Jahren 1739/40 Italien und berichtete regelmäßig seinen Freunden in Dijon. Am 14. 8. 1739 traf er in → Venedig ein, blieb drei Wochen und besuchte V. Die Briefe des großen Musikfreundes sind ein einzigartiges Zeitdokument (Lettres familières sur l'Italie. Paris 1931).

Brtnice (Pirnitz)
Schloß in Mähren, auf dem eine reiche Musikpflege stattfand. Die Musikbibliothek umfaßte 1059 Titel von hundertdreißig Komponisten, darunter eine Opernsinfonia *(→ Bajazet)* und fünfzehn Konzerte von V. Acht davon sind Unica, ihre Incipits in »Vivaldiana«, S. 74. Derzeit befinden sich diese sechzehn Kompositionen im Mährischen Museum

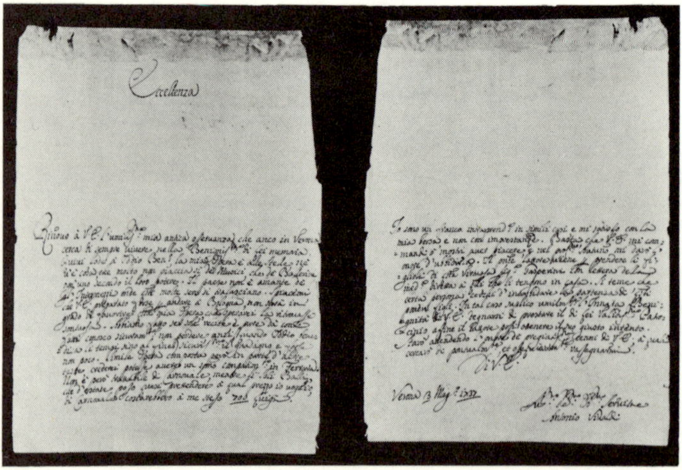

Brief Antonio Vivaldis vom 3. 5. 1737 an den Marchese Bentivoglio d'Aragona

in Brünn. Sie sind wahrscheinlich identisch mit jenen Konzerten, für die V. am 26. 6. 1741 vom Sekretär des Grafen → Col(l)alto zwölf Gulden erhalten hat.
Lit.: T. Strakovà, Brtnicky hudebni inventar. In: Časopis Moravskáho muzeam, 1963, S. 199.

Brugnolo, Fabritio
Ab 1720 vermittelte er Sängerinnen. 1715 Pächter eines Teils von → San Samuele, übernahm 1720 das Theater Carmine bei Santa Margherita (→ Santa Malgarita) und führte es bis 1729, so er → Sant'Angelo übernahm und so die Abwesenheit V.s überbrückte. → Giazotto nennt ihn einen Impresario »di basso rango«.

Bühnenbildner
Sie sind in den Textbüchern meist erwähnt unter »scen.« oder »macch.«. Gelegentlich, so beim → *Farnace 1732* in → Mantua, ist vermerkt »Diversi Autori«. Meist sind sie für einige Zeit fest mit einem Theater verbunden, nur selten kommt es vor, daß sie auch außerhalb ihres Theaters arbeiten. In den Werken V.s waren beschäftigt: Altobrandino, Pompeo (1); Bellavite, Innocente (1); → Bibiena, Francesco (4); → Canale, Bernardo (Canale Bernado e figli, delli signori Canali/ 4); Canziani, Natale (1); → Cassani Bugoni, Tomaso (1); Dal Buono, Vincenzo (1); Galluzzi, Andrea (1); Mauri, Alessandro (2); → Mauri, Antonio (wahrscheinlich identisch mit Mauro, Antonio, Mauro Antonio ed altri celebri pittori/9); Moretti, Giovanni Battista (1); Paglia, Giannantonio (2); Righini, Pietro (1); Serantoni, Giuseppe (1); → Spada, Michelangelo (2); Spag(g)iari, Pellegrino (1); Valeriani, Giuseppe e Domenico (3); Vellani, Domenico Maria (1); Zanchi, Giuseppe (1); Zanoja (Zanogia), Federico (2).

Buonarrigo, C.
Venezianischer Drucker, der zu V.s Opern *La* → *Costanza trionfante degl'Amori e degl'Odi*, 1716, → *Armida al Campo d'Egitto*, 1731, und *L'*→ *Odio vinto dalla Costanza*, 1731, die Textbücher druckte.

Bussani, Don Giacomo Francesco (*1640 Venedig)
»Canonico regolare dalla Carità a Venezia«, seit 1674 erfolgreicher Librettist, hörte aber 1680 auf, Textbücher zu verfassen. Sein Textbuch zu → *Ercole sul Termodonte* wurde schon 1678 von Sartorio komponiert. Daß es V. 1723 für Rom heranzog, dürfte aus Gründen der Sparsamkeit geschehen sein.

Calicchio, Camilla
(*1655 Venedig, †1728 ebd.)
Mutter V.s. Um G. B. → Vivaldi heiraten zu können, mußten beide ein Ledigenzeugnis vorlegen, das erhalten ist (Registro di stato libero, Parrocchia di → San Giovanni in Bràgora, Venezia). Am 6. 8. 1676 fand die Hochzeit statt.

Calicchio, Camillo
Großvater mütterlicherseits von Antonio Vivaldi. Er erlernte das Schneiderhandwerk und kam 1650 nach → Venedig, wo er im selben Jahre Giovannina → Temporini hei-

ratete. Im Taufakt Antonios ist er als verstorben bezeichnet.

Calicchio, Giuseppe
Urgroßvater V.s mütterlicherseits; Daten nicht bekannt.

Campianu, Eva
(*1927 in Rumänien)
Lehrt an der Hochschule für Musik und Darstellende Kunst in Wien »Historischen Tanz« und hat mehrere Barockopern choreographiert. Aufgrund des körperlichen Erlebnisses der Musik V.s hatte sie die Idee, nach Tänzen in der Instrumentalmusik V.s zu suchen. Auf dem V.-Kolloquium in Bonn 1979 führte sie vor:

La Stravaganza Nr. 9, 1. Satz
Marcia
L'Estro Armonico Nr. 7, 3. Satz
Menuett
La Stravaganza Nr. 3, 3. Satz
Passepied
Concerto G-Dur f. 2 Mandolinen, 1. Satz
Bourrée
L'Estro Armonico Nr. 8, 1. Satz
Gavotte
L'Estro Armonico Nr. 6, 3. Satz
Rigaudon
La Stravaganza Nr. 7, 3. Satz
Furlana
L'Estro Armonico Nr. 2, 3. Satz
Gigue

Die Musikbeispiele – es ließen sich noch sehr viele finden – waren durch Tanzschritte sehr eindrucksvoll ergänzt und zeigten deutlich, wie sehr die Tanzfiguren geradezu als Inventionshilfen gedient haben.

Canale (Canali), Bernardo (e figli)
Wer der Bühnenbildner für → *Ottone in Villa*, Verona 1713, war, ist nicht überliefert, aber für den → *Orlando finto pazzo*, Venedig 1714, und für → *Arsilda Regina di Ponto*, Venedig 1716, war es Canale, für *L'→ Incoronazione di Dario*, Venedig 1717, waren es »Canale Bernardo e figli« und für *Il → Vinto trionfante del Vincitore*, Venedig 1717, »delli Signori Canali«. Unter den »figli« befand sich der junge Giovanni Antonio Canal, detto il Canaletto (1697–1768), der in Rom noch Bühnenmaler war und erst später zum Hauptvertreter der venezianischen Vedutenmalerei wurde.

La Candace o siano Li Veri Amici
Drama per musica / da rappresentarsi nel teatro / Arciducale di Mantova / nel carnovale dell'anno MDCCXX / sotto la protezione di S.A. serenissima / la signora principessa / Eleonora / di Guastalla / sposa di S.A.S. / il signor principe / Filippo / langravio d'Assia Darmstat, / principe d'Irschfeldt, conte di Catzenelenbo- / ghen, Dietz, Fieghenhain, Nidda, Schaum- / burg, Isenburg e Budinghero, ecc. generale / maresciallo di campo di sua maestà cesa- / rea e cattolica, colonello d'un reggimen- / to di corazze, cavaliere dell'insigne ordine / di S. Uberto e governatore plenipotenzia- / rio della città di Mantova ecc. ecc. / La musica è del Sig. D. Antonio Vivaldi Maestro di Cappella, / di Camera di S.A.S il Sig. Principe Filippo Langravio d'Hassia Darmstat / Le scene sono d'invenzione del

Sig. Andrea Galluzzi / Il vestiario è del Sig. Gian Antonio Spolari. 3 Akte.
Titelseite des Textbuches von Domenico → Lalli, der ein Buch, »Li veri amici« von Silvani benutzt hat, das bei Alberto → Pazzoni in → Mantua 1720 gedruckt wurde. Die Partitur ist nicht erhalten, das Mantuaner Textbuch in Berkeley, Bologna, Modena, Parma und Washington.
Personen und Interpreten: Amasi tiranno d'Egitto, Barbieri Antonio; Candace vedova del morte Aprio, Zani Margherita; Evergete suo figlio, creduto Lagide, Archi Gian-Antonio detto Cortoncino; Niceta sua sorella, Guglielmini Anna; Lagide figlio del tiranno ed amante di Niceta, Muzzi Gian-Battista detto Speroni; Tilame primo ministro d'Aprio (Amasi) ma fedele al sangue d'Aprio, Zoboli Camilla.
Das Werk wurde 1738 in → Wien aufgeführt, aber in einer Bearbeitung, zu der wahrscheinlich auch Musik anderer Komponisten herangezogen wurde.

Canta in prato ride in fonte Filomena
»Introduzione al Dixit a Canto solo con Instrumenti, del Vivaldi« für Sopran, zwei Oboen, zwei Violinen und Bc., G-Dur. Turin, Sammlung → Giordano, Bd. 35.

Canta in prato ride in monte Philomena
»Motetto a Canto solo del Sig. D. Antonio Vivaldi« für Sopran, Streicher und Bc., A-Dur. Turin, Sammlung → Giordano, Bd. 32.

Capriccio
(wörtlich: Grille, Laune)
In der Musik ein Satz in freier Form, meist virtuosen Charakters und in durchlaufender Bewegung.

Carae rosae respirate
→ Motette für Singstimme, Streicher und Bc., G-Dur. London, British Museum, Add. 31 504/3.

Cardina (Cardini), Rosa Maddalena, detta la Dolfinetta
Aus → Venedig stammende Sängerin, Sopran, trat aber auch in Männerrollen auf. Sang 1731 in Venedig L'→ *Odio vinto dalla Costanza,* im gleichen Jahr in Pavia in → *Farnace* und 1737 in → Ferrara die Titelrolle in *Il* → *Demetrio.*

Care selve amici prati
→ Kantate »del Vivaldi« für Alt und Bc., C-Dur. Turin, Sammlung → Foà, Bd. 28.

Carestini (Caristini), detto Cusanino
Altkastrat aus Monte Filottrano, »virtuoso dell'eminentissimo Sig. cardinal Cusani«, »virtuoso di S.A.S. il Sig. duca di Parma«, »virtuoso di camera di sua Altezza elettorale di Baviera«, sang 1723 in Rom in → *Ercole sul Termodonte,* 1727 in Reggio in → *Siroe Re di Persia* und 1733 in Florenz in → *Farnace.*

Carli, Antonfrancesco (Antonio Francesco)
Bassist, »virtuoso della serenissima gran principessa Violante di Toscana«, sang 1714 in → Venedig die

Titelrollen in → *Orlando finto pazzo* und → *Orlando furioso* und 1715 in → *Nerone fatto Cesare.*

Carnaval Stagione
Winterspielzeit vom 26. Dezember bis zum 30. März.

Casella, Alfredo
(*1883 Turin, †1947 Rom)
Komponist, Pianist, Dirigent. Beschäftigte sich auf Anregung → Pincherles seit 1925 mit V. und war 1939 maßgeblich an der Durchführung der V.-Woche der Accademia Chigiana in Siena beteiligt. In drei Aufsätzen hat er in »A. V., Note e Documenti sulla Vita e sulle Opere« darüber berichtet. Darin sagt er u. a.: »Der erste Gesichtspunkt war, alle Aspekte der riesenhaften Gestalt des ›prete rosso‹ zu zeigen, die bühnendramatische Musik, die religiöse und die instrumentale mit der Kammermusik.«
Lit.: F. Nicolodi, Vivaldi e Alfredo Casella. In: V. Veneziano Europeo. Firenze 1980. S. 303–332.

Cassani Bugoni, Tomaso
(Anagrammatisch) Cassiogono Tambusi. Baute die Szenerie zu V.s Oper → *Griselda,* aufgeführt 1735 in → Venedig im Teatro di → San Samuele. Das Textbuch erwähnt weder → Goldoni noch → Zeno. Auch bei der Oper → *Aristide,* Venedig 1735, war er Szenograph.

Cassetti, Jacopo (Giacomo)
Textdichter des → Oratoriums → *Juditha Triumphans,* Venedig 1716 (Jacobi Cassetti Eq.), und mit Sicherheit auch des in → Venedig 1714 aufgeführten Oratoriums → *Moyses Deus Pharaonis.* Im Titel heißt es dort: »Sacra Poesis I. C.« Von Cassetti sind insgesamt vier lateinische Oratorientexte erhalten; der Judith-Text wurde 1757 noch einmal für die → Pietà komponiert.

Catanella, Francesco
Choreograph bei der Aufführung von V.s Oper → *Rosmira,* → Venedig 1738, und → *Siroe Re di Persia,* Ancona 1738. Im Brief vom 6. 11. 1737 nennt ihn V. einen »tüchtigen Erfinder«.

Catone in Utica
Drama per musica / del Signor Abate / Pietro Metastasio / Da rappresentarsi / Nel famoso Teatro / Dell'Accademia Filarmonica di Verona / Nella Fiera di Maggio 1737 / Dedicato / a Sua Eccellenza / Il Signor / Almorò Barbaro / Degnissimo Capitanio, e Vice Podestà di Venezia / Le scene sono d'invenzione del Sig. Francesco Bibiena / La musica è del S. Don Antonio Vivaldi Maestro di / Capella di Camera di S.A.R. Il Serenissimo / Duca di Lorena / Inventore e direttore dei Balli il sig. Gaetano Grossatesta. 3 Akte.
Dazu die Bemerkung: »Man läßt den Tod Catos weg, um das Drama kürzer zu machen.«
Personen und Interpreten: Catone, Grandi Cesare; Cesare, Girardi Lorenzo; Marzia figlia di Catone, amante occulta di Cesare, Girò Anna; Emilia vedova di Pompeo, Gasparini Maria Giovanna; Arbace principe reale di Numidia, amico di Catone, amante di Marzia, Zaghini Giacomo; Fulvio legato del senato

romano a Catone, del partito di Cesare e amante di Emilia, Moro Elisabetta.
Das Textbuch wurde in → Venedig bei Girolamo Salvioni gedruckt, Exemplare befinden sich in Bologna und Mailand; die Partitur des zweiten und dritten Aktes befindet sich in Turin, Sammlung → Foà, Bd. 38.
Ob die Oper *Catone in Utica*, die im Jahre 1740 im neuen Theater auf dem »Tummel-Plaz« in → Graz aufgeführt wurde, mit der obigen identisch ist, kann nicht als gesichert gelten. In dem in Graz bei Widmanstadj Erben (→ Widmannstädter) gedruckten Textbuch erscheint kein Komponistenname, jedoch hat Anna Girò (→ Giraud) dieselbe Rolle gesungen wie in der Aufführung in Venedig.

Cavana, Giovanni Battista
Sänger aus Bologna, sang 1720 in Rom in → *Tito Manlio (II)*.

Cavicchi, Adriano
(*1934 Poggio Renatico)
Ausgebildeter Geiger, seit 1960 mit musikwissenschaftlichen Forschungen beschäftigt. Hatte die glückliche Idee, in den Archiven von → Ferrara den Nachlaß von → Bentivoglio zu durchstöbern. Im Briefwechsel V.–Bentivoglio fand er nicht nur fünf unbekannte → Briefe V.s, sondern auch die Antworten und einige weitere Briefe, die die Opernaffäre von Ferrara betreffen.
Lit.: A. Cavicchi, Inediti nell'epistolario Vivaldi–Bentivoglio. In: NRMI, 1967, S. 45–79.

Caylus, Madame de (†1729)
Nichte von Madame Maintenon, in Versailles aufgewachsen, mit dem Obersten Caylus verheiratet. Ihr Sohn Claudio war Archäologe, Goethe erwähnt ihn mehrmals. Der venezianische Adlige Abbé Conti lernte sie während seines zweiten Frankreichaufenthalts (1718–1726) kennen und richtete regelmäßige Briefe an sie, die über alles Interessante aus Politik, Kultur und Gesellschaft berichten und manche wichtige Nachrichten über V. enthalten. Zweiundachtzig dieser Briefe sind in Venedig erhalten (Bibl. Marciana Ms. fr. append. n° 58, coll. 10 102).

Cembalo
Auch für V. gilt, was Carl Philipp Emanuel Bach in seinem »Versuch« gesagt hat: daß eine Aufführung ohne Cembalo nicht möglich sei. Oft verwendet V. zwei oder mehrere Cembali, wie aus Bemerkungen »senza Cembali« oder »Cembali tacent« hervorgeht. In welcher Weise er dies tut, ist sehr hübsch im Mittelsatz von PV 87 (RV 555) gezeigt, einem »Con^{to} Con molti Istrum^{ti}« (Beispiel in: Kolneder, Aufführungspraxis, S. 87/88). Die wenigen, von V. gegebenen Beispiele mit ausgesetzter Bezifferung zeigen, daß die rechte Hand sehr hoch liegt, z. T. über der Melodiestimme, und eher klangliche Bedeutung hat als harmonische (siehe nächste Seite).
Interessant ist das Improvisieren über dem Schlußakkord.
Erstaunlich ist jedoch, daß annähernd die Hälfte aller Werke V.s ohne Cembalo auszuführen ist. So geht die Bezeichnung »sempre pia-

Grave
Takt 11
Takt 16

no« fast immer Hand in Hand mit »senza Cembalo«. Einige charakteristische Fälle sind: → Sinfonia *Al Santo Sepolcro* (Senza Organi ò Cembali), Konzerte mit Titeln wie *Il Sonno, La Notte, Il riposo* oder *Sospetto* (Senza Cembali sempre). Im → *Orlando furioso* ist eine ganze → Arie ohne Tasteninstrument auszuführen. Auch bei Verwendung von Dämpfern, oder wenn die Streicher pizzicato spielen, ist meist das Cembalo ausgeschaltet. In einem Dresdener Konzert steht »bassi pizzicati senza Cembalo«. V. hat also in ganz bestimmten klanglichen Situationen auf den »Klimperkasten« verzichtet.

Cessate omai cessate
→ Kantate »del Vivaldi« für Alt, Streicher und Bc., g-Moll. Turin, Sammlung → Foà, Bd. 28.

Chaconne / (it.) **Ciacona**
Ursprünglich Tanz im Dreiertakt, wurde in der Instrumentalmusik eine Variationenform, in der über einem sich wiederholenden Baß von vier oder acht Takten Oberstimmenvariationen entwickelt wurden. Ein Meisterstück ist der Mittelsatz von op. III/8.

Chédeville, Nicolas
(*1705 Sérez, †1782 Paris)
Oboist an der Pariser Oper und der Königlichen Kammer, berühmter Musettevirtuose und Instrumentenmacher. Publizierte 1739 als »Galanteries amusantes« Bearbeitungen von sechs Konzerten aus op. VIII, darunter das »Frühlings-« und »Herbstkonzert« für Modeinstrumente wie Vielle und Musette.

Che giova il sospirar
→ Kantate für Sopran, Streicher und Bc., F-Dur. Meiningen, Staatliches Museum.

Chigi, Conte Guido dei Saracini
(*1880 Siena, †1965 ebd.)
Begeisterter Kunstfreund und Musikmäzen, starb ohne Erben und brachte sein Vermögen in eine Stiftung »Accademia Musicale Chigiana« ein, die der Nachwuchsförderung und dem Musikleben Sienas dient. Mit einer »Settimana Musicale« leitete er 1939 in großem Stil die V.-Pflege ein (Abb. Seite 62).
Lit.: A.V. Note e Documenti sulla vita e sulle opere. Siena 1939.

Choreographie
Es gibt von V. eine briefliche Äußerung (6. 11. 1737 an → Bentivoglio) zum Problem der Choreographie seiner Opern. Sie lautet: ». . . Weil die Komposition der Tänze mindestens sechzehn bis achtzehn Tage dauert, und diese Komposition kann nicht in Venedig gemacht werden, weil ich alle Tänzer hier und dort verstreut habe, und deshalb habe ich den Catanella verpflichtet, einen tüchtigen Erfinder, der häufig mit Madame St. George arbeitet.«
Die Briefstelle läßt aber offen, ob F. → Catanella auch der Erfinder der Musik war oder nur der Tanzbewegungen, obwohl sich eher das erste vermuten läßt.
In den Textbüchern sind zum Teil auch die Choreographien angegeben. Folgende Tänzer haben führend bei der Aufführung von Opern V.s mitgewirkt: Antio Ricconi (anagrammatisch für Ricci, Antonio)

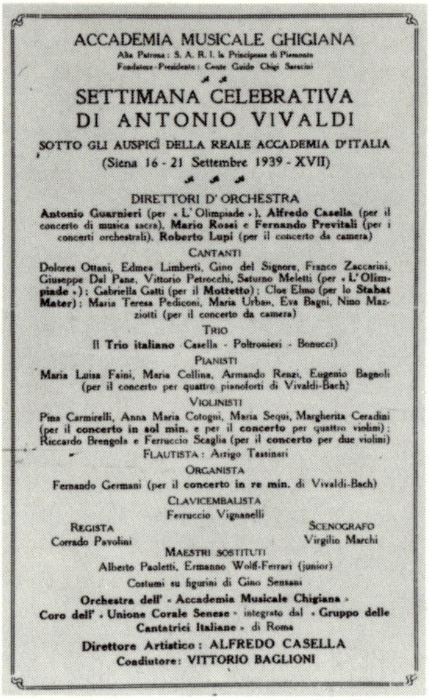

ACCADEMIA MUSICALE CHIGIANA

Alla Patrona: S. A. R. I. la Principessa di Piemonte

Fondatore-Presidente: Conte Guido Chigi Saracini

SETTIMANA CELEBRATIVA DI ANTONIO VIVALDI

SOTTO GLI AUSPICI DELLA REALE ACCADEMIA D'ITALIA

(Siena 16 - 21 Settembre 1939 - XVII)

DIRETTORI D'ORCHESTRA

Antonio Guarnieri (per « L'Olimpiade »), **Alfredo Casella** (per il concerto di musica sacra), **Mario Rossi** e **Fernando Previtali** (per i concerti orchestrali), **Roberto Lupi** (per il concerto da camera)

CANTANTI

Dolores Ottani, Edmea Limberti, Gino del Signore, Franco Zaccarini, Giuseppe Dal Pane, Vittorio Petrocchi, Saturno Meletti (per **« L'Olimpiade »**); Gabriella Gatti (per il **Mottetto**); Cloe Elmo (per lo **Stabat Mater**); Maria Teresa Pediconi, Maria Urban, Eva Bagni, Nino Mazziotti (per il concerto da camera)

TRIO

Il **Trio italiano** (Casella - Poltronieri - Bonucci)

PIANISTI

Maria Luisa Faini, Maria Collina, Armando Renzi, Eugenio Bagnoli (per il concerto per quattro pianoforti di Vivaldi-Bach)

VIOLINISTI

Pina Carmirelli, Anna Maria Cotogni, Maria Sequi, Margherita Ceradini (per il **concerto in sol min.** e per il **concerto** per quattro violini); Riccardo Brengola e Ferruccio Scaglia (per il **concerto per due violini**)

FLAUTISTA: Arrigo Tassinari

ORGANISTA

Fernando Germani (per il **concerto in re min.** di Vivaldi-Bach)

CLAVICEMBALISTA

Ferruccio Vignanelli

REGISTA Corrado Pavolini

SCENOGRAFO Virgilio Marchi

MAESTRI SOSTITUTI

Alberto Paoletti, Ermanno Wolf-Ferrari (junior)

Costumi su figurini di Gino Sensani

Orchestra dell' « Accademia Musicale Chigiana »

Coro dell' « Unione Corale Senese » integrato dal **« Gruppo delle Cantatrici Italiane »** di Roma

Direttore Artistico: ALFREDO CASELLA

Coadiutore: VITTORIO BAGLIONI

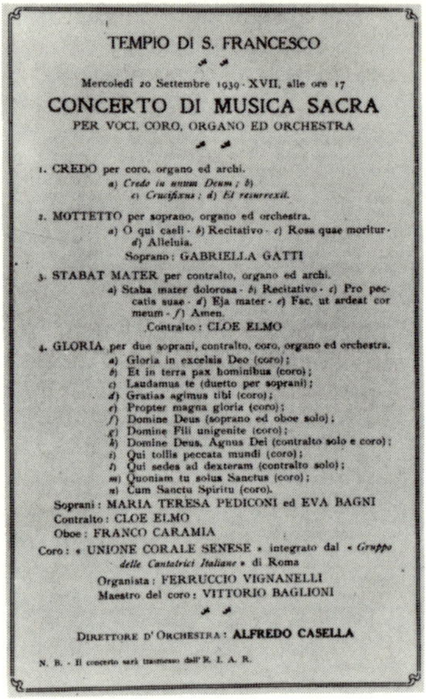

TEMPIO DI S. FRANCESCO

Mercoledì 20 Settembre 1939 - XVII, alle ore 17

CONCERTO DI MUSICA SACRA

PER VOCI, CORO, ORGANO ED ORCHESTRA

1. CREDO per coro, organo ed archi.
   a) *Credo in unum Deum*; b) c) *Crucifixus*; d) *Et resurrexit.*
2. MOTTETTO per soprano, organo ed orchestra.
   a) O qui caeli - b) Recitativo - c) Rosa quae moritur - d) Alleluia.
   Soprano: GABRIELLA GATTI
3. STABAT MATER per contralto, organo ed archi.
   a) Staba mater dolorosa - b) Recitativo - c) Pro peccatis suae - d) Eja mater - e) Fac, ut ardeat cor meum - f) Amen.
   Contralto: CLOE ELMO
4. GLORIA per due soprani, contralto, coro, organo ed orchestra.
   a) Gloria in excelsis Deo (coro);
   b) Et in terra pax hominibus (coro);
   c) Laudamus te (duetto per soprani);
   d) Gratias agimus tibi (coro);
   e) Propter magna gloria (coro);
   f) Domine Deus (soprano ed oboe solo);
   g) Domine Fili unigenite (coro);
   h) Domine Deus, Agnus Dei (contralto solo e coro);
   i) Qui tollis peccata mundi (coro);
   l) Qui sedes ad dexteram (contralto solo);
   m) Quoniam tu solus Sanctus (coro);
   n) Cum Sanctu Spiritu (coro).

Soprani: MARIA TERESA PEDICONI ed EVA BAGNI

Contralto: CLOE ELMO

Oboe: FRANCO CARAMIA

Coro: « UNIONE CORALE SENESE » integrato dal « *Gruppo delle Cantatrici Italiane* » di Roma

Organista: FERRUCCIO VIGNANELLI

Maestro del coro: VITTORIO BAGLIONI

DIRETTORE D'ORCHESTRA: **ALFREDO CASELLA**

N. B. - Il concerto sarà trasmesso dall'E. I. A. R.

Programme der »Settimana Musicale«, die vom 16. bis zum 21. 9. 1939 in Siena stattfand

(1x); Aquilante, Francesco (1x); Catanella, Francesco (2x); Catani, Andrea, »ballerino della maestà del re di Polonia« (1x); Galletto, Giovanni (2x); Gallo, Giovanni (2x); Giugliantini, Petrillo (2x); Jaime, »maestro dei balli di sua altezza il serenissimo duca regnante di Braunsviga-Luneburgo«, (1x); Mion, Francesco Alessandro (1x); Pagnini, Francesco Massimiliano, »maestro di ballo della seren. Enrighetta«, (1x); Pompeati, Angelo (1x); Testagrossa, Gaetano (2x).

Chronologie

V. hat in der Regel seine Partituren nicht mit Angaben über ihre Entstehung versehen. Ausnahmen bilden etwa das Violinkonzert D-Dur PV 105 (RV 212), das im Dresdener Autograph den Zusatz trägt: »Fatto per la Solemnità della S. Lingua di S. Antonio in Padua 1712«, oder die *Cantata in lode di Monsignor Vescovo Bagno di Mantova*, 1719. Doch sind die Opern alle datierbar, weil wir entweder aus → Bonlini und → Groppo die Aufführungsdaten haben oder weil Textbücher mit den Jahreszahlen erhalten sind.

Einen Versuch der Datierung einer Reihe von Werken hat J.-P. → Demoulin unternommen (A propos de la chronologie des œuvres de Vivaldi, définition des périodes creatives stylistiques. In: V. Veneziano Europeo, S. 25), doch war er sich in vielen Fällen der Problematik voll bewußt. Sehr fragwürdig ist es, das Erscheinungsjahr gedruckter Werke für die Datierung heranzuziehen. Ein Komponist, der so unter ständigem Zeitdruck stand wie V., hat sich mit einem Griff in den Notenschrank geholfen, wenn ein Auftrag kam. Für die → *Jahreszeitenkonzerte*, die 1725 erschienen, weiß man aus der Widmung an den Grafen → Morzin, daß sie viele Jahre vorher entstanden sind. Auch das Concerto grosso, das V. 1738 in → Amsterdam dirigierte, und die vier Konzerte, die er am 21. 3. 1740 vor dem Prinzen Ferdinand-Christian von Sachsen-Polen spielte, müssen nicht für diesen Anlaß entstanden sein. Man trifft in der V.-Literatur immer wieder auf Sätze wie: »Bereits 1709 hatte V . . .« oder: »Erst 1729 . . .« Hier wird von der sicherlich irrigen Annahme ausgegangen, der Komponist habe im Jahre der Publikation oder kurz vorher die in Frage kommenden Werke dicht hintereinander geschrieben. Wir müssen uns aber mit der Tatsache vertraut machen, daß gemeinsam edierte Werke sehr weit auseinanderliegen können.

Zwei Irrtümer in der Chronologie haben lange Zeit hindurch die Forschung fehlgeleitet. Der erste betraf das op. III mit der Verlagsnummer 50/51 von → Roger: Er gilt als der Erfinder der Verlagsnummern, die den Kunden die Bestellung erleichtern sollten. Zu Beginn seiner Tätigkeit hatten diese jedoch einen anderen Zweck, nämlich den, die Druckstöcke zu lagern. Wurde ein älteres Werk aus dem Verlagsrepertoire ausgeschieden, wurde der numerierte Lagerplatz für ein anderes verwendet. Roger fing um 1695 zu drucken an und war 1716 bei Nummer 412 angelangt. Aufgrund einer durchschnittlichen Jahresproduktion setzte man op. III mit »ca. 1700« an, op. II mit »ca. 1695«. Tatsächlich ist aber op. II 1708/09 in → Venedig erschienen, op. III 1711 bei Roger.

Der zweite Irrtum betraf die Oper → *Tieteberga*. In einem Textbuch steht die Jahreszahl 1707. Man hat daher V.s Hinwendung zur Oper sechs Jahre zu früh angesetzt. Durch Heranziehung anderer Quellen hat man festgestellt, daß die richtige Jahreszahl 1717 lauten muß, eigentlich eine Selbstverständlichkeit, da es bereits die dritte Wiederaufnahme der Oper war »con nuova aggiunta« (mit Zusätzen).

Einen seltenen Fall exakter Chronologie stellt die *Suonata à Viol°, Oboè, et Org° et anco se piace il Salmoè* (Dresden, Mus. 2389 - Q - 14) dar. Vor den Instrumentenbezeichnungen sind die Spielerinnen Sig^ra^ Prudenza, Sig^ra^ Pellegrina, Sig^ra^ Lucietta, Sig^ra^ Candida angegeben, von denen man weiß, daß sie 1707 in der → Pietà anwesend waren.

Clare stelle scintillate

→ Motette »del Vivaldi« für Alt, Streicher und Bc., F-Dur. Turin, Sammlung → Giordano, Bd. 32.

Clegg, John

Irischer Geiger, gab 1723 im Haymarket-Theater in London ein Konzert ». . . by particular desire of several ladies of quality, for the benefit of J.C., a youth of nine years of age, lately arrived from Ireland . . . particularly a concerto of Vivaldi«.

Col(l)alto Vinciguerra, Anton Graf (*1710 Wien, †1769 ebd.)
Schloßherr von → Brtnice (Pirnitz) in → Böhmen, ließ durch seinen Sekretär »tanta musica« von V. kaufen und bezahlte dafür zwölf ungarische Gulden (Quittung vom 26. 6. 1741).

Commedia dell'Arte
Stegreifspiele, deren Anfänge bis in die Mitte des 16. Jahrhunderts zurückgehen und bis in die erste Hälfte des 18. Jahrhunderts im Schwange blieben. Insbesondere → Venedig war ein günstiger Boden für sie. Bereits 1508 mußten die Behörden den »afflusso dei comici« regeln. Zwischen der Commedia dell'Arte und einem Opernlibretto gab es zahlreiche Beziehungen: Verwicklungen durch Verkleidungen und Wiedererkennen, feste Typen wie den geizigen Alten, der ein junges Mädchen liebt, das aber einen jungen Liebhaber hat, oder der Doktor-Notar und andere waren Vorbilder für die auch in Werke V.s eingeschobenen → Intermezzi. Diese haben über → Goldoni auch auf V. gewirkt, obwohl seine Beteiligung an mehreren Intermezzi nur vermutet wird.

Concertino (kleines Konzert)
Die Sologruppe, die im → Concerto grosso dem Orchester gegenübergestellt ist. In Konzerten V.s für mehrere Instrumente auch für diese Gruppe gebrauchte Bezeichnung.

Concerto
Mit der Überschrift »Concerto« hat V. eine Reihe von Werktypen bezeichnet, die wir heute durch besondere Titel auseinanderhalten. V.s Bezeichnungen sind aber nicht klar unterschieden. So ist ein in → Dresden liegendes Werk als → Sinfonia bezeichnet, dasselbe in Turin aber als Concerto. Offenbar ist die Turiner Titelgebung älter. V. hat dann dieses Concerto als → Opernsinfonia verwendet, daher dieser Titel. Andere Werke, die doppelt existieren, sind einmal als »Suonata«, das andere Mal als Concerto überschrieben. Auch die (von mir) so genannten → Kammerkonzerte, also ohne Orchester, hat V. als Concerto bezeichnet. Concerto kann ein Orchesterwerk zu drei oder vier Stimmen bezeichnen (ohne Solisten) und hat dann meist den Zusatz »ripieno« (→ Concerto ripieno). »Concerto à 5« bedeutet ausnahmslos ein → Violinkonzert mit vierstimmigem Streichorchester. Es kommt aber auch die Bezeichnung »à violino obligato« oder »con Violoncello obligato« vor. Größere Besetzungen sind manchmal durch »In due Cori« oder »con^{to} con molti Istrumenti« angegeben. Im Grunde genommen ist V.s Terminologie sehr präzise, weil es sich in irgendeiner Weise immer um die Solokonzertform handelt.

Concerto grosso (C. gr.)
In der V.-Literatur wird immer wieder vom C. gr. gesprochen. Wenn

man darunter den → Corellischen Formtyp versteht, muß festgestellt werden, daß V. kaum Concerti grossi geschrieben hat. Versteht man darunter aber Concerti mit zwei oder mehreren Solisten, so liegen siebenunddreißig Konzerte für eine Solistengruppe und Orchester vor, doch sind sie hinsichtlich ihrer Form alle in der → Solokonzertform geschrieben, unterscheiden sich also von den Solokonzerten nur durch die Anzahl der Solisten. Auch wenn einmal, wie in → Amsterdam, ein Konzert »C. gr.« genannt wurde, so ist das wohl nur eine Anpassung an die dort geläufige Terminologie gewesen. V. hat in keinem seiner Manuskripte den Terminus Concerto grosso gebraucht.

Concerto ripieno

Diesen sehr guten Titel hat V. seinen Streicherkonzerten ohne Soloinstrument (gelegentliche solistische Episoden kommen vor) gegeben. (Die von → Schering eingeführte Bezeichnung »Konzertsinfonie« ist irreführend. Boyden hat den Begriff »Ensemble Concerto« gebraucht, Bukofzer »Orchestral concerto«.) Von V. gibt es insgesamt zweiundsechzig derartiger Werke, siebenunddreißig sind als Concerto bezeichnet, drei als Concerto ripieno, zwei als Sonaten, eines als Introduktion. Wenn einzelne dieser Werke in zwei Handschriften vorliegen, tragen sie nicht selten verschiedene Titel. In all diesen Werken ergab sich durch das Fehlen der Solisten Probleme besonderer Art für den Komponisten. V. fand dafür drei Lösungen:

1. Das in sich abgeschlossene Orchesterritornell wird nach dem üblichen harmonischen Plan durch die Tonarten T - D - Tp - T geführt, das heißt: Es wird eigentlich nur der Rahmen des Solokonzerts gegeben. Das war wohl die am wenigsten interessante Lösung; sie war nur möglich, wenn das → Ritornell in sich motivisch sehr reich gestaltet war und durch starke Umbildung bei jedmaligem Auftreten fast wie neu erschien.
2. Zwischen die Ritornelle werden Zwischenspiele mit neuem motivischem Material oder mit durchführungsartiger Weiterbildung von Ritornellmotiven eingeschoben.
3. Diese Zwischenspiele nehmen einen so großen Umfang an, daß das Ritornell selbst an formalem Gewicht verliert und mehr oder weniger nur den Rahmen für ein freies konzertantes Musizieren des Orchesters bildet.

V.s Concerti ripieni sind in der Regel dreisätzig. Nach relativ wenig bedeutenden Mittelsätzen in dreiteiliger Liedform oder schlichter akkordischer Formung folgt oft ein Tanzsatz oder ein tanzmäßig angelegter Satz in zwei Wiederholungsteilen, gelegentlich auch eine → Fuge. Diese Fugen sind durchwegs ausgezeichnete Stücke und beweisen die gründliche Schulung V.s im traditionellen Handwerk. Manchmal steht eine Fuge schon als Einleitungssatz (PV 145, RV 144) und unterstreicht damit vielleicht den kirchlichen Verwendungszweck eines solchen Werkes als instrumentale Einleitung einer feierlichen Messe. Häufig sind Satzpaare zusammengefaßt. So ist etwa PV 86, RV 129 (Concerto madrigalesco) viersätzig, aber der erste und dritte von zwölf bzw. elf Takten, beide als Adagio bezeichnet, schließen mit Halbschluß und haben die Funktion langsamer Einleitungen zu den folgenden Sätzen, die als Fugen gebaut sind.

Charles de → Brosses hat diesen Formtyp genau erkannt, als er in Venedig derartige für ihn neue Werke hörte. Am 29. 8. 1739 schrieb er an seinen Freund, den Monsieur de Blancey:

»Es gibt hier eine Gattung Musik, die man in Frankreich nicht kennt und die mir mehr als jede andere für den Garten von Bourbonne geeignet erscheint. Es sind große Konzerte, in denen es keine Solovioline gibt. Quintin kann Bourbonne fragen, ob er will, daß ich ihm einen Vorrat davon mitbringe.«

Confessio et pulchritudo
»In festo Sancti Laurenti.« Introitus für vierstimmigen Chor und Bc., a-Moll. Turin, Sammlung → Giordano, Bd. 32.

Confiteor tibi Domine
Psalm 110, »a 3, Alto, Tenor, Basso con Istrumenti e Hautbois, del Vivaldi«. Für Alt, Tenor, Baß, Oboe, Streicher und Bc., G-Dur. Turin, Sammlung → Giordano, Bd. 32.

Conti, Abbé
Madame de → Caylus.

Corelli, Arcangelo
(*1653 Bologna, †1713 Rom)
Geiger und Komponist, der in formaler Hinsicht das (ältere) → Concerto grosso mitgeschaffen hat, während V. das (moderne) Solokonzert gepflegt und auf Werke mit zwei oder mehreren Solisten übertragen hat. Daß V. direkter Schüler Corellis war, wurde wegen des dreijährigen Zwischenraums zwischen Diakonats- und Priesterweihe lange vermutet, konnte aber nicht bewiesen werden. Zweifellos hat aber V. die Zwölf Violinsonaten op. V genau gekannt, die schon fünf Jahre nach dem römischen Erstdruck in → Venedig nachgedruckt wurden. Daß er seinem op. II Follia-Variationen als letzte Nummer angefügt hat, ist auch alles, was an Abhängigkeit zu beweisen ist. In der engen Durchdringung von Solostimme und Baß ist V. weit über Corelli hinausgegangen.

Lit.: W. Kolneder, Das Frühschaffen Antonio Vivaldis. In: Kongreßbericht, Utrecht 1952, S. 254–262.

Coronelli, Padre Vincenzo
Herausgeber eines »Guida de'forestieri in Venezia«. Im Jahrgang 1713 heißt es: »Unter den besseren Geigern sind einzigartig Gio: Battista Vivaldi und sein Sohn, der Priester.«

Corrente (it.) / **Courante** (frz.)
Tanz im Dreivierteltakt mit meist durchlaufender Bewegung. In der Suite in der Regel an zweiter Stelle.

Corrette, Michel
(*1709 Rouen, †1795 Paris)
Komponist und Verfasser zahlreicher, immer wieder neu aufgelegter Instrumentalschulen. Schrieb 1765

eine → Motette »Laudate Dominum« über V.s »Frühlingskonzert« (→ *Jahreszeitenkonzerte)*, das in Paris zweimal aufgeführt und drei Jahre darauf gedruckt wurde. Auch in seiner »L'Art de se perfectionner dans le Violon« von 1782 hat er sich noch V.s erinnert und sieben Seiten aus den Opera VII, VIII und IX aufgenommen.

Lit.: W. Kolneder, Laudate Dominum, eine Motette von Michel Corrette nach dem Frühlingskonzert op. VIII Nr. 1 von Vivaldi. In: Logos musicae. Festschrift für Albert Palm. Wiesbaden 1982.

Cosimo, Anna Romana

»Virtuosa di camera di S.A.S. il Sig. principe ereditario di Modena«, sang 1727 in Reggio in → *Siroe Re di Persia*, 1730 in → Prag in → *Argippo* und in → *Farnace*, 1731 in Prag in → *Alvilda Regina de' Goti*, 1732 in Prag die Titelrolle in → *Doriclea*, 1735 in Brünn in → *Orlando furioso*, 1738 in Bergamo und in Vicenza in *Orlando furioso* und 1739 in Ferrara in *Siroe Re di Persia*.

La Costanza trionfante degl'Amori e degl'Odi

Drama per musica / da rappresentarsi nel teatro Giu- / stiniano di S. Moisè / il Carnoval dell'anno 1716 / consacrata / a sua eccellenza il signor / Pietro Emanuele / Martinengo Colleone / marchese di Pianezza, conte di Caver- / nago, ecc. ecc. ecc. / La musica è di A. Vivaldi, maestro concerti del Pio Hospitale della Pietà.

Das Textbuch stammt von Antonio → Marchi und ist in Kremsier, München und → Venedig erhalten. Die Partitur ist verloren. 3 Akte.

Personen und Interpreten: Artabano re de'Parthi, Denzio Antonio; Tigrane re d'Armenia, Piccoli Filippo; Doriclea sua consorte, Miniati Francesca; Eumena sua figlia, Cenacchi Chiara Stelle; Getilde principessa amante di Farnace, D'Ambravil Rosa; Olderico principe d'Armenia e amante d'Eumena, Mazza Carl'Antonio; Farnace favorito di Tigrane, amante di Getilde, Mignata Rosa.

Mario → Rinaldi hat folgende Zusammenhänge von vier Werken aufgezeigt:

Prima Revisione: → *Artabano Re de'Parti*, 1718;

Seconda Revisione: *L'→ Odio vinto dalla Costanza*, 1731;

Terza Revisione: → *Doriclea*, 1732.

Man sieht sehr schön, wie jeweils verschiedene Personen in den Vordergrund gerückt werden, wahrscheinlich, um das Werk immer wieder neu erscheinen zu lassen.

Die → Oper wurde 1718 zweimal in München aufgeführt und hat Anlaß zu Spekulationen über einen möglichen Aufenthalt V.s in München gegeben.

Crededi

Psalm 115, »a 5 a Cappella, del Vivaldi, Istromenti. Li primi si cavano dalli Alti all'8ª. Li secondi dalli Canti. Le due Viole dalli due Tenori«, C-Dur. Turin, Sammlung → Foà, Bd. 40.

Credo

»A 4 con istromenti« für vierstimmigen Chor, Streicher und Bc. Sätze: Credo (Allegro), Et incarnatus est (Adagio), Crucifixus (Largo), Et resurrexit (Allegro). → Casella: »Diese Komposition scheint uns eine der stärksten und schönsten von Vivaldi zu sein.«

Credo
»A 4 con Istromenti, del Vivaldi« für zwei Soprane, Alt, vierstimmigen Chor, Streicher und Bc., e-Moll. Turin, Sammlung → Foà, Bd. 40.

Credo
Für vierstimmigen gemischten Chor, Oboe, Streicher und Bc., G-Dur. Warschau, Universitätsbibliothek.

La Créole
Anagrammatisch für Ercole (sul Termodonte). Hat sich als angeblich selbständiges Werk V.s in manche Werkverzeichnisse eingeschlichen. Nach → Ryom ist dies jedoch ein Irrtum.

Cross, Eric (*1953 Norwich)
Studium an der Universität Birmingham, Ph. D. 1980, seit 1978 Lecturer in Music an der University of Newcastle upon Tyne. Schrieb: Vivaldi as opera composer: »Griselda.« In: The Musical Times, 1978; Vivaldi's operatic borrowings. In: Music & Letters, 1978; The late operas of Antonio Vivaldi (1727 bis 1738). Ph. D. dissertation, University of Birmingham 1980. (UMI Research Press, Ann Arbor 1981, 2 vols.)
Gab → *Griselda* für eine Konzertaufführung beim English Bach Festival (1978) und für eine Bühnenaufführung beim Buxton Festival (1983) heraus.

Cunegonda
Drama / per musica / da rappresentarsi nel teatro di / Sant'Angelo / per il carnevale dell'anno / MDCCXXVI.
Das im gleichen Jahr gedruckte Textbuch ohne Verfasserhinweis stammt von Agostino → Piovene; es kam »Appresso Marino Rossetti in Merceria all'Insegna della Pace« heraus. 3 Akte.
Textbücher in Bologna, Cambridge, Florenz, Los Angeles, Mailand, Paris, Rom, Treviso, → Venedig und Washington.
Personen und Interpreten: Cunegonda principessa di Boemia promessa sposa a Ridolfo in abito da uomo sotto nome de Ersindo, Posterla Costanza »virtuosa di S.A.S il Sig. principe langravio d'Armestat«; Aladino soldano d'Egitto, Mingoni Luca »virtuosa del serenissimo principe Francesco, ereditario di Modena«; Rosana di lui favorita e regnante, Moro Elisabetta; Ridolfo principe di Germania, schiavo in Egitto, Baldini Innocenzio; Arsace generale dell'armi del soldano, fratello di Rosana, Salvatici Michele; Ernesto conduttore della squadra di Cunegonda e confidence di Ridolfo, Vitale Giacomo.
Die Partitur ist verloren, so daß es nicht möglich ist, über die Musik ein Urteil abzugeben. Da aber V. im Textbuch nicht als Komponist erwähnt wird, handelt es sich wahrscheinlich um ein von ihm arrangiertes → Pasticcio.

Cur sagittas cur tela
»Introduzione al Gloria ad Alto solo con Istrumenti« für Alt, Streicher und Bc., B-Dur. Turin, Sammlung → Giordano, Bd. 32.

Da-Capo-Arie
Die wichtigste barocke Arienform, bestehend aus einem A-Teil, einem kontrastierenden Mittelteil und der Wiederkehr des A-Teils, in der Regel durch D.C. angegeben, aber auch ausgeschrieben und dabei meist verkürzt. In der Wiederkehr war eine starke Variierung des A-Teils üblich.

Dall'eccelsa mia reggia
Titel: »La Gloria Himeneo 1725« für Sopran, Alt, Streicher und Bc., F-Dur. Turin, Sammlung → Foà, Bd. 27.

Degli Albizzi, Marchese Luca Casimiro
Übernahm 1726/27 die → Impresariogeschäfte in Florenz und führte Briefwechsel mit Porpora und V.
Lit.: G. Corti, Il Teatro La Pergola di Firenze e la stagione d'opera per il Carnevale 1726–1727: lettere di Luca Casimiri Degli Albizzi e Vivaldi, Porpora ed altri. In: RIM, 1980, S. 182–188.

Degrada, Francesco
(*1940 Mailand)
Ausgebildet als Pianist, Komponist und Musikwissenschaftler (Laureato 1964). Seit 1973 an der Università degli Studi in Mailand, dort seit 1980 Professor, seit 1983 Direktor des Instituts di Storia dell'Arte. Herausgebertätigkeit, die sich von Monteverdi bis V. erstreckt. Schrieb viele Aufsätze zu Vivaldischen Themen und gab heraus: »A. V. da Venezia all'Europa« (zs. mit M. T. Muraro, Mailand 1978) und »V. Veneziano europeo« (Florenz 1980).

Dehn, Siegfried Wilhelm
(*1799 Altona, †1858 Berlin)
Zuletzt Kustos der Musiksammlung der Königlichen Bibliothek zu Berlin. Gab als »Œuvres complètes Liv. 15« zusammen mit F. A. → Roitzsch »XVI Concertos d'après des Concertos pour le Violon de Antoine Vivaldi arrangés pour le Piano seul par Jean Sebastien Bach publiés pour la première fois par . . .« 1851 in Leipzig bei Peters heraus und leitete damit die Beschäftigung mit V. vor allem in Deutschland ein. Im Vorwort heißt es:
»Die Originalwerke des Vivaldi gehören längst zu den musikalischen

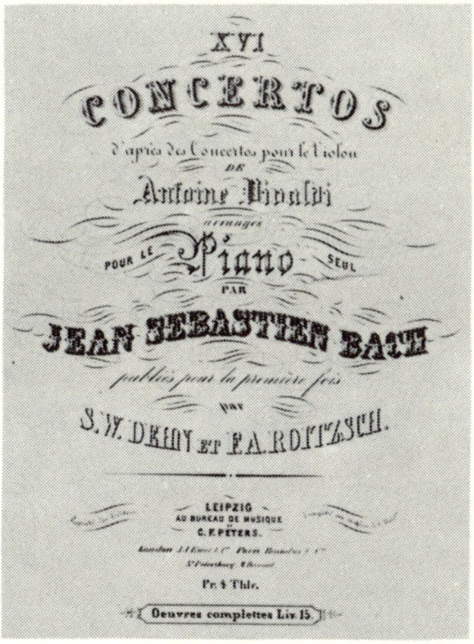

Seltenheiten, und deshalb möchte es gegenwärtig Schwierigkeiten haben, mit Bestimmtheit nachweisen zu wollen, aus welchem Opus seiner uns grösstentheils nur dem Titel nach bekannten Instrumentalwerke J. S. Bach eine Auswahl für die vorliegenden Bearbeitungen getroffen hat.«

Delfino, Vettor
Venezianischer adliger Musikliebhaber, dem V. seine zwölf Konzerte op. IV, *La Stravaganza,* widmete (→ Widmungsvorworte).

Del suo natio rigore
→ Kantate »del Sig. D. Antonio Vivaldi« für Sopran und Bc., c-Moll. Turin, Sammlung → Foà, Bd. 28.

Il Demetrio
Dramma per musica / da rappresentarsi nel teatro Bonacossi / a Santo Stefano / nel carnevale dell'anno 1737 / dedicato al eminentissimo e reverendissimo principe / il Sig. cardinale / Agapito Mosca / legato di Ferrara. 3 Akte.
Die Musik von Johann Adolf → Hasse wurde von V. eingerichtet. Das Textbuch stammt von Pietro → Metastasio und wurde in → Ferrara bei G. → Barbieri gedruckt. Exemplare befinden sich in Bergamo, Mailand und Rovigo.
Die Partitur ist nicht erhalten. Im Brief vom 24. 11. 1736 an den Marchese → Bentivoglio sagte V. selbst: »Ich habe mich entschlossen, alle Rezitative neu zu machen und den Sängern sehr viele meiner Arien zu geben.«
Personen und Interpreten: Cleonice regina di Siria, amante corrisposta d'Alceste, Girò Anna; Alceste che poi si scopre Demetrio re di Siria, Cardini Rosa detta la Dolfinetta; Barsene confidente di Cleonice ed amante occulta d'Alceste, Mancini Rosa; Fenicio grande del regno e tutore di Alceste e padre di Olinto, Pupilli Giovanni; Olinto grande del regno e rivale di Alceste, Moro Elisabetta; Mitrane capitano delle guardie reali ed amico di Fenicio.

Demoulin, Jean-Pierre
(*1935 St.-Gilles/Brüssel)
Gründete als Student mit zwei Kommilitonen 1953 den »Cercle Vivaldi de Belgique« und organisierte in sehr verdienstvoller Weise V. gewidmete Konzerte in Brüssel, zu denen er häufig → Ephrikian einlud. Zusammen mit diesem gab er damals unbekannte Vokalwerke V.s heraus. Als Zahnarzt schrieb er eine Reihe von Abhandlungen für die »Vivaldiana« (Brüssel 1969) und publizierte Untersuchungen zur → Chronologie, über »Les Sinfonies de concert et d'opera de Vivaldi« (Florenz 1980 bzw. 1982) und schrieb drei Kapitel in »Vivaldi, Génies et Réalitées« (Paris 1977).
(Demoulin ist außerdem »Directeur du Centre belge Teilhard de Chardin«.)

Denzio, Antonio
Tenor aus → Venedig, → Impresario, mit der Sängerin Teresa → Peruzzi, detta la Denzia, verheiratet. Er trat schon 1716 in Venedig in einer V.-Oper auf und wurde 1724 von Graf Anton von → Sporck eingeladen, in → Kukus und → Prag

italienische Opern aufzuführen. Seine Operntruppe bestand aus dreiundzwanzig Personen, darunter sieben Sängern und sechs Sängerinnen (die → Bianchi und A. C. Negri wurden von ihren Vätern, die übrigen von ihren Müttern begleitet). Sie führte in zehn Jahren nahezu sechzig Opern von sechzehn venezianischen Komponisten auf, darunter sechs von V. (→ Böhmen). Auch nach der Rückkehr nach Italien sang Denzio in V.-Opern, so 1716 in Venedig in *La → Costanza trionfante degl'Amori e degl'Odi,* 1717 in Venedig in *Il → Vinto trionfante del Vincitore,* 1724 in Kukus-Bad und in Prag die Titelrolle in → *Orlando furioso,* 1726 in *La → Tirannia gastigata,* 1730 die Titelrolle in → *Farnace,* 1730 in → *Argippo,* 1731 in → *Alvilda Regina de' Goti,* 1732 in → *Doriclea,* alle in Prag, 1738 in Bergamo und Vicenza die Titelrolle in *Orlando furioso.*

Deskriptive Musik

Von den vier → *Jahreszeitenkonzerten* abgesehen, hat V. keine Programm-Musik geschrieben. Es gibt aber viele Werke von ihm, in deren Musik bestimmte Affekte zum Ausdruck kommen und für die man in Übereinstimmung mit französischen und italienischen Autoren die Bezeichnung »deskriptive Musik« gebrauchen sollte. Der Komponist hat ihnen charakteristische Überschriften gegeben:

PV	RV	op.	Titel
7	180	VIII, Nr. 6	Il Piacere
86	129		Madrigalesco
106	277	XI, Nr. 2	Il Favorito
112	302		Concerto ò sia il Cornetto a posta
143	151		Alla rustica
151	208		Grosso Mogul
155	90/428	X, Nr. 3	Il Gardellino
204	95		La Pastorella
208	234		L'Inquietudiene
219	335		The Cuckow
246	271		L'Amoroso
248	270		Il Riposo (Per il Natale)
256	294		Il Rittiro
261	433	X, Nr. 1	La Tempesta di Mare
308	544		Il Proteo ò sia il Mondo al rovescio
338	362		La Caccia
342	439	X, Nr. 2	La Notte
385	579		Concerto Funebre
401	501		La Notte
415	253		La Tempesta di Mare
419	199		Il Sospetto
411	130		Al Santo Sepolcro

In den meisten dieser Werke entwickelt V. eine sehr ausgeprägte Symbolsprache; sie durchzieht aber auch ganze Sätze in gleichmäßiger Weise, ohne daß deshalb jedoch von Programm-Musik gesprochen werden könnte.

Eine persönliche Vermutung: Ein Großteil dieser Werke entstand um die Zeit, als V. sich der Oper zuwandte. Die Verwendung musikalischer Symbole für bestimmte Situationen ergab für ihn ein Repertoire, auf das er in ähnlichen Situationen zurückgreifen konnte. Solcherart war es ihm möglich, rasch zu produzieren und Aufträge in kürzester Zeit auszuführen. Diese Symbole sind vielfach Bewegungssymbole, zugleich aber von hoher psychischer Spannung erfüllt. Sie sind auch in der reinen Instrumentalmusik – also ohne Titel – seit 1713 nachzuweisen. Manche dieser Werke sind als »Programm-Musik ohne Programm« anzusprechen, was für die Vivaldi-Interpretation nicht ohne Folge sein müßte.

Deus tuorum militum
»Hinno a 2 alto e tenore con Istrumenti de Vivaldi« für Alt, Tenor, zwei Oboen, Streicher und Bc., C-Dur. Turin, Sammlung → Giordano, Bd. 35.

Didone abbandonata
Ein → Pasticcio, das 1737 in London aufgeführt wurde. Da die Partitur nicht erhalten ist, kann der Anteil V.s nur vermutet werden. Ein anonymes Textbuch befindet sich in Hamburg. Es soll sich aber nur eine Arie V.s im Werk befinden.

Diminution
Bedeutet wörtlich Verkleinerung. Gemeint ist das Ausfüllen größerer Melodieschritte, im erweiterten Sinne die Variierung, auch Auszierung einer musikalischen Grundsubstanz.
Man darf wohl annehmen, daß der Geiger V. nie das spielte, was er selbst einmal niedergeschrieben hatte, sondern daß er beim Spiel, der augenblicklichen Inspiration folgend, stets improvisiert hat. Diese Improvisationen scheinen hoffnungslos untergegangen zu sein. Es ist aber davon doch mehr erhalten, als man zunächst annahm. Da sind zum einen die sehr zahlreichen → Doppelfassungen von Werken, in denen die Originalgestalt meist die vereinfachte Fassung darstellt. Jedem Interpreten der Musik V.s wird dringend geraten, diese Doppelfassungen genau zu studieren, um damit das Improvisationsvokabular zu bereichern. Zudem ist der Dresdener Bestand reich an Werken, in denen sich in der Handschrift → Pisendels Diminutionsskizzen eingeschrieben finden, von denen man allerdings nicht weiß, ob sie in → Venedig festgehalten wurden, also authentische Modelle V.s überliefern, oder ob sie für Dresdener Ausführenden gedacht waren. Auf alle Fälle muß auch diese Schicht zur Interpretation herangezogen werden. Und schließlich hat sich Arnold → Schering in mehreren Aufsätzen mit der Improvisationspraxis beschäftigt und in SIMG VII (1905) Modelle überliefert, von denen er annimmt, daß sie vielleicht von V. selbst stammen könnten.
Die V.-Kritik hat sich immer wieder an den vielen »Rosalienketten« (→ Rosalie) gestoßen. Hier wird aber am notierten Text kritisiert und nicht an der Gestalt, von der wir annehmen dürfen, daß sie tatsächlich erklungen ist.

Dixit (Dominus)
Der 109. Psalm, von V. zweimal komponiert.
»In due Cori, del Vivaldi«, für Dop-

pelchor (S, A, T, B), zwei → Trompeten, zwei Oboen, Streicher und Bc., D-Dur. Turin, Sammlung → Giordano, Bd. 35.
Die andere Partitur ist mit Jahreszahl 1708 versehen, für Sopran, vierstimmigen gemischten Chor, Trompete, zwei Oboen, Streicher und Bc., D-Dur. Turin, Sammlung → Giordano, Bd. 33.

Domine ad adiuvandum me
Liegt ebenfalls in zwei Kompositionen vor, »in due Cori a 8 con Istrumenti, del Vivaldi« für zwei vierstimmige Chöre, Streicher und Bc., G-Dur. Turin, Sammlung → Giordano, Bd. 35, und für vierstimmigen gemischten Chor, Streicher und Bc., F-Dur. Turin, Sammlung Giordano, Bd. 33.

Domine Deus rex coelestis
→ Versette zu »Gloria in excelsis« für Sopran, vierstimmigen gemischten Chor, Streicher und Bc., C-Dur. Turin, Sammlung → Giordano, Bd. 32.

Doppelfassungen
V. hat eine ganze Reihe von Werken in Doppelfassungen hinterlassen, die z. T. auf der älteren Praxis der ad-libitum-Besetzung beruhen (für das Violinkonzert PV 259, RV 236/454, »Questo concerto si può fare ancora con l'Hautbois«), z. T. darauf, daß es im → Solokonzertsatz auch möglich war, neue Soloteile in den → Ritornellrahmen einzubauen. Gründe für solche Einrichtungen können neu in Gebrauch gekommene Instrumente gewesen sein. So befinden sich in Turin fünf Blockflötenkonzerte, die der Komponist zum Druck von op. X für Querflöte eingerichtet hat. Auch Erleichterungen für weniger gewandte Spieler wären als Anregung denkbar. Schließlich muß man bei V. auch mit Zeitmangel rechnen, weil eine Umformung weniger Zeit in Anspruch nahm als eine Neukomposition. An Möglichkeiten boten sich an: 1. spieltechnische Erleichterungen, 2. Anpassung an ein anderes Instrument, 3. genauere Bezeichnung, 4. Einarbeiten von → Diminutionen, 5. qualitative Verbesserungen, 6. Auswechseln der Soloteile bei gleichem Ritornell, 7. Eingriffe in das Ritornell, und 8. formale Eingriffe. Bei manchen dieser Änderungen kann man jedoch nicht eigentlich von Doppelfassungen sprechen. In vielen Fällen bewahrt die ältere Fassung ihre volle Gültigkeit, auch wenn der Komponist sich die Gelegenheit zu Verbesserungen selten entgehen ließ.

Doppelkonzerte
V. hat den formalen Typ des Solokonzerts beibehalten, auch wenn er für zwei oder mehrere Solisten schrieb. Er selbst hat den Ausdruck Doppekonzert nie gebraucht, sondern schrieb immer etwa »Concerto per due oboi«. Den Zeitgenossen jedoch war der Terminus »Concerto doppio« durchaus geläufig. → Ryom (Grove Dictionary) gebraucht ebenfalls den Ausdruck »Double Concertos« und führt neunundvierzig Werke an, davon einige unvollständig. Es überwiegen Konzerte für zwei Violinen, doch gibt es auch solche für:

PV	RV	Besetzung
238	546	Violine und Violoncello (immer mit Str.Orch.)
308	544	Violine und Violoncello
388	547	Violine und Violoncello
311	541	Violine und → Orgel
406	548	Oboe und Violine
266	540	Viola d'amore und Laute
411	531	zwei Violoncelli
133	532	zwei Mandolinen
76	533	zwei Querflöten
53	536	zwei Oboen
85	534	zwei Oboen
302	535	zwei Oboen
129	545	Oboe und → Fagott
320	538	zwei Hörner (→ Horn)
321	539	zwei Hörner
75	537	zwei → Trompeten

Für die → Ritornellform der Ecksätze ergeben sich der Hauptsache nach drei Möglichkeiten:

1. Gruppensoli,
2. Dominieren einzelner Instrumente in einzelnen Soloteilen und
3. dialogische Behandlung.

Für die → Mittelsätze findet V. die verschiedensten Möglichkeiten. So wird im Konzert für zwei Hörner PV 320 (RV 538) der zweite Satz von einem Solocello mit Bc. ausgeführt.

Doriclea

Drama per musica / da rappresentarsi nel Teatro / di Sua Eccellenza / il Signor Francesco Antonio / del S. R. I. Conte di Sporck / il Carnovale dell'Anno 1732 / La musica è del sempre celebre Signor D. Antonio Vivaldi. 3 Akte.

Das Textbuch, ohne Verfassernamen, italienisch/deutsch in → Prag im gleichen Jahre bei Alberto Guglielmo → Wessely gedruckt, stammt von Antonio → Marchi. Die Partitur ist nicht erhalten; Textbücher befinden sich in Křimice, Mailand und Prag.

Personen und Interpreten: Artabano re de'Parti, amante di Doriclea, Denzi Antonio; Doriclea regina d'Armenia, prigioniera di Artabano e moglie di Tigrane, Cosimi Anna »virtuosa di S.A.S. il signor principe ereditario di Modena«; Tigrane re d'Armenia finto Osmondo etiope, uccisor di se stesso, Micheli Giovanni; Getilde principessa armena, amante di Farnace, Flora Margherita; Farnace figlio di Tigrane e di Doriclea, finto pastore e amante di Getilde, Ramis Cecilia.

Die Oper ist eine Bearbeitung der 1716 in → Venedig aufgeführten → *Costanza trionfante degl'Amori e degl'Odi.* (→ Rinaldi z. B. rechnet sie nicht als selbständiges Werk, daher die verschiedenen Zahlen bei verschiedenen Autoren.)

Dorilla in Tempe

Melodramma / eroico pastorale / da rappresentarsi nel teatro / di Sant' Angelo / nell'autunno 1726 / dedicato / all'illustrissimo signore il Sig. / Co. Antonio / San Bonifacio. / La Musica è del celebre Sig. D. Antonio Vivaldi, Maestro di Cappella di S.A.S. il Sig. Principe Langravio d'Hassia Darmstadt / Li Balli sono invenzioni del Sig. Giovanni Galletto / Scene di Antonio Mauri. 3 Akte.

Personen und Interpreten: Admeto re di Tessaglia, Moretti Lorenzo; Dorilla sua figlia, amante d'Elmiro,

Capuano Angela detta la Capuanina; Elmiro pastore di Tempe, Pieri Maria Maddalena »virtuosa del seren., duca di Modena«; Nomio pastore, poi riconosciuto per Apollo, Finazzi Filippo; Eudamia ninfa, amante non corrisposta d'Elmiro, Girò Anna; Filindo pastore, amante non corrisposto d'Eudamia, Galletti Domenico Gioseppe.

Das Werk wurde nach der Aufführung von 1726 dreimal wiederaufgenommen: 1728 in → Venedig im Teatro Brugnolo in campo a Santa Margherita (→ San Malgarita), 1732 in → Prag im Theater des Grafen → Sporck, und wiederum in Venedig 1734 im Teatro → Sant' Angelo.

Die Partitur befindet sich in Turin, Sammlung → Foà, Bd. 39. Das Textbuch ohne Verfasserhinweis stammt von Antonio Maria → Lucchini, wurde 1726 von Marino → Rossetti in Venedig gedruckt und befindet sich in Bologna, Florenz, Křimice, Los Angeles, Mailand, Paris, Prag, Rom, Rovigo, Venedig und Washington.

Dotti, Anna

Sängerin aus Vicenza, Nichte des Satirikers Bartolomeo Dotti, der 1713 in → Venedig ermordet wurde. Sang 1716 in Venedig in *L'→ Incoronazione di Dario* und die Titelrolle in → *Arsilda Regina di Ponto*.

Dresden

Die Vorliebe sächsischer Herrscher für → Venedig hat schon frühzeitig dazu geführt, daß Werke V.s nach Dresden kamen und V. einen bedeutenden Platz im Repertoire der Hofkapelle einnahm. Vor allem hat → Pisendels direkte Schülerschaft bei V. dazu beigetragen, daß dieses Repertoire sich mehr und mehr erweiterte. Während seiner Dresdener Konzertmeistertätigkeit richtete er Werke V.s für das Orchester ein, setzte z. T. Bläser dazu. Pisendels private V.-Sammlung wurde nach seinem Tode (1755) auf Veranlassung von Maria Josepha von Sachsen für die Bibliothek angekauft. → Schering spricht im Zusammenhang mit Dresden von einem »frühen Vivaldi-Kult in Deutschland«. Es ist bemerkenswert, daß die so bedeutsame Einschätzung V.s vor 1927 fast allein aufgrund der Dresdener Bestände erfolgte. Nach → Eller waren zeitweise vorhanden: siebenundachtzig Konzerte und zehn Sinfonien (siebzig Partituren und sechsundfünfzig Stimmsätze, siebzehn Sonaten, drei Motetten, zehn Kantaten, Arien aus → *Arsilda Regina di Ponto* und neunundzwanzig weitere Arien.

Im Zweiten Weltkrieg haben die Bestände vor allem durch Wassereinwirkung sehr gelitten und sind teilweise unleserlich geworden. Doch konnte seither eine ganze Reihe anonym überlieferter Werke mit Sicherheit V. zugeschrieben werden. Eine genaue Beschreibung hat Gudrun Landmann auf den Seiten 101–167 der Dresdener »V.-Studien« (1981) gegeben.

Durazzo, Conte Giacomo

(*1717 Genua, †1794 Venedig)
Wurde 1749 außerordentlicher Gesandter seiner Heimatstadt in →

Wien. Durch seine Heirat mit Aloisia Ernstine Ungnad von Weißenwolff kam er in Beziehung zu höchsten Adelskreisen und wurde 1752 als Titulargeheimrat in österreichische Dienste übernommen. Aufgrund seiner künstlerischen Interessen, seiner in Kavalieraufführungen bewiesenen Theaterbegabung und seines organisatorischen Geschicks wurde er bald »Generalspektakeldirektor«, später auch noch »Musikgraf«, das bedeutet etwa »Intendant der Hoftheater und administrativer Leiter der Hofkapelle«. In dieser Tätigkeit hat er sich durch die Förderung Glucks und dessen Zusammenarbeit mit dem Textdichter Calzabigi bleibende Verdienste erworben, die 1762 durch die Uraufführung des »Orfeo« gekrönt wurden. Durazzo war ein findiger Kopf, der die ganz moderne Idee hatte, das Defizit der Oper durch eine Spielbank zu decken, die im Hause selbst eingerichtet war. Bei der Verrechnung der Beträge soll er aber bald recht großzügig zu seinen Gunsten verfahren sein, und dies deshalb, weil die zahlreichen galanten Beziehungen zu Sängerinnen und Tänzerinnen ihn mehr Geld kosteten, als er zur Verfügung hatte. So fiel er bald bei der sittenstrengen Kaiserin Maria Theresia in Ungnade, aber er fiel nach oben: Mit üppigem Gehalt ausgestattet, wurde er 1765 österreichischer Gesandter in → Venedig. Durch die Förderung Mozarts hat er nochmals sein sicheres Urteil in musikalischen Fragen bewiesen. Vor allem aber betätigte er sich jetzt als Sammler; sein Freund Conte Bartolommeo → Benincasa konnte 1784 ein Werk, »Descrizione della raccolta di stampe di S. Conte Jacopo Durazzo . . .«, im Druck erscheinen lassen. Durazzo ist in Venedig in der Kirche → San Moisè beigesetzt.

Duri Marmi

→ Kantate für Sopran und Bc. Turin, Sammlung → Foà, Bd. 28.

Dynamik

Der Übergang von der alten Terrassendynamik – die es in der starren Form nur auf Tasteninstrumenten gegeben hat – in die moderne dynamische Geschmeidigkeit vollzog sich in Etappen. Die wichtigste war das Schaffen V.s. Die Skala in seinen Partituren ist außerordentlich reich:

pianissimo	mezzoforte
piano molto	un poco forte (f)
piano assai	f
mezzo p	f molto
pp (= più piano!)	più f
p	ff
quasi p	

Daß das Barock ein prinzipielles Forte-Zeitalter war, dürfte nicht ganz richtig sein. So fängt etwa im → Violinkonzert PV 125 (RV 273) der zweite Satz, ein Allegro, mit zwölf Takten »Piano molto« an.

Daneben gibt es auch auskomponierte Crescendi (z. B. → Conc. rip. C-Dur, PV 63, RV 115, Ende des ersten Satzes) und Decrescendi, gleichzeitige Kontraste wie im »Frühlingskonzert« (→ *Jahreszeitenkonzerte)* bei der Stelle »Il capraro che dorme« mit Solovioline Mezzoforte, I. und VI. »pianissimo sempre« und Viola (»il cane che grida«) »sempre molto forte e strappa-

Grabplatte des Conte Giacomo Durazzo in der Kirche San Moisè, Venedig
(Foto: Roberto Gottipavero, Venedig)

to« (abgerissen). Solche Kontraste können aber auch in absoluter Musik stehen, z. B. im Konzert für zwei Violinen PV 26 (RV 176), wo zu Beginn der Baß themaführend ist und mit »Forte molto« bezeichnet wird, liegende Akkorde in den Oberstimmen aber mit »Pianissmo«. Wie fein V. das Soloinstrument gegen das Orchester abhebt, zeigt das »Conto: Funebre«, PV 385, RV 579, mit der Bezeichnung »tutti li Violini e Violette Sordine non pero il Violo: Principale«. Das schönste Beispiel ist aber wohl der Schlußsatz des → Violinkonzerts PV 182, RV 211.

Man darf aber nun nicht vermuten, daß V. alle seine Partituren so genau bezeichnet hätte. Wenn er wenig Zeit hatte, dann ging es einmal auch ohne Dynamik, z. B. im Flötenkonzert a-Moll PV 77, RV 108, wo im ganzen Werk ein einziges dynamisches Zeichen steht, nämlich ein »p« zu Beginn des → Mittelsatzes.

Eberard, Giustina

Sängerin aus → Venedig, »virtuosa di S.A.S. la gran principessa di Toscana«, »virtuosa dell'A. R. le sereniss. Violante Beatrice di Baviera G. Principessa di Toscana«, sang 1727 in Florenz in → *Ipermestra,* 1730 in → Prag in → *Argippo* und 1731 in → *Alvilda Regina de'Goti.*

Echo

Echo-Wiederholungen kleinerer Formteile in zeitüblicher Manier finden sich bei V. in vielen Werken. Auch in Tänzen steht bei selbständigen Teilen die Bemerkung »si replica piano«. In → Opern kommt es zu instrumentatorischer Verselbständigung des Echo-Gedankens durch ein kleines Fernorchester, das dem großen Orchester antwortet, etwa im → *Ottone in Villa.* Sehr schön ist im → *Dixit (Dominus)* das »Judicabit« instrumentiert, eine Darstellung des Jüngsten Gerichts, in dem zwei → Trompeten eingesetzt sind, von denen eine als Echo-Trompete aus der Ferne antwortet. Auch im → *Ercole sul Termodonte* ist eine »Violino solo in scena« und eine »Violino solo in orchestra« in ähnlicher Weise verwendet. In sechs Echo-Konzerten ist diese Art ausinstrumentiert. Die Titelüberschriften lauten etwa »Concerto con violino principale e altro violino per eco in lontano«.

Einnahmen

Der erste Vertrag in der → Pietà lautete auf dreißig Dukaten pro Semester. Er wurde 1704 durch den zusätzlichen Viola-Unterricht auf einhundert Dukaten jährlich erhöht. Es gab aber auch einmalige Zuwendungen wie 1715 in Höhe von fünfzig Dukaten für ». . . musica contribuite doppo l'absenza del sudetto maestro Gasparini, di una Messa intiera, un Vespero, un Oratorio, più di trenta Mottetti et altre fatiche«. (Beschluß vom 2. Juni.) Ob V. je für seine gedruckten Werke etwas erhalten hat – es waren sechsundneunzig zu seinen Lebzeiten – ist sehr fraglich. Es gibt keinen dokumentarischen Beweis dafür. Aus dem Leben Frescobaldis und mancher Zeitgenossen V.s weiß man, daß die Komponisten den Druck selbst bezahlt haben. Man darf annehmen, daß der Druck nur um des Ansehens willen erfolgte. Es gab aber in → Venedig zahlreiche Möglichkeiten, handschriftliche Werke direkt an Kunden zu verkaufen, wie man dies von → Uffenbach und später von de → Brosses weiß. → Talbot hat eine Stelle aus einem Brief von → Holdsworth (Venedig, 13. 2. 1733) an Charles Jennens mitgeteilt, die die Praxis eines Komponisten in der ersten Hälfte des 18. Jahrhunderts beleuchtet. Sie lautet: »Ich hatte dieser Tage einige Gespräche mit Ihrem Freund Vivaldi, der mir sagte, er sei entschlossen,

keine Konzerte mehr zu publizieren, weil ihn dies, wie er sagte, hindere, seine Konzerte im Manuskript zu verkaufen, was seiner Meinung nach mehr einbringt. Wenn er einen guten Absatz findet, erwartet er sicherlich eine Guinea für jedes Werk. Vielleicht könnten Sie handeln mit ihm, wenn Sie hier wären, und auswählen, was Sie wollen, aber ich bin sicher, ich werde nicht wagen, auszuwählen um diesen Preis. Ich war durch andere informiert worden, daß dies Vivaldis Entschluß war. Ich nehme an, Sie wissen, daß er siebzehn Konzerte veröffentlicht hat.« (Aus: Gerald Coke Handel Collection.)
Hinsichtlich der Oper wissen wir, daß V. einmal ein Angebot von San Cassiano zurückgewiesen hat, weil man nur neunzig Zecchinen statt der üblichen hundert zahlen wollte. Allerdings hatte er für 1727 ein Angebot von Florenz angenommen, nachdem Porpora zuviel verlangt hatte.
Interessant ist der Vertrag vom 2. 7. 1723: V. wird auf Reisen zur Lieferung von zwei Konzerten pro Woche verpflichtet, wenn es sich »senza l'aggravio del porto« machen läßt. Er bekommt dafür eine Zecchine pro Konzert. Die Summen für den → Verkauf vor der Abreise 1740 können nicht als üblich angesehen werden; V. mußte froh sein, das Reisegepäck zu erleichtern. Wenn → Gradenigo schrieb: »Der Abate D. Antonio Vivaldi, der unvergleichliche Geiger, genannt der rotblonde Priester, hochgeschätzt wegen seiner Konzerte und anderen Kompositionen, verdiente zu seinen Lebzeiten 50 000 Dukaten, aber wegen seiner maßlosen Verschwendung ist er arm in Wien gestorben«, so ist das grob geschätzt, dürfte aber doch wohl annähernd stimmen. Zur Währung: ein Dukaten = acht Silberlire; ein Goldzecchino = zweiundzwanzig Silberlire.
Lit.: M. Pincherle, La Situation matérielle de V. a la Pietà. In: A.V. et la Musique instrumentale, S. 292.

Eja voces plausum date
→ Arie in Es-Dur, in einer Sammlung »Aria de Sanctis«. Warschau, Universitätsbibliothek.

Eller, Rudolf (*1914 Dresden)
Promovierte über »Die Konzertform J. S. Bachs« und habilitierte sich später mit einer Schrift »Das Formprinzip des Vivaldischen Konzerts. Studien zur Geschichte des Instrumentalkonzerts und zum Stilwandel in der ersten Hälfte des 18. Jhs.« Seit 1959 Dozent an der Universität Rostock, seit 1963 dort Professor. Seine zahlreichen Aufsätze kreisen um Vivaldi – Bach – Dresden. Eller ist Verfasser des MGG-Artikels über V.

Elvira, Elvira, anima mia
→ Kantate »del Sig. D. Antonio Vivaldi« für Sopran und Bc., g-Moll. Turin, Sammlung → Foà, Bd. 28.

Entlehnungen
In einem Aufsatz »Vivaldi's operatic borrowings« (In: Music and Letters, 1978) hat sich Eric → Cross mit der Tatsache beschäftigt, daß bestimmte Nummern in mehreren Werken vorkommen. Zunächst konnte eine

»Sinfonia a prencipio«, für die ja kaum eine Beziehung zu einer → Oper bestand, beliebig ausgetauscht werden. So wurde die → Sinfonia → *Arsilda* (Venedig 1716) auch für den → *Teuzzone* 1719 in → Mantua benutzt. Die Gründe für solche Entlehnungen sind klar: Der vielbeschäftigte Meister stand dauernd unter Zeitdruck; da bot es sich eben immer wieder an, ein eigenes älteres Werk zu »plündern«. So hat → Casella bei den Vorbereitungen für die Settimana Senese 1939 dieselbe Arie in vier Opern gefunden. Werden aus den Werken anderer Teile entlehnt, so führt das ins Gebiet des → Pasticcio. V. hat aus Opern von → Hasse, Giacomelli, Leo, → Händel, Pergolesi, Leonardo Vinci und anderen Werke zusammengestellt und die → Arien durch eigene → Rezitative verbunden. Gelegentlich sind aber in sogenannte eigene Opern Fremd-Arien eingeflochten, so z. B. Händels Arie »Già risonar d'intorno« auf den neuen Text »Già risvegliar à sdegno«. Andere Komponisten sind genauso verfahren, und Händel hat sich gewissermaßen »gerächt«, indem er in die Oper »Didone abbandonta«, London 1737, eine Vivaldi-Arie übernahm. Wie rasch Arien wanderten, beweist eine Oper »Arminio«, London 1714, in die V.s Arie »Io sembro appunto« aus dem → *Ottone in Villa* von 1713 übernommen wurde. Wie → Demoulin nachgewiesen hat, hat V. auch in Richtung Instrumentalmusik/Oper so manches übernommen, was ihm brauchbar schien. → Talbot hat V. einen »inveterate borrower« (hartnäckigen Entlehner) genannt.

Von Entlehnungen sehr genau zu unterscheiden sind thematische Anklänge. Das bekannteste und immer wieder zitierte Beispiel ist der Beginn eines → Concerto ripieno in g-Moll, PV 394 (RV 153), den → Bach angeblich für seine F-Dur-Invention übernommen hat. Zunächst ist es sehr unwahrscheinlich, daß Bach dieses Werk V.s überhaupt gekannt hat. Und dann sind in barokker Rhythmik und Motivik die Möglichkeiten relativ beschränkt, so daß der eifrige Sucher »Entlehnungen« an allen möglichen Ecken und Enden findet. Jack Allan Westrup hat in »Music and Letters« (1969) gegen Bernhard Paumgartner polemisiert und nachgewiesen, daß sich ein → Violoncello-Konzert V.s (PV 434, RV 401) melodisch fast gleichlautend bei Bach und bei Händel findet. Er sagt: »Die Lektion, die man aus einem solchen Vergleich lernen kann, könnte auf Hunderte von Beispielen nicht nur aus dem 18. Jh., sondern auch aus dem 19. und 20 Jh. ausgedehnt werden.«

Ephrikian, Angelo
(*1913 Treviso, †1982 Rom)
Armenischer Herkunft, Schüler von → Malipiero, gründete mit Antonio → Fanna 1947 das »Istituto Italiano Antonio Vivaldi« mit dem Ziel der Herausgabe des Gesamtwerkes von V. Nachdem er einen Großteil der ersten Ausgaben bearbeitet hatte, wandte er sich mit seinem »Orchestra della Scuola Veneziana« vor allem Schallplatteneinspielungen zu. Als künstlerischer Leiter der »Arcophon« nahm er hauptsächlich geistliche Werke auf. In der Folge wurde

er Hauptmitarbeiter des »Centre de Documentation A. V.« in Brüssel, wo er 1958 mit *La* → *Fida Ninfa* die erste Oper V.s aufführte.
Lit.: J.-C. Travers, Un Entretien avec A. E., Les Enregistrements . . . In: Bulletin Nr. 1 Ass. V., Poitiers, S. 9.

Era la notte
→ Kantate »del Vivaldi« für Sopran und Bc., h-Moll. Turin, Sammlung → Foà, Bd. 28.

Ercole sul Termodonte
Drama per Musica / Da recitarsi / Nella Sala dell'Ill. mo Sig. Federico / Capranica l'Anno 1723 / Ingegnere delle scene / Il Sig. Pompeo Aldobrandino / La Musica è del Sig. D. Antonio Vivaldi Maestro di Cappella di S. A. S. il Sig. Principe Filippo Langravio d'Hassia d'Armestadt.
Das Textbuch – ohne Verfasserhinweis erschienen – stammt von Don Giacomo Francesco → Bussani, es wurde von → Bernabò gedruckt, oder wie es im Textbuch heißt: »Si vendono nella Libraria di Pietro Leone e Pasquino / All'insegna di S. Giovanni di Dio / in Roma, nella Stamperia del Bernabò, 1723.«
Personen und Interpreten: Antiope, Ossi Giovanni »virtuoso dell'eccellentissimi principe Borghese«; Ippolita, Fontana Giacinto detto Farfallino; Orizia, Dreyer Giovanni; Martesia, Bartoluzzi Girolamo »detto il Regiano, allievo del Sig. Francesco Gasparini«; Ercole, Pinacci Gio. Battista »virtuoso dell'Altezza serenissima il Sig. principe d'Armestat«; Teseo, Minelli Gio. Battista »virtuoso del sudetto«; Alceste, Caristini Giovanni »virtuoso dell'eminentissimo Sig. cardinal Cusani«; Telamone, Galletti Domenico Giuseppe.
Während von der Partitur nur die → Sinfonia und vier → Arien erhalten sind (Paris, Bibl. Nat.), befinden sich Textbücher in Brüssel, Florenz, Los Angeles, Mailand, Paris, Rovigo und Venedig.

Ernelinda
→ Pasticcio nach V.s Oper *La* → *Fede tradita e vendicata* von 1726 mit Musik von → Gasparini und → Galuppi, aufgeführt 1750 in → Venedig im Teatro San Cassiano. Partitur nicht erhalten. Exemplare des von dem Abate Francesco → Silvani stammenden, anonym erschienenen Textbuchs, gedruckt 1750 von M. Fenzo in Venedig, befinden sich in Bologna und Venedig.

Fab(b)ri, Anna Maria (Bombaciara)
Sopran/Mezzosopran aus Bologna, Gattin von Annibale Pio → Fabri. Sang (immer in → Venedig) 1714 in → *Orlando finto pazzo*, → *Orlando furioso*, 1715 die Titelrolle in → *Nerone fatto Cesare*, 1716 in → *Arsilda Regina di Ponto* und in *L'*→ *Incoronazione di Dario*. Sie ist vielleicht identisch mit A. Bombacciara. → Uffenbach hörte sie in Venedig und notierte: »Die Sänger darin waren unvergleichlich und gaben denen aus der großen opera gar nicht nach, absonderlich etliche weibsleute, darunter die so genannte Fabri excellierte, so wohl in der Kunst der musique als annehmlichkeit, und

dabey war sie überdies recht schön von gesicht zum wenigsten auf dem theatro.«

Fab(b)ri, Annibale Pio
Aus Bologna stammender, sehr geschätzter Tenor, der 1729/30 auch unter → Händel und später in Madrid sang. 1716 sang er in → Venedig die Titelrolle in *L'→ Incoronazione di Dario*, im gleichen Jahr in → *Arsilda Regina di Ponto*, 1718 in → Mantua in → *Armida al Campo d'Egitto*, 1721 in Mailand in → *Silvia*, 1727 in Florenz in → *Ipermestra* und 1729 in → *Atenaide*.

Faccio fede
Im 18. Jh. eine behördliche Genehmigung zu einer Opernaufführung. In den meisten findet sich der Satz: ». . . Approvato per quanto riguarda alla cattolica religione . . .«

Fagott
Von V. sind neununddreißig Fagott-Konzerte erhalten, wohl die ersten der Literatur (RV 466–504). In weiteren Konzerten ist das Fagott als Baßinstrument eingesetzt und tritt zeitweise solistisch hervor. Der Umfang ist im allgemeinen C–g', gelegentlich auch a'. De → Brosses schrieb über die Mädchen des Opsitale della Pietà (→ Ospedali): ». . . daher singen sie wie Engel, spielen Geige, Flöte, Orgel, Oboe, Violoncello, Fagott; kurz, kein Instrument ist so groß, daß es ihnen Furcht machen könnte.«

Fanna, Antonio (*1926 Treviso)
Gründete 1947 zusammen mit → Ephrikian das »Istituto Italiano A. V.« mit dem Ziel der Herausgabe von dessen gesamtem Schaffen. Bis 1972 sind im Verlag → Ricordi 529 Instrumentalwerke und dreizehn Partituren geistlicher Musik erschienen. Seit 1982 erscheint eine ergänzende Ausgabe mit etwa hundert Titeln, die zwanzig Instrumentalwerke, vierzig → Kantaten, zwanzig → Motetten und Introduzioni und zwanzig → Psalmen, → Hymnen, Antifonen und Messeteile umfassen soll. 1979 teilte Fanna in den »Acta musicologica« mit, daß das »Istituto« ein Teil der Fondazione Cini in Venedig geworden sei mit dem Ziel, eine zentrale Forschungsstelle zu bilden.
1968 gab Fanna bei Ricordi »A. V. Catalogo numerico-tematico delle opere strumentali« heraus.

Fantasia
Satz in freier Improvisationsform, bei V. virtuos angelegt.

Fantoni, Gabriele
Behauptete auf S. 14 seiner »Scoperta e ricupero di musiche autografe ed inedite dei veneziani maestri Natale Monferrato e Gian Brusa . . .«, Mailand o. J. (1877), daß Anna → Giraud die »legitime Gattin« V.s gewesen sei.

La farfalletta audace
→ Kantate für Sopran, Streicher und Bc., G-Dur. Paris, Bibliothèque Nationale.

La farfalletta s'aggira al lume
→ Kantate »del Vivaldi« für Sopran und Bc., A-Dur. Turin, Sammlung → Foà, Bd. 27.

Farnace
Drama per musica / da rappresentarsi nel teatro / di Sant'Angelo / nel carnovale dell'anno 1726 / La Musica è del celebre Sig. D. Antonio Vivaldi Maestro di Cappella di S.A.S. il Signor Principe Filippo Langravio d'Hassia Darmstath. / Li Balli sono invenzioni del Sig. Giovanni Galletto. / scen.: Mauri Antonio. 3 Akte.
Personen und Interpreten: Farnace re di Ponto, Pieri Maria Maddalena »virtuosa del seren. duca di Modena«; Berenice regina di Cappadocia, madre di Tamiri, Capuano Angela detta Capuanina; Tamiri regina, sposa di Farnace, Girò Anna; Selinda sorella di Farnace, Baldini Lucrezia; Pompeo proconsole romano nell'Asia, Moretti Lorenzo; Gilade principe del sangue reale e capitano di Berenice, Finazzi Filippo; Aquilio prefetto delle legioni romane, Galletti Domenico Gioseppe.
Die Partitur ist in Turin in zwei Fassungen erhalten, die aber nicht übereinstimmen (Sammlung → Giordano, Bd. 36 und 37). Möglicherweise ist der dritte Akt das Werk eines anderen Komponisten. Das ohne Verfasserangabe bei Marino → Rossetti in → Venedig gedruckte Textbuch stammt von Antonio Maria → Lucchini; Exemplare befinden sich in Bologna, Cambridge, Florenz, Křimice, Ljubljana, Los Angeles, Mailand, Paris, Parma, → Prag, Rom, Rovigo, Treviso, Venedig und Washington.
Wiederaufnahmen des Werkes fanden statt in Venedig, Teatro Sant' Angelo, 1727; in Livorno, Teatro San Sebastiano, 1729; in Prag, Theater des Grafen → Sporck, 1730; in Pavia, Teatro Omodeo, 1731; in → Mantua, Teatro Archiducale, 1732; in Florenz, Teatro della Pergola, 1733; in Treviso, Teatro Delfino, 1737; in Madrid 1739. Möglicherweise handelte es sich um → Pasticci mit Musik V.s. Das Werk wurde von Newell Jenkins auf Platten eingespielt (Voce 57–3).

Farsetti, Antonio
Vicentinischer Adliger, lud wahrscheinlich V. ein, den → *Ottone in Villa* für Vicenza zu schreiben. Er war Gast der Stadt → Venedig anläßlich des Besuches → Friedrichs IV. von Dänemark, gelegentlich dessen Begleiter und ein eifriger Besucher der Konzerte in der → Pietà.

Fasano, Renato
(*1902 Neapel, †1979 Rom)
Gründete 1948 ein »Collegium Musicum Italicum«, das er nach der Rückkehr von einer Amerika-Tournee »I Virtuosi di Roma« nannte. Mit diesem Orchester machte er zahlreiche Platteneinspielungen, konzertierte in der ganzen Welt und leitete seit 1954 in Venedig »Concerti notturni di gala«.

La Fede tradita e vendicata
Dramma per musica / da rappresentarsi nel teatro di / Sant'Angelo il carnovale / dell'Anno 1726 / dedicato / a sua eccellenza / il Sig. Gio. Mattia del S.R.I / conte di Schoulenburg, Kav. / dell'ordine dell'Aquila nera, / feld Marescial generale in ca- / pite della Serenissima Repubbli- / ca di Venezia ecc. La Musica è del Sig. D. Antonio Vival-

di Maestro di Cappella di S.A.S. / il Sig. Principe Filippo Langravio d'Hassia d'Armenstadt. 3 Akte.
Personen und Interpreten: Ricimero re de' Goti destinato sposo di Edvige, poi amante di Ernelinda, Mingoni Luca »virtuoso del Ser. principe Francesco ereditario di Modena«; Rodoaldo re di Norvegia, Salvatici Michele; Ernelinda sua figlia, amante di Vitige, Poserla Costanza »virtuosa di S.A.S. il Sig. principe langravio d'Armenstat«; Edvige figlia di Grimoaldo già re di Norvegia, Moro Elisabetta; Vitige principe reale di Dania, amante di Ernelinda, Baldini Innocenzo; Edelberto principe reale di Boemia, amante di Edvige, Vitali Giacomo.
Das bei Marino → Rossetti in → Venedig ohne Verfasserangabe gedruckte Textbuch stammt von Francesco → Silvani. Exemplare befinden sich in Bologna, Cambridge, Florenz, Los Angeles, Ljubljana, Mailand, Padua, Paris, Venedig und Washington. Die Partitur ist nicht erhalten, Teile der Musik wurden jedoch für ein → Pasticcio → *Ernelinda* benutzt, das nach dem gleichen Textbuch gearbeitet war und im Teatro Tron von San Cassiano 1750 aufgeführt wurde. Solche Neubetitelungen nach einer anderen Hauptfigur waren im 18. Jh. nichts Ungewöhnliches.
Die Handlung spielt in Norwegen. Deshalb müssen die für die italienischen Sänger unaussprechlichen und daher kaum zu komponierenden Namen romanisiert werden. Das Textbuch vermerkt: ». . . das vorliegende Drama, in welchem zur Bequemlichkeit der Musik die Namen Umlo, Ataulfo und Scandone in Grimualdo, Ricimero und Rodoaldo geändert sind . . .«

Feraspe
Dramma per musica / da rappresentarsi nel teatro / di S. Angelo / l'autuno dell'Anno 1739 / dedicato / a S. E. / il signor marchese / Ferdinando Monti. / La Musica del Sig. D. Antonio Vivaldi, Maestro di Cappella di S.A.R. il Ser. Duca di Lorena, G. D. di Toscana / i balli del sig. Angelo Pompeati / Il vestiario del sig. Natal Canciani / Impresario Gio. Felice Dini / scen. Zanoja Federico. 3 Akte.
Personen und Interpreten: Feraspe re di Persia, Masnò Andrea; Statira regina di Persia vedova di Dario, Fumagalli Catterina; Rosane figlia di Statira, Venier Elena; Astiage principe della Media, Zaghini Giacomo »virtuoso attuale di camera di S.A.S e di S.A.R. di Brandemburg e di Bareyt, ecc. ecc. ecc.«; Arbace figlio di Feraspe, Gabrieli Rosa; Artabano confidente di Feraspe, Massi Angela.
Die Partitur ist nicht erhalten. Das ohne Verfasserangabe bei Marino → Rossetti 1739 in → Venedig gedruckte Textbuch stammt von Francesco → Silvani.

Ferdinand von Bayern
Bruder des Kurfürsten, besuchte 1739 → Venedig und hörte in der → Pietà »Il → Mopso«.

Ferrara
Die Stadt, die päpstliches Lehen war, fiel mit dem Tode Alfons II., der ohne Erben starb (1597), an den

Kirchenstaat zurück. Kardinal → Ruffo hatte neben der kirchlichen Amtsgewalt als Erzbischof und Apostolischer Nuntius auch die weltliche. Um das Theaterleben im Teatro Bonacossi bemühte sich eine Adelsgesellschaft mit dem Marchese → Bentivoglio als führende Persönlichkeit.

La Fida Ninfa
Drama per Musica / Da cantarsi in Verona nel Nuovo / Teatro dell'Accademia / Dedicato a S. E. La Signora / Daria Soranza Gradenigo / Podestaressa, e Vicecapitania / Le scene sono del Francesco Bibbiena Bolognese / La Musica del celebre Sig. D. Antonio Vivaldi / I Balli sono invenzione del Sig. Andrea Catani Ballerino della Maestà del Re di Polonia / Nell'Orchestra sono più Professori insigni chiamati da varie Parti. 3 Akte.
Personen und Interpreten: Licori, Gasperini Giovanna »virtuosa di S. A. il Sig. principe d'Hassia d'Armstat«; Elpina, ninfa di Sciro, Madonis Gerolama »virtuosa della serenis. arciduchessa Maria Elis. d'Austria«; Oralto corsaro e signor di Nasso, isola dell'Egeo, Venturini Francesco »virtuoso della sereniss. elettrice di Baviera«; Morasto, Valentini Giuseppe; Osmino, Pasi Stefano; Narete padre di Licori e d'Elpina, Sinco Ottavio; Giunone und Eolo (vermutlich stumme Rollen).
Das Textbuch, ohne Verfasserangabe, das im gleichen Jahr von Jacopo → Vallarsi in Verona gedruckt wurde, stammt von Scipio → Maffei. Exemplare befinden sich in Bologna, Florenz und Verona. Die Partitur ist in Turin erhalten, Sammlung → Giordano, Bd. 39, und wurde bisher als einzige von den → Opern V.s in einer Prachtausgabe durch Raffaello Monterosso 1964 im Verlag Atheneum Cremonense herausgegeben. Monterosso legte auch eine Plattenaufnahme (Vox) vor.
Anlaß der Veroneser Aufführung war die Inauguration des Teatro Filarmonico am 6. 1. 1732, das Francesco → Bibiena erbaut hatte.
Lit.: G. Folena, Prima le parole, poi la musica: Scipione Maffei poeta per musica e la Fida Ninfa; M. T. Muraro und E. Povoledo, Le scene della Fida Ninfa: Maffei, Vivaldi e Francesco Bibiena. Beide in: Vivaldi Veneziano Europeo. Firenze 1980.

Filiae mestae Jerusalem
»Introduzione als Miserere, del Vivaldi« für Alt, Streicher und Bc., c-Moll. Turin, Sammlung → Giordano, Bd. 33.

Filippo Re di Macedonia
Dramma per musica / di Domenci Lalli / Da rappresentarsi nel Teatro di Sant'Angelo / Il Carnevale dell'Anno 1721 / Dedicato / A Sua Eccellenza / Il Signor / Marchese Gio: Battista De Mari / La Musica del I e II atto è del Sig. Giuseppe Boniventi / Veneziano Maestro di Cappella di S.A.R. il Sig. Principe di Baden / La Musica del III atto è del Sig. D. Antonio Vivaldi, / Maestro di Cappella di S.A.S. il Sign. Principe Filippo Langravio d'Hassia Darmestadt ecc. / Invenzioni e pitture delle scene sono delli Sig. Giuseppe e Domenico / Fratelli Valeriani di Roma.

Bühnenbild zu der Oper *La Fida Ninfa* von Francesco Bibiena und Giuseppe Chamant

Personen und Interpreten: Euridice vedova d'Aminta, regina di Macedonia, donna malizioso di regnare, Merighi Margherita »virtuosa delle serenissima gran principessa vedova di Toscana, governatrice di Siena«; Olimpiade figlia del re de' Molossi, amata amante di Filippo figlio d'Euridice a sua promessa sposa, Orlandi Chiara »virtuosa de S.A.S. il Sig. duca di Massa di Carrara«; Orinda principessa del sangue, amante non corrisposta d'Antigono ed amica d'Euridice, Strada Anna M. »virtuosa di camera di S.E. il Sig. conte Colloredo, governatore di Milano«; Filippo prence de' Macedoni, figlio d'Euridice, amato amante d'Olimpiade e suo promesso sposo, Albertini Girolamo »virtuoso di S.A.S. il Sig. principe Carlo langravio d'assel Cassel«; Demetrio generale del regno, amante virtuoso d'Euridice, amico di Filippo, di carattere eroico, Laurenti Antonia detta Coralli »virtuosa di camera di S. maestà il re di Polonia, ecc.«; Antigono primo ministro del regno, amante d'Euridice, da quella lusingato per suoi interessi, di carattere traditore, Barbieri Antonio »virtuoso di S.A.S il Sig. principe Filippo langravio d'Hassia Darmestat«.

Das Textbuch wurde 1721 bei Marino → Rossetti in → Venedig gedruckt. Exemplare befinden sich in Bologna, Florenz, Los Angeles, Mailand, Treviso, Venedig und Washington. Die Partitur ist verloren.

Filli di gioia

→ Kantate für Alt und Bc., f-Moll. Florenz, Bibliothek des Konservatoriums »Cherubini«, Ms 772, Bd. 2.

Il Filosofo

→ Intermezzo von → Goldoni, wurde 1735 in V.s Oper → *Aristide* in → Venedig im Teatro → San Samuele eingeschoben. Aus diesem Grunde wird eine Autorschaft V.s vermutet. Die Partitur ist verloren.

Fischer, Wilhelm

(*1886 Wien, †1962 Innsbruck) Schrieb für Guido Adlers »Handbuch der Musikgeschichte« (Frankfurt/Main 1924) das Kapitel »Geschichte der Instrumentalmusik 1450–1880«, in dem trotz der vor den Turiner Funden noch schmalen Quellenbasis V.s Stellung in der Entwicklung richtig dargestellt ist. Über die Solokonzertform sagt er (I, S. 500): »Da auch viele von Bachs Zeitgenossen eine ähnliche Beeinflussung zeigen, darf V.s Konzertsatz als die Leitform der hochbarokken Instrumentalmusik bezeichnet werden, so wie es ein halbes Jahrhundert später die Sonatenform ist.«

Flöteninstrumente

Wie Bach hat auch V. terminologisch genau unterschieden. Er verwendet: flauto (Blockflöte), flauto traverso oder traversière (Querflöte), flauto grosso (vermutlich eine Tenorflöte) und flautino (eine Blockflöte, eine Oktave über der Altflöte). Für die Blockflöte schrieb er insgesamt zwölf Werke, für den flautino drei Konzerte; außerdem ist der flautino in der Oper *La* → *Verità in Cimento* in einer Arie als Soloinstrument eingesetzt. Für die Ausführung wird ein Exilent oder auch eine flauto piccolo herangezogen.

Lit.: D. Lasocki, V. and the recorder. In: Recorder Monthly Magazine, 1969.

Flora, Margaritta (Margherita)
Sopran/Mezzosopran, sang 1730 in → Prag in → *Farnace,* 1731 in Prag in → *Alvilda Regina de' Goti,* 1732 in Prag in → *Doriclea,* 1735 in Brünn in → *Orlando furioso,* 1739 in → Graz in → *Rosmira,* 1739 in Graz in *L'→Adelaide,* die wahrscheinlich von V. stammt, und 1740 in Graz in → *Catone in Utica.*

Foà, Roberto
Turiner Börsenmakler, der im Gedenken an seinen früh verstorbenen Sohn Mauro den ersten Teil der Turiner Sammlung für 300 000 Lire kaufte und sie am 15. 2. 1927 dem Staat für die Turiner Nationalbibliothek schenkte.

Fonti del pianto piangete
→ Kantate »del Vivaldi« für Sopran und Bc., B-Dur. Turin, Sammlung Foà, Bd. 28, und Dresden 1/J/7, 80.

Forkel, Johann Nikolaus
(*1749 Coburg, †1818 Göttingen)
Wurde 1779 Universitätsmusikdirektor in Göttingen und hielt musikgeschichtliche Vorlesungen. Um Material zu seiner »Allgemeinen Geschichte der Musik« (Leipzig 1788 und 1801) zu erhalten, nahm er Verbindung mit den beiden älteren Bach-Söhnen auf, entschloß sich aber dann, seine Bach-Materialien in einem eigenen Buch zu publizieren, das 1802 in Leipzig erschien (»Über Johann Sebastian Bachs Leben, Kunst und Kunstwerke. Für patriotische Verehrer echter musikalischer Kunst«). In dieser ersten Bach-Biographie hat er nachdrücklich auf die Bedeutung V.s für Bachs Stilentwicklung hingewiesen.

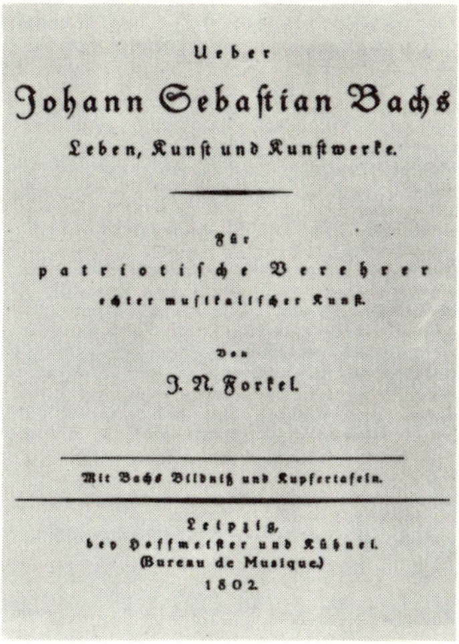
Ueber
Johann Sebastian Bachs
Leben, Kunst und Kunstwerke.

Für
patriotische Verehrer
echter musikalischer Kunst.

Von
J. N. Forkel.

Mit Bachs Bildniß und Kupfertafeln.

Leipzig,
bey Hoffmeister und Kühnel.
(Bureau de Musique)
1802.

Form
V.s Bedeutung als Komponist liegt auf zwei Gebieten, die sehr verschiedenartige Wurzeln haben: Da war sein Violinspiel, das sowohl spieltechnisch wie hinsichtlich der musikalischen Einfälle weit über das damals übliche Niveau hinauswuchs und einen Rahmen für die Selbstdarstellung des Virtuosentums suchte. V. fand ihn im → Ritornell, das jedoch keineswegs seine Erfindung war. Die Verbindung dieses auch in harmonischer Hinsicht festgefügten Formteils mit den lockeren, wie auf Improvisation angelegten Soloteilen war seine eigentliche Leistung, wurde als solche auch so-

fort von den Zeitgenossen erkannt und hat ein halbes Jahrhundert lang stärkste Wirkung ausgeübt.

→ Quantz, der seit 1714 ein überzeugter Vivaldianer war, hat in der ausklingenden, hochbarocken Konzertepoche (1752) in seinem »Versuch« Anweisungen gegeben, die fast Rezepten gleichen. Im XVIII. Hauptstück (40.§.) heißt es u. a.:

»Um auch bey einem Concert eine proportionirliche Länge zu beobachten, kann man die Uhr dabey zu Rathe ziehen. Wenn der erste Satz die Zeit von fünf Minuten, das Adagio fünf bis sechs Minuten, und der letzte Satz drey bis vier Minuten einnimmt: so hat das ganze Concert seine gehörige Länge. Es ist überhaupt ein größerer Vortheil, wenn die Zuhörer ein Stück eher zu kurz, als zu lang finden.«

V. hat schon lange vor Quantz die Längenverhältnisse rational überprüft und darin wahrscheinlich ein Korrektiv für allzu impulsives Schreiben gefunden. In seinen Autographen finden sich gelegentlich entweder am Satzende oder am Ende eines ganzen Werkes die Taktzahlen notiert, so z. B. in einem → Violoncello-Konzert D-Dur PV 181 (RV 403): 73, 22, 142 (3/4!) oder in einem → Violinkonzert D-Dur PV 170 (RV 226): 97, 35, 86. Im Violinkonzert PV 66 (RV 171) mit 213, 19, 80 ist im ersten Satz das D.C. mitgezählt. Interessant sind die Taktzahlen im Flötenkonzert PV 155 (RV 90, 428) »Il Gardellino«, das in Turin in einer früheren Blockflötenfassung liegt. Während diese 151, 13, 131 Takte zählt, hat V. für den Druck im op. X auf 100, 13, 117 korrigiert. Aber auch die klassische Sonatenhauptsatzform findet sich bei V.: In der → Sinfonia zur → Oper → *Griselda* folgt auf einen sechzehntaktigen, im f vorzutragenden C-Dur-Teil ein ausdrucksmäßig (ppp!) stark kontrastierender c-Moll-Teil mit einem virtuosen Überleitungsmotiv in die Durchführung. Diese zeigt alle wesentlichen Elemente der klassischen Durchführungsarbeit. Die sehr markante Reprise ist knapp gehalten, bringt aber auch wieder den so charakteristischen Seitensatz. Ein anderes Beispiel hat Klaus Blum gefunden: Im »Concerto à quattro« A-Dur, PV 235 (RV 158), bringt der dritte Satz »die total ausgebaute Reprisen-Sonatensatzform in Reinkultur«.

Fracassini, Gaetano

Aus Padua oder Verona stammend, sang als Alt/Mezzosopran männliche Rollen: 1716 in Brescia in → *Nerone fatto Cesare,* 1717 in → Venedig in *Il* → *Vinto trionfante del Vincitore,* 1720 in Rom in → *Tito Manilo* (II), 1725 in → Mantua in → *Orlando furioso* und in → *Artabano Re de'Parti,* 1731 in Pavia in → *Farnace.*

Frankreich

Hochzeiten im französischen Königshaus wurden in der Regel in der französischen Gesandtschaft in → Venedig mit großem Aufwand gefeiert und V. mehrmals eingeladen, die Festmusik zu komponieren. So auch für die Festlichkeiten am 15. 9. 1725.

»Die Serenade . . . wurde komponiert von Signor Vivaldi und gesungen von hervorragenden Musikern und Sängern . . .«, wie es in einem zeitgenössischen Bericht heißt. Ein anderes Fest wurde am 19. September gefeiert. »Es gab auf diesem Amphitheater ein sehr schönes Konzert von Instrumentalmusik, das fast zwei Stunden dauerte, dessen Musik ebenso wie jene des Te Deum von dem berühmten Vivaldi war.« Auch die → *Sena festeggiante* verdankte einem ähnlichen Anlaß die Entstehung. Lieblingsstück der Franzosen waren aber die → *Jahreszeitenkonzerte*. Der »Mercure de France« teilte 1730 mit, der König (Ludwig XV.) habe verlangt, das »Frühlingskonzert« zu hören. Daß der so reiselustige V. in Frankreich gewesen sei, kann nur vermutet werden.

Friedrich IV. von Dänemark
Besuchte als »conte di Olemborg« mit großem Gefolge vom 29. 12. 1708 bis 6. 3. 1709 → Venedig. Auf die Frage, was er zu erleben wünsche, antwortete er, einen Ausgang in einer »Bauta« (Maskenmantel) und ein Konzert in der → Pietà. Letzteres leitete V. »in Abwesenheit des Gasparini«. V. dedizierte dem König das soeben erschienene op. II und ließ es mit einer Widmung (→ Widmungsvorworte) versehen. Er wurde vom König reich beschenkt.

Friedrich August II.
Sohn Augusts des Starken, seit 1733 als Friedrich August II. Kurfürst von Sachsen, seit 1736 als August III. König von Polen, besuchte dreimal Italien in den Jahren 1712, 1713 und 1716/17. Bei der dritten Reise befand sich der nachmalige Dresdener Konzertmeister Johann Georg → Pisendel in seinem Gefolge, der die Zeit zu einem Studium bei V. nutzte. In einer Opernaufführung, die der Kurprinz besuchte, wünschte dieser von Pisendel als Einlage ein → Violinkonzert V.s zu hören.

Frühlingskonzert
→ *Jahreszeitenkonzerte*

Fuchs, Aloys
(*1799 Raase, †1853 Wien)
Zuletzt Beamter beim Hofkriegsrat. Besitzer einer reichhaltigen Musikbibliothek, die 1200 Autographe umfaßte. Er legte einen → Katalog der Werke V.s an, der sich in der Deutschen Staatsbibliothek Berlin (Ost) unter der Signatur Mus. ms. theor. K 828 befindet (diplomatisch getreu inklusive der leeren Seiten publiziert in »Informations 1972/2« der Soc. Intern. A. V. Kopenhagen).

Fuge
Die V.-Kritik hat sich immer wieder an seinen locker hingeschriebenen und kaum melodisch verbrämten Funktionsbässen gestoßen und dabei übersehen, daß der Komponist das Fugenhandwerk sehr wohl beherrschte. Er muß wohl nach dem Tode → Legrenzis (1690) bei einem venezianischen Maestro eine gründliche Ausbildung im traditionellen Handwerk erfahren erfahren haben. Es ist bedauerlich, daß man für diese Zeit über bloße Vermutungen nicht hinausgekommen ist. Während bei → Bach die Fuge die Hauptform darstellt, sind bei V. regelrechte Fugen verhältnismäßig selten, häufi-

ger sind fugenartig exponierte Themen, insbesondere in den → Schlußsätzen von → Concerti ripieni. Doppelfugen legt er meist so an, daß die beiden Themen, kontrastmäßig erfunden, zu Beginn exponiert werden (PV 403, RV 105, Kolneder, A.V., Bsp. 133; PV 371, RV 152, Pincherle, A.V., S. 203). Concerto Madrigalesco, PV 86, RV 129: Das Werk ist viersätzig, aber der erste und der dritte Satz von zwölf bzw. elf Takten sind langsame Einleitungen zu den folgenden Sätzen, die als Fugen gebaut sind. Gelegentlich treten Mischformen auf, so in einem viersätzigen Konzert PV 407, RV 155: erster und zweiter Satz Adagio-Einleitung und Allegro-Fuge, dritter Satz Largo mit Solovioline und Bc., als Abschluß ein echter → Solokonzertsatz. In Vokalwerken stehen natürlich Fugen an den traditionellen Stellen, so im → Gloria bei der Textstelle »Propter magnam Gloriam« (vgl. W. Kolneder, A.V., Bsp. 154).

Fumagalli, Catterina
Sang 1738 in Ancona in → *Siroe Re di Persia* und 1739 in → Venedig in → *Feraspe*. Wurde später eine gefeierte Primadonna.

Gabriella Gentili, Verona
Tochter Alberto → Gentilis, schrieb die Geschichte der → Turiner Sammlungen nach Dokumenten aus dem Familienbesitz auf. »Le Collezioni Foà e Giordano della Biblioteca Nazionale di Torino« (In: Accademie e Biblioteche d'Italia, 1964, Nr. 6; im gleichen Wortlaut in »Vivaldiana«, Brüssel 1969).

Galeazzi, A.
Das Textbuch der Oper *L'→ Odio vinto dalla Costanza*, → Venedig, → Sant'Angelo 1731, führt an: »Musica A. Vivaldi, rielaborato da A. Galeazzi«. Da die Partitur nicht erhalten ist, kann keinerlei Aussage über den beiderseitigen Anteil gemacht werden. V. war vielleicht zur Zeit der Vorbereitung verreist.

Gallo, Rudolfo
(*1881 Venedig, †1964 ebd.)
Beamter der Gemeinde Venedig und seit 1921 Herausgeber der »Rivista mensile della Città di Venezia«; setzte seit seiner Pensionierung seine Forschungsarbeiten intensiv fort. Aufgrund einer Stelle in den »Commemoriali« von → Gradenigo »morì povero a Vienna« (arm in Wien gestorben) fuhr er 1938 nach Wien und fand in den Taufbüchern von St. Stephan V.s → Todesdatum.
Lit.: R. Gallo, Antonio Vivaldi, il Prete Rosso. La famiglia – La morte. In: Ateneo Veneto, 1938, vol. 124, Nr. 6, S. 165–172.

Galuppi, Baldassare
(*1706 Burano, †1785 Venedig)
Jüngerer Kollege V.s, Mitarbeiter → Goldonis. Seine Opernproduktion überschneidet sich mit V.s letzten Lebensjahren.

Gambara, Conte Annibale
Aus Brescia stammend, Widmungsträger des op. I, 1705.

Le Gare del Dovere
→ Serenata. Die Titelseite des Textbuches lautet:
Le Gare / del / Dovere / Tributario

di lodi al Marito / singolare di / Sua Eccellenza il Signor Cav. / Francesco / Querini / Podestà, e Capitanio di Rovigo / Proveditore Generale di tutto il Polesene. / Serenata / dedicata / All'Illustriss. & eccel. Sig. la Sig. / Elena Minotti Querini / Dignissima Consorte di S.E. / in Venetia / Con Licenza de' Superiori.
→ Talbot hat mit überzeugenden Gründen eine Entstehung um 1706/1708 glaubhaft gemacht. Das fast opernhaft angelegte Werk ist mit einem langen → Widmungsvorwort ausgestattet. Die Partitur ist nicht erhalten, jedoch das anonyme Textbuch in Mailand.

Le Gare della Giustizia e della Pace
Die Titelseite fährt fort: Per il Gloriosissimo Nome della / Sacra Ces(are)a e Catt(oli)ca Real Maestà / di Carlo VI. / Cantato in Venezia. / Poesia di Giovanne Bat(tis)ta Catena. / Musica d'Antonio Vivaldi.
Partitur und Textbuch sind nicht erhalten.

Gasparini, Francesco
(*1668 Cannajore, Lucca, †1727 Rom)
Wurde 1700 Maestro del Coro am Ospedale della Pietà (→ Ospedali), wo er die Anstellung V.s vorschlug. Führender Opernkomponist → Venedigs bis 1713 (vierundzwanzig Opern). Weil ihm das Klima nicht zusagte, verließ er Venedig und war später in Rom tätig. Sein »L'Armonico pratico al Cimbalo«, Bologna 1713, war ein immer wieder aufgelegtes Generalbaßwerk.

Gasparini (auch Gasperini), (Maria) Giovanna
Sopran/Mezzosopran, Tochter des Komponisten F. → Gasparini, »virtuosa di S. A. il Sig. principe d'Hassia d'Armstat«, sang 1725 in → Mantua in → *Orlando furioso* und in → *Artabano Re de' Parti*, 1731 in → Venedig in *L'*→ *Odio vinto dalla Costanza*, 1732 in Verona in *La* → *Fida Ninfa* und 1737 in Verona in → *Catone in Utica*.

Gaude Mater Ecclesia
→ Motette für Sopran, Streicher und Bc., B-Dur. Turin, Sammlung → Giordano, Bd. 33.

Gaviniès, Pierre
(*1728 Bordeaux, †1800 Paris)
Führender Pariser Geiger, spielte im Todesjahr V.s als Dreizehnjähriger in den Concerts spirituels das »Frühlingskonzert« (→ *Jahreszeitenkonzerte)*.

Geburtsdatum
Noch bis in relativ späte Zeit gab es hinsichtlich des Geburtsdatums V.s nur Mutmaßungen. Als erster hat Salvatori präzisiert: ». . . man kann folgern, daß Vivaldi nicht nach 1678 geboren wurde.« Da sein Vater Geiger in der Markuskapelle war und er sich selbst auf dem op. I als »Musico Veneto« bezeichnet hat, war man sich seiner Geburt in → Venedig sicher und durchsuchte planmäßig alle Kirchenbücher – aber ohne Erfolg. Im Januar 1963 betrieb der an Vivaldi gar nicht so sehr interessierte Deutsch-Engländer Eric → Paul Forschungen zur Geschichte der Violine. Nach Abschluß seiner Ar-

beiten blieb ihm noch etwas Zeit. Er suchte das Datum und hatte es nach wenigen Minuten gefunden. Seither weiß man, daß V. am 4. 3. 1678 geboren wurde.

Geme l'onda
→ Kantate »del Vivaldi« für Sopran und Bc., C-Dur. Turin, Sammlung → Foà, Bd. 27, und Dresden 1/J/7.

Geminiani, Francesco Saverio
(*um 1679 Lucca, †1762 Dublin) Einer der größten Geiger und Geigenpädagogen des 18. Jh. Seine einzige »Begegnung« mit V. war ein → Pasticcio, »The → Alchemist«, 1733 in London mit Musik von → Corelli, Geminiani, → Händel und V. aufgeführt.

Generalbaß
V.s Bässe tragen häufig keine Ziffern. Gründe: Zeitmangel, problemlose Harmonik, geübte Organistinnen und Cembalistinnen, die den Stil ihres Meisters so genau kannten, daß sie Ziffern nicht brauchten. Es ist aber ein Irrtum, zu glauben, daß das Fehlen der Ziffern beabsichtigt war. V.s Bässe haben immer als »beziffert« zu gelten, auch wenn sie unbeziffert sind. In einem Konzert für → Pisendel, PV 228, RV 340, hat er an einer Stelle mehrmals 7 6 gesetzt, aber für seinen Freund (der diese Ziffern sicherlich nicht brauchte) hinzugefügt: »Per i coglioni« (»coglione« in der Doppelbedeutung Dummkopf und Hoden).

tr
tr
segue
segue

tr

In einigen Beispielen hat V. uns Hinweise gegeben, wie er sich die Ausführung dachte. Entgegen der deutschen Praxis, daß die rechte Hand am Cembalo möglichst in engem Anschluß an die linke spielen soll, setzte er die rechte Hand manchmal sogar über die Melodie und lockerte den Akkord klanglich auf, so daß der Generalbaß unmittelbar am melodischen Geschehen teilnimmt, anstatt eine dienende Rolle auszuüben (s. Notenbeispiel S. 94f.). In ähnlicher Weise ist der ganze Satz von siebzehn Takten durchgeführt.
Auch eine Orgelstimme aus → *Juditha,* die ein Duett zwischen Holofernes und einer Oboe harmonisch stützt, zeigt ähnliche Ausführung (vgl. W. Kolneder, V. deutsch und italienisch, Bsp. 146). Diese Beispiele sollte jeder Cembalist genau kennen, bevor er bei einem Werk V.s »in die Leier greift«.

Gentili, Alberto (*1873 Vittorio Veneto, †1954 Turin)
Komponist und Theoretiker, Dozent für Ästhetik und Musikgeschichte an der Universität Turin. Wurde 1926 mit einer Expertise der Turiner Manuskripte beauftragt und stellte sie in der Folge für Turin sicher. Seine ersten beiden bearbeiteten Werke V.s wurden bei → Ricordi im Krieg vernichtet. Gentili erhielt den Titel »Regio Ispettore Bibliografico Onorario per il Piemonte«.
Schriften Gentilis zur → Turiner Sammlung: La raccolta Mauro Foà nella Biblioteca Nazionale di Torino. In: RIM, 1927, S. 356–368; La raccolta do rarità musicale »Mauro Foà« alla Biblioteca Nazionale di Torino. In: Accademie e Biblioteche d' Italia, 1927, S. 36–50; Vivaldi and Stradella. A recent find. In: The Musical Times, 1. 6. 1927; La raccolta di antiche musiche »Renzo Giordano« alla Biblioteca Nazionale di Torino. In: Accademie e Biblioteche d'Italia, September 1930; Vivaldi, Programmheft Teatro di Torino, 28. 1. 1928.

Gerber, Ernst Ludwig
(*1746 Sondershausen, †1819 ebd.)
Schrieb »Historisch-biographisches Lexicon der Tonkünstler« (Leipzig I/1791, II/1792). In seinem sehr informativen Artikel über V. (II., S. 736–739) gibt es neben zeitbedingten Irrtümern auch wertvolle Hinweise, z. B. auf die Opera I–XII sowie auf sechsundzwanzig → Opern. Er stützt sich wohl auch auf → Goldoni und → Quantz. Hübsch ist, daß er den »prete rosso« mit »Pastor Rothkopf« verdeutscht.

Ghelen, J. P. van
Wiener Drucker, der 1737 und 1738 die Textbücher zu den Wiener Aufführungen von V.s *Il giorno felice,* Der glückselige Tag, und *La* → *Candace* druckte.

Ghezzi, Pierleone (1674–1755)
Zeichner, der 231 Zeichnungen mit musikalischen Sujets hinterließ (Bibl. Apostolica Vaticana, Fondo Ottoboniana Latino 3102–3111). Ein genialer Wurf ist seine Karikatur V.s mit der Beschriftung »Il Prete rosso Compositore di musica che fece l'opera a Capranica del 1723«.
Lit.: P. Petrobelli, Il Musicista di

Karikatur Antonio Vivaldis von Pierleone Ghezzi (1723)

Teatro settecentesco nelle Caricature di Pierleone Ghezzi. In: A.V., Teatro musicale Cultura e Società. Firenze 1982, S. 415–426.

Giacomazzi, Margherita (Margarita)
Sopranistin aus → Venedig, die gelegentlich auch Männerrollen sang. Trat 1735 in Venedig in → *Griselda* auf, im gleichen Jahr in Verona in → *Tamerlano* und *L'*→ *Adelaide*, 1738 in Venedig in → *Armida al Campo d'Egitto*, *L'*→ *Oracolo in Messenia* und in → *Rosmira*.

Giazotto Remo (*1910 Rom)
Betrieb in Venedig intensive Archivforschungen und publizierte u. a. zwei Bücher über V. (Milano 1965 und Torino 1973), ferner die Aufsatzreihe »La guerra dei palchi« (NRMI 1967, S. 245–286, S. 465 bis 508 und S. 906–933).

Giga (it.) / **Gigue** (frz.)
Springtanz im raschen Zeitmaß, $3/4$ (mit vorherrschenden Triolen), $6/8$ oder $12/8$, vom Englischen jig(g) abgeleitet; meist → Schlußsatz der Suite.

Ginevra Principessa di Scozia
Dramma per Musica / Da rappresentarsi in Firenze nel Teatro / di Via della Pergola / Nel carnevale dell'Anno 1736 / Sotto la protezione / dell'Altezza Reale del Serenissimo / Gio. Gastone I Gran Duca di Toscana / La Musica è del Sig. Antonio Vivaldi di Venezia / Inventore e Compositore dei Balli Sig. Francesco Alessandro Mion / Maestro dell'Accademia Reale di Parigi / Inventore degli Abiti Sig. Ermanno Comstoff. Personen und Interpreten: Re di Scozia padre di Ginevra, Baratta Pietro »virtuoso del serenissimo principe ereditario di Modena«; Ginevra amante di Ariodante, Girò Anna; Ariodante principe vassallo, Grisi Francesco; Lurcanio suo fratello, amante di Dalinda, Bisagi Natalizia; Dalinda dama principale di Scozia innamorata di Polinesso, Baratta Teresa; Polinesso duca d'Albania, Canini Settimio; Odoardo consigliere del re, Frizzi Maria Maddalena.
Das Textbuch, ohne Verfasserhinweis, wurde im Jahr zuvor von einem nichtgenannten Drucker herausgegeben. Es stammt von Antonio → Salvi; Exemplare existieren in Bologna und Florenz.

Die Partitur ist nicht erhalten. Die Oper wird in Briefen V.s vom 20. 10. und 29. 12. 1736 erwähnt.

Giordano, Filippo
Turiner Textilkaufmann. Nachdem A. → Gentili den zweiten Teil der Turiner Manuskripte für die dortige Nationalbibliothek sichergestellt hatte, fand er in Giordano einen Mäzen, der bereit war, sie zu kaufen und der Bibliothek zu schenken. Der Akt wurde am 30. 10. 1930 unterzeichnet. Giordano wurde von der italienischen Regierung mit einer Goldmedaille und dem Grafentitel ausgezeichnet.

Giorgi(o), Giovanni
Schrieb den zweiten Akt zur Oper → *Tito Manlio* (II), Rom 1720; den ersten schrieb Gaetano Boni (Bono), den dritten V.

Giraud (it. Girò), Anna
(*um 1700)
Kosename Annina oder Nina, auf Theaterzetteln auch als Mantovana bezeichnet. Tochter eines französischen Perückenmachers in → Mantua; hat noch 1747 gesungen. V.s Gesangschülerin während seines Mantuaner Aufenthaltes (1718 bis 1720). Möglicherweise hat er sie nach seiner Rückkehr nach Venedig im Ospedale della Pietà (→ Ospedali) untergebracht, worauf die in → Venedig übliche Bezeichnung »l'Annina della Pietà« hindeuten könnte. Nach ihrem Debüt in Treviso (1723) als Mezzosopran und ihrem ersten Auftreten in Venedig (1724) in der Oper »Laodicea« von Albinoni wurde sie V.s bevorzugte Interpretin. Ihre Stimme soll nicht groß gewesen sein, gerühmt wird jedoch ihr ausgezeichnetes Spiel und ihr ausdrucksvoller Gesangsstil, der zweifellos V.s Schreibart für die Singstimme beeinflußt hat. → Goldoni urteilte über sie: ». . . sie war nicht hübsch, aber sie hatte Anmut, eine nette Gestalt, schöne Augen, einen charmanten Mund, wenig Stimme, aber viel Spiel . . .« V. hingegen sagte über sie in einem → Brief vom 16. 11. 1737: »Die Oper ohne die Giraud aufzuführen, ist nicht möglich, da man keine ähnliche Primadonna finden kann.« Und in dem von Goldoni überlieferten Gespräch heißt es: »Der Autor hat an dieser Stelle eine pathetische Arie gesetzt; aber Madamigella Giraud liebt schmachtenden Gesang nicht und möchte ein ausdrucksvolles, erregtes Stück, eine Arie, die in verschiedener Weise Leidenschaften ausdrückt, mit abgerissenen Worten, zum Beispiel, mit hingeworfenen Seufzern, mit Handlung, mit Bewegung . . .« Dagegen berichtet der Abbé Conti über ihr wundervolles Spiel bei ihren ersten Auftritten in Venedig, und der venezianische Gesandte in Neapel spricht sogar von unvergleichlichem Erfolg und geradezu von einem »furor«, den sie hervorrief. Im Zusammenhang mit der Affäre → Ferrara wurde V. beschuldigt, eine »amicizia« mit der Sängerin zu haben, mit der er zeitweise zusammenwohnte.
Sie sang 1726 in Venedig in → *Dorilla in Tempe* und → *Farnace*, 1727 in Venedig in *Farnace* und in → *Orlando*, 1728 in Venedig in → *Rosilena ed Oronta*, 1729 in Florenz in

→ *Atenaide,* 1731 in Pavia in *Farnace,* 1732 in Mantua in → *Semiramide* und in *Farnace,* 1733 in Venedig in → *Montezuma,* 1735 in Venedig die Titelrolle in → *Griselda,* 1735 in Verona in → *Tamerlano* und die Titelrolle in *L'*→ *Adelaide,* 1736 in Florenz die Titelrolle in → *Ginevra Principessa di Scozia,* 1737 in Verona in → *Catone in Utica* und in Ferrara in Il → *Demetrio,* 1738 in Venedig in L'→ *Oracolo in Messenia* und die Titelrolle in → *Rosmira* und in → *Armida al Campo d'Egitto,* im gleichen Jahr in Ancona in → *Siroe Re di Persia,* 1739 in Ferrara in *Siroe Re di Persia* und in → Graz die Titelrolle in *Rosmira,* 1740 ebenfalls in Graz in *Catone in Utica.* Ihr letzter Auftritt, von dem wir wissen, fand 1747 in Venedig in G. B. Runchers Oper »Achille« statt.

Giusti, Alvise (auch Girolamo)
Textdichter von → *Montezuma.*

Giusti, Anna Maria, detta la Romanina
»Virtuosa del principe reale Alessandro di Polonia e di Lituania, commendatore dell'Ordine dello Spirito Santo«, sang 1713 in Vicenza die Titelrolle in → *Ottone in Villa,* 1717 in → Venedig in *Il* → *Vinto trionfante del Vincitore* und 1724 in → Kukus-Bad und → Prag in → *Orlando furioso oder Der rasende Orland.*

Giustino
Dramma per Musica / Da recitarsi / Nel Teatro dell'Ill. mo Sig. Federico Capranica / nel Carnevale dell'anno 1724 / Dedicato / All'Ill.ma, e Ecc. ma Signora / La Signora / D. Faustina Mattei Conti / Duchessa di Guadagnolo, e Nipote / degnissima di Nostro Signore. / La Musica è del Sig. D. Antonio Vivaldi Maestro di Cappella di S.A.S Il Sig. Principe Filippo Langravio d'Assia d'Armstadt / Ingegnere e Pittore delle scene il Sig. Alessandro Mauri veneziano. 3 Akte.
Personen und Interpreten: Anastasio imperatore, Ossi Giovanni »virtuoso dell 'eccellentissimo principe Borghese«; Arianna sua sposa, Fontana Giacinto detto Farfallino; Giustino prima bifolco, poi imperatore e fratello di Vitaliano ed Andronico, Mariani Paolo; Leocasta sorella d'Anastasio, Bartoluzzi Girolamo »detto il Regiano, virtuoso dell'eccellentiss. Sig. duchessa di Guadagnolo e allievo del Sig. Francesco Gasparini«; Vitaliano tiranno dell'Asia minore, Barbieri Antonio »da Reggio, virtuoso di S.A.S. il Sig. principe d'Armestat«; Andronico fratello di Vitaliano, amante di Leocasta, Giovenale Francesco Antonio; Amantio generale dell'armi imperiali, Pera Carlo; Polidarte capitano di Vitaliano, Pampani Francesco.
Das 1724 in Rom bei → Bernabò ohne Verfasserangabe erschienene Textbuch stammt von Nicola Berengani (→ Beregan). Exemplare in Bologna, Brüssel, Florenz, Macerata, Paris, Rom, Venedig und Washington. Die Partitur befindet sich in Turin, Sammlung → Foà, Bd. 34.

Gloria
Die noch von → Giazotto 1973 an-

geführten drei Gloria-Kompositionen scheinen nicht von V. zu sein oder nur teilweise. Der Turiner Katalog »Mostra . . .« von 1978 führt an: in → Foà vierzig Gloria di Giovanni Maria Ruggieri (→ Ruggeri) (datato Venezia 9. 9. 1708), in → Giordano zweiunddreißig Gloria di Giovanni Maria Ruggieri.
→ Ryoms Angaben sind unklar; der letzte Satz beider Gloria ist angeblich nach dem letzten Satz von Ruggieri arrangiert.

Gloria e Himeneo
»Dall'eccelsa mia Reggia«, → Serenata für Sopran, Alt, Streicher und Bc., F-Dur. Die Titelseite fehlt, daher vermuteter Titel nach den beiden Singstimmen. Partitur in Turin, Sammlung → Foà, Bd. 27; Textbuch verloren.

The golden pippin
»English burletta (→ Pasticcio) aus dem Jahr 1775. Dazu bemerkt → Ryom (Werkverzeichnis, Anhang 47): Musik von mehreren Komponisten, zusammengestellt von Thomas A. Arne. V.s Anteil – man ist auf Vermutungen angewiesen –, ein »Venetian Air«, trägt keinen Autorennamen.

Goldoni, Carlo
(*1707 Venedig, †1793 Paris)
Studierte die Rechte und übte zeitweise den Advokatenberuf aus. Seit 1734 erfolgreicher Autor, der in vierzehn Jahren gegen einhundertzwanzig Komödien schrieb. An zwei Stellen hat er über seine Begegnung mit V. berichtet: im Vorwort zu Band XIII seiner gesamten Werke (Venedig 1761) und in seinen Memoiren, Paris 1781. Sein Urteil, »exzellenter Geiger und mittelmäßiger Komponist«, hat die Einschätzung V.s für lange Zeit beeinflußt.
Lit.: F. Fido, Le tre Griselde: appunti su Goldoni librettista di Vivaldi. In: A.V., Teatro Musicale Cultura e Società. Firenze 1982, S. 345–363.

Gollo, Dorotea
Sang 1738 in → Venedig in *L'→ Oracolo in Messenia.*

Gradenigo, N. H. Pietro
(1695–1776)
»Unermüdlicher Sammler der Erinnerungen des Vaterlandes« (Cicogna). Hinterließ in der Biblioteca Marciana in Venedig sechsundzwanzig Bände »Commemoriali« und achtunddreißig Bände »Notatori«. Darin steht der Satz, der Ausgangspunkt für die Forschungen → Gallos war: »Der Abate D. Antonio Vivaldi, der unvergleichliche Geiger, genannt der rotblonde Priester, hochgeschätzt wegen seiner Konzerte und anderer Kompositionen, verdiente zu seinen Lebzeiten 50 000 Dukaten, aber wegen seiner maßlosen Verschwendung ist er arm in Wien gestorben.«

Graz
Graz hatte in den Jahren 1736 bis 1746 infolge der Tätigkeit der Brüder Angelo und Pietro → Mingotti ein blühendes Opernleben im Theater am Tummelplatz, das durch eine vermutlich reiche Vivaldi-Pflege bemerkenswert war. 1739/40 sang dort Anna → Giraud in → *Rosmira* und in → *Catone in Utica.* Während

der ganzen zehn Jahre wurden Werke aufgeführt, deren Titel mit Opern V.s korrespondieren, ohne daß sich eine Autorschaft nachweisen ließ. Textbücher in Graz.
Lit.: E. H. Müller, Angelo und Pietro Mingotti, ein Beitrag zur Geschichte der Oper im XVIII. Jahrhundert. Dresden 1917; A. J. Hey, Das Mingottische Dezennium in Graz (1736–1746). Diss. München 1923.

Grimani
Reiche venezianische Familie mit größtem Einfluß auf das → Opernleben. Sie besaß die Theater San Giovanni e Paolo (1639), → San Samuele (1655), San Giovanni Grisostomo (1677) und San Benedetto (1755). Einzelne Familienmitglieder waren auch als → Impresari tätig. V. erhielt 1735 die Aufträge zu → *Griselda* und → *Aristide*.
Lit.: Giazotto, La guerra dei palchi. In: NRMI, 1967.

Grimani, Antonio
Capitano und Vicepodestà von Verona. V. widmete ihm die in Verona 1735 aufgeführte Oper *L'→ Adelaide*. Im zweiten Teil des Vorworts offenbart der Komponist sein Denken als venezianischer Patriot:
»Es war ebenso passend, dieses Drama einem Patrizier Venedigs zu widmen, da die geschichtliche Periode, der die Handlung entnommen ist, einem guten Italiener nur höchst mißfallen konnte, der nicht, wie so viele heute, ein Feind seiner Nation ist. Sie erinnert ihn daran, wie nach Verjagung der letzten italienischen Könige das arme Italien verfiel, um sich unter fremdem Joche nicht wieder aus einem solchen so bedauernswerten Unglück befreien zu können. Dafür tröstet uns einigermaßen die ruhmreiche Republik Venedig, in der sich von ihrem Entstehen bis in unsere Tage die italienische Freiheit bewahrt hat, die Gott bis ans Ende der Zeiten erhalten möge . . .«

Griselda (I)
Dramma per Musica / Da rappresentarsi / Nel Teatro Grimani di S. Samuele / Nella Fiera dell'Ascensione / l'anno 1735 / Dedicato a Sua Eccellenza / Il Sig. D. Federigo Valignanj / Marchese di Cepagatti / La Musica del Signor D. Antonio Vivaldi Maestro di Cappella di S.R. Il Duca di Lorena, e di S.A.S il Principe Filippo Langravio d'Hassia Darmithath / Li Balli sono d'invenzione, e direzione del sig. Francesco Aquilante / Il vestiario è del sig. Nadal Canciani. 3 Akte.
Personen und Interpreten: Gualtiero re di Tessaglia, Balbi Giorgio »virtuoso di S.A.R. il signor granduca di Toscana; Griselda sua moglie, Girò Anna; Costanza principessa loro figlia non conosciuto dalla madre, amante di Roberto, Giacomazzi Margherita; Roberto principe di Atene suo amante, Valletta Gaetano »virtuoso di camera di S.A.R. il signor granduca di Toscana«; Ottone cavalier di Tessaglia, Saletti Lorenzo »virtuoso di S.A. la sereniss. principessa Eleonora Gonzaga di Toscana«; Corrado fratello di Roberto, amico di Gualtiero, Gasparini Elisabetta; Everardo figlio di Gualtiero e Griselda, che non parla.

Das ohne Verfasserangabe 1735 bei Marino → Rossetti in → Venedig gedruckte Textbuch stammt von Apostolo → Zeno und wurde von → Goldoni überarbeitet. Exemplare in Cambridge (Mass.), Los Angeles, Macerata, Mailand, Rom, Rovigo, Venedig und Washington. Die Partitur befindet sich in Turin, Sammlung → Foà, Bd. 36.
Für die erste Aufführung hat V. viele Eingriffe vorgenommen. Das Orchester besteht fast ausschließlich aus Streichern; es gibt einige → Entlehnungen, wie z. B. die → Arie »Dal tribunal d'amore« aus → *Atenaide*, Florenz 1729; die Arie »Scocca dardi l'Altero suo ciglio« wurde aus einem Fagottkonzert entwickelt. Eine Aufführung in der Bearbeitung von Eric → Cross fand 1978 in London statt.
Lit.: C. Goldoni, Mémoires, Kap. XXXVI. Paris 1781; E. Cross, Vivaldi as opera composer: »Griselda«. In: The Musical Times, 1978, S. 411–416; F. Fido, Le tre Griselde: appunti su Goldoni librettista di Vivaldi. In: A.V., Teatro Musicale Cultura e Società. Firenze 1982, S. 345–363.

Griselda (II)
Ein 1728 in Breslau aufgeführtes → Pasticcio, dessen → Rezitative Bioni komponierte. Die → Arien stammen von folgenden Komponisten: Antonio → Bioni, Giuseppe Boniventi (→ Bonaventi), Antonio Caldara, Capelli, Francesco → Gasparini, Geminiano Giacomelli, Georg Friedrich → Händel, Giuseppe M. Orlandini, Nicola Porpora, Giovanni Porta, Sarro, Verocari, Leonardo Vinci und V. Der Textdichter ist unbekannt.

Groppo, Antonio
Hinterließ handschriftlich in der Biblioteca Marciana in Venedig einen »Catalogo Purgatissimo« der Opernaufführungen, der bis 1767 reicht und 1077 Nummern aus der Zeit ab 1637 umfaßt. 1745 gab er in Druck »Catalogo di tutti i Drammi Per Musica« mit 811 Titeln bis Winter 1745. Ein handschriftliches Beiheft mit den Nummern 812 bis 845, das bis 1748 reicht, befindet sich in der Sächsischen Landesbibliothek Dresden unter dem Titel »Aggiunta Al Catalogo de' Drammi Dalla Primavera dell'Anno 1745 fin all'Autunno dell'Anno 1752« mit Ergänzungen der Nummern 812 bis 901.

Gualandi, Margherita, detta la Campioli
Sopran/Mezzosopran aus Bologna, »virtuosa di S.A.S. il Sig. principe Filippo langravio d'Hassia d'Armestat«. Sang 1714 in → Venedig in → *Orlando finto pazzo* und → *Orlando furioso*, 1715 in Venedig in → *Nerone fatto Cesare*, 1719 in → Mantua die Titelrolle in *Teuzzone* und in → *Tito Manlio* (I), 1721 in Mailand die Titelrolle in → *Silvia*. Wahrscheinlich identisch mit Margarita Campioli, die 1722 in Braunschweig die Titelrolle in *Orlando furioso* und 1738 in Ancona in → *Siroe Re di Persia* sang.

Guglielmini, Anna
Aus Bologna stammende Sängerin, sang als Sopran männliche und weibliche Rollen: 1717 in → Vene-

dig in *Il* → *Vinto trionfante del Vincitore,* 1718 in Florenz in → *Scanderbeg,* 1720 in → Mantua in *La* → *Candace o siano Li Veri Amici* und 1727 in Reggio Emilia in → *Siroe Re di Persia.*

Händel, Georg Friedrich
(*1685 Halle, †1759 London)
V. hat Händel zweifellos gekannt, da dieser zum Zeitpunkt der Aufführung seiner Oper *Agrippina* (26. 12. 1709) in → Venedig war. Weitere persönliche Begegnungen gab es nicht. In einigen → Pasticci erschienen Arbeiten beider Komponisten, so 1727 in Reggio in → *Siroe Re di Persia,* 1732 in einem → *Orlando,* der 1732 im Theater auf dem Haymarket in London aufgeführt wurde, und 1738 in Venedig in → *Rosmira.* Der jeweilige Anteil an allen drei Werken ist jedoch nicht verbürgt.

Hare, John
→ Walsh

Harmonik
Wie schon der deutsch-amerikanische Musikwissenschaftler Manfred Bukofzer festgestellt hat, waren viele Barockmeister »bilingual« (zweisprachig), d. h. sie beherrschten die aus der echten Polyphonie herkommende Setzweise, in der sich die Akkorde aus der Stimmführung ergaben, komponierten aber, wenn sie ihren »eigenen« Stil schrieben, homophon. Ein Beispiel für viele ist der Beginn von PV 88 (RV 186) (siehe unten).
Dabei war im Denken der Komponisten die Harmonik durchaus führend. Es gibt, da fast alle Partituren V.s Arbeitspartituren sind, Fälle, in denen – wie in PV 36 (RV 36, RV 554a) – die Harmonik auf vier Takte ausgeschrieben wird, bevor die Melodie konzipiert ist. In solchen Sätzen beruht der Baß auf den Hauptstufen, oder er umschreibt diese mit Terzraumfiguren. Es entsteht das, was Bukofzer »Continuo-Homophonie« genannt hat. Im Gegensatz zu einer vom Harmonischen her lockersten Gestaltungsweise steht – bevorzugt in der Kirchenmusik – eine dichte Spannungsakkordik, in der ein dissonanter Klang ohne Auflösung in einen anderen geführt ist. Als Beispiele können das → *Magnificat* angeführt werden, die → Sinfonia »Al Santo Sepolcro«, aber auch das Largo »Il Sonno« aus dem Konzert op. X, Nr. 2 (siehe S. 104/105). Diese zwei »Sprachen« werden nach Bedarf eingesetzt, vor allem in Vokalkompositionen, wenn der Text es verlangt.

Soprano
Alto
Tenore
Basso
Ma - gni - fi - cat a - ni - ma me - a Do -
(gli archi raddoppiano il canto)
S.
A.
T.
B.
- mi - num. Ma - gni - fi - cat a - ni - ma
- mi - num. Mag - gni - fi - cat a - ni - -
mi - num. Mag - gni - fi - cat a - ni - -
mi - num. Mag - gni - fi - cat a - -
me - a Do - - - - - - - -
- ma me - a Do - - - - - - - -
- ma me - a Do - - - - - - - -
ni - ma mè - a Do - - - - - -

Hasse, Johann Adolf
(*1699 Bergedorf, †1783 Venedig)
Einer der erfolgreichsten Opernkomponisten der Generation nach V. Hasse wurde 1727 Kapellmeister am Ospedale degli Incurabili in Venedig. V. bearbeitete Hasses Opern → *Alessandro nell'Indie* und *Il* → *Demetrio*. Die Oper → *Siroe Re di Persia* ist wahrscheinlich ein → Pasticcio mit Musik von → Händel, Hasse, Leonardo Vinci, Johann Christoph Wagenseil und V.

Heinichen, Johann David
(*1683 bei Weißenfels, †1729 Dresden)
Wird in der Literatur gelegentlich als V.-Schüler angeführt. Als bereits erfolgreicher Opernkomponist erhielt er ein Stipendium für eine Italienreise. Sie dauerte von 1710 bis 1716, dem Jahr, in dem er vom Kurprinzen → Friedrich August von Sachsen für → Dresden verpflichtet wurde. 1713 wurden zwei seiner Opern, nämlich »Le passioni per troppo amore« und »Calfurnia« im Teatro → Sant'Angelo aufgeführt. Kennengelernt hat er V. mit Sicherheit, sein Schüler dürfte er aber kaum gewesen sein, zumal er nicht Streicher war. V.s Einfluß auf den Stil Heinichens war jedoch sehr stark.

Heller, Karl
(*1935 Trusetal b. Schmalkalden)
Studium in Weimar, Jena und Leipzig u. a. bei Besseler; Promotion mit einer Arbeit »Die deutsche Vivaldi-Überlieferung« Rostock 1965, gedr. Leipzig 1971). Seit 1966 Oberassistent an der Universität Rostock, seit 1983 Dr. sc. phil. mit einer Arbeit »Concerto ripieno und Sinfonia bei Vivaldi«. Schrieb zahlreiche Aufsätze über Vivaldi-Themen, gab siebzehn Werke heraus, darunter vier Sonaten für Violine und Basso continuo nach den Autographen der Sächsischen Landesbibliothek in Dresden, und bearbeitete für die Bach-Gesamtausgabe den Band »Bearbeitungen fremder Werke«, Konzertbearbeitungen nach A. V. und Johann Ernst Prinz von Sachsen-Weimar (BWV 592–596).

Helm, G. W.
Prager Drucker, der 1730 das Textbuch für → *Farnace* druckte.

Herbst Stagione
Dauerte vom 1. September bis zum 30. November.

Hessen-Darmstadt, Philipp von
Auf dem Titelblatt des Textbuches der 1720 in → Venedig aufgeführten Oper *La* → *Verità in Cimento* wird V. erstmalig als »Maestro di Cappella di Camera di S.A.S. il Sig. Principe Filippo Langravio d'Hassia Darmstadt« bezeichnet, und im Brief vom 16. 11. 1737 spricht V. von einem mehrjährigen Aufenthalt in → Mantua »al servizio del piissimo principe Darmstadt«. Während sich die älterere Forschung noch damit herumschlug, ob sich V. möglicherweise in Darmstadt aufgehalten habe, wurde durch diese Briefstelle geklärt, daß Philipp der Bruder des in Darmstadt residierenden Fürsten war, der am 13. 3. 1707 mit den kaiserlichen Truppen in Mantua einzog, die Stadt am 22. 6. 1707 verließ, am 29. 12. 1714 als Kaiserlicher Statthalter zurückkehrte und bis zum 4. 3. 1735 blieb.

Hilgenfeldt, C. L.
Hamburger Jurist. In seinem Buch »J. S. Bach's Leben, Wirken und Werke. Ein Beitrag zur Kunstgeschichte des 18. Jahrhunderts« (Leipzig 1850) befaßte er sich, erstmalig nach → Forkel, mit → Bachs Bearbeitungen nach V.

Hiller, Johann Adam
(*1728 bei Görlitz, †1804 Leipzig)
Verfaßte »Wöchentliche Nachrichten und Anmerkungen die Musik betreffend« (Leipzig 1766–1770) sowie »Lebensbeschreibung berühmter Musikgelehrten und Tonkünstler neuerer Zeit« (Leipzig 1784). In der erstgenannten Publikation findet sich im ersten Jahrgang (1766/67) auf S. 285 der hübsche Bericht über eine Opernaufführung in → Venedig 1717, in der → Pisendel auf eine Anregung seines Dienstherrn hin als Zwischenaktmusik ein → Violinkonzert in F seines Lehrers V. spielte (PV 268, RV 571). Dabei versuchten die Orchestermusiker, ihn durch ein zu rasches Tempo im letzten Satz aus der Fassung zu bringen; Pisendel jedoch setzte sich zur Freude des Kurprinzen (→ Friedrich August II. von Sachsen) energisch durch.

Holdsworth, Edward
(1684–1746)
Gelehrter und Dichter in lateinischer Sprache. Traf am 13. 2. 1733 V., um im Auftrag seines Freundes Charles Jennens Noten zu erwerben. Sein Brief schließt mit dem Hinweis: »Ich nehme an, Sie wissen schon, daß er siebzehn Konzerte veröffentlicht hat.« (Der volle Wortlaut des Schreibens findet sich unter → Einnahmen.)
Zu dieser Zahl schrieb Holdsworth am 16. 7. 1733 aus Antwerpen: »Monsieur La Cene, der Vivaldis und Albinonis Werke veröffentlicht hat, versicherte mir, daß, wenn sie zwölf von Vivaldi haben und neun von Albinoni, Sie alles haben. Lassen Sie, sagt er, Vivaldi rechnen wie er will. Er hat nicht mehr als zwölf

publiziert und muß einige doppelt gezählt haben, um auf die Zahl siebzehn zu kommen. Dieses Beispiel von Eitelkeit paßt sehr gut zu seinem Charakter . . .« (V. hat nur die in zwei Heften erschienenen Opera doppelt gezählt.)

Horn
Das Instrument, in den Partituren V.s Corno, auch corno da caccia genannt, wurde fast immer paarweise verwendet, und zwar in den Konzerten PV 320 (RV 538) und PV 321 (RV 539), außerdem in einer Reihe von Konzerten »con molti istrumenti«: PV 265 (RV 573), PV 267 (RV 568), PV 268 (RV 571), PV 273 (RV 569), PV 286 (RV 97), PV 444 (RV 562). Auch in zwei Sinfonien und zwei → Kantaten verwendet V. zwei Hörner, solistisch nur einmal in der Oper *L'*→ *Olimpiade*. Problematisch war der geringe Tonumfang des Instruments. Im Konzert PV 320 (RV 538) ist das Instrument (in F-hoch) vom 3. bis 13. Oberton verwendet; es standen also nur zehn Töne zur Verfügung. Dementsprechend mußte mit der Tonart haushälterisch umgegangen werden. Das Problem des → Mittelsatzes löste V. durch ein Largo für Violoncello solo und Bc. (→ Instrumentation).

Hymnus / (it.) **inno** (Lobgesang)
Zuerst nur in lateinischer Sprache, dann auch Übersetzungen in Landessprachen, nahmen im 17. Jh. Liedcharakter an. Hauck zählt auch das »Stabat mater« zu den Hymnen. V. hat nur drei Kompositionen ausdrücklich als »inno« bezeichnet, alle arienartig angelegt.

Il povero mio cor
→ Kantate »del Vivaldi« für Sopran und Bc., c-Moll. Turin, Sammlung → Foà, Bd. 28.

Imperatori, Annibale
Aus Ancona gebürtig, sang 1717 in → Venedig in → *Tieteberga*, 1718 in Venedig in → *Armida al Campo d'Egitto* und in → *Artabano Re de' Parti*.

Impresario
Als Armand von → Uffenbach 1715 in → Venedig eine Oper hörte, schrieb er in sein Tagebuch: »Der entrepreneur davon war der Vivaldi.« Wann V. begonnen hat, sich als Impresario zu betätigen, ist nicht ganz sicher. Man hat angenommen, daß er schon seit 1711 mit → Santurini, dem Impresario von → Sant' Angelo, zusammengearbeitet hat, doch hat er das erste Textbuch als Impresario erst 1714 unterzeichnet. Der Grund, warum er sich nach mehr als zehnjähriger intensiver Arbeit mit seinem Mädchenorchester in die etwas zwielichtige Rolle des Opernunternehmers begab, ist klar. Was man finanziell von einem Opernauftrag zu erwarten hatte, war nicht allzuviel. Wollte man zu Geld kommen, mußte man die Impresa selbst in die Hand nehmen. Das erforderte eine Planung auf längere Zeit im voraus: Textbücher mußten in Auftrag gegeben, Komponisten ausgewählt, Sänger, Tänzer, Orchester, Bühnenbildner und das gesamte Personal für die eigentliche Organisation der Aufführung verpflichtet werden. Stolz hat V. am 3. 5. 1737 an den Marchese → Ben-

tivoglio geschrieben: »Ich bin in ähnlichen Fällen ein freier Unternehmer, und ich begleiche aus meiner Tasche und nicht mit geliehenem Geld.« Ein von V. unterzeichneter Vertrag mit der Sängerin Lucrezia → Baldini hat sich erhalten. Es scheint, daß V. sich nur in Abwesenheit vertreten ließ und die Geschäfte von Sant'Angelo im wesentlichen bis zu seinem Abgang aus Venedig in der Hand behielt.

L'Incoronazione di Dario
Drama per musica / Da rappresentarsi nel Teatro di S. Angelo / per opera terza nel Carnevale dell'anno 1716 [more veneto, also 1717] / Dedicato / all'Altezza Serenissima / di Don Antonio-Ferdinando Gonzaga / Duca di Guastalla, principe del S.R. Imperio e di Bozolo, Sabbioneta, Luzzarra ecc. / La Musica è del celebre compositore di Musica il Sig. D. Antonio Vivaldi / Scene di Bernardo Canale, e suoi figli. 3 Akte.
Personen und Interpreten: Dario che viene incoronato de' Persiani, Fabri Annibale Pio; Statira principessa semplice, primogenita di Ciro, Dotti Anna; Argene sua sorella minore, Fabri Anna Maria; Nicene filosofo, ajo delle figlie di Ciro, Zannoni Angelo; Alinda Principessa di Media, amante di Oronte, Catte Teresa; Oronte nobile persiano pretensore delle nozze di Statira, Christini Carlo, »virtuoso del sereniss. principe di Carignano«; Arpago pretensore delle nozze di Statira, Pellizzari Antonia; Flora damigella di corte, confidente delle due principesse. Das Textbuch, ohne Verfasserangabe 1717 in → Venedig von Marino → Rossetti gedruckt, stammt von Adriano → Morselli und wurde von einem unbekannten Autor stark überarbeitet. Exemplare befinden sich in Bologna, London und Venedig. Im Textbuch findet sich ein interessanter Hinweis: »Dies ist die Oper ›Krönung des Darius‹ von dem schon vor vielen Jahren verstorbenen Herrn Adriano Morselli. Wenn man sie in den Arien ebenso wie im Charakter der handelnden Personen verändert findet, so geschah das nur zu dem Zweck, um sie dem modernen Theater anzupassen und der Truppe, die sie spielt.« Die eigentliche Spekulation auf einen bereits verstorbenen Textbuchautor war jedoch, daß man keine Tantiemen zu zahlen brauchte. Die Partitur befindet sich in Turin, Sammlung → Giordano, Bd. 38. Das Werk wurde 1978 auf der 35. Musikwoche in Siena in einer Einrichtung von Newell Jankins aufgeführt.

Indarno cerca la Tortorella
→ Kantate für Sopran und Bc., g-Moll, Turin, Sammlung → Foà, Bd. 28, aber nicht autograph, daher Autorschaft V.s nicht unbedingt gesichert.

In exitu Israel
113. Psalm, »Ripieno del Vivaldi« für vierstimmigen gemischten Chor, Streicher und Bc., C-Dur (»ripieno« bedeutet hier, daß ohne Solostimmen gesetzt ist). Turin, Sammlung → Giordano, Bd. 33.

In furore giustissimae irae
»Motetto a Canto solo con Istro-

menti, del Vivaldi« für Sopran, Streicher und Bc., c-Moll. Turin, Sammlung → Giordano, Bd. 32.

Gli Inganni per Vendetta

Drama per Musica / Da rappresentarsi nel nuovo / Teatro delle Grazie in / Vicenza / Dedicato / a Sua Eccelenza / Il sig. Marc'Antonio Grimani Proveditore / Straordinario / La Musica è del Sign. D. Antonio Vivaldi / Maestro di Cappella di Camera / di S.A.S. il Serenissimo Principe / Filippo Langravio d'Hassia d'Armistath. 3 Akte.

Personen und Interpreten: Califfo re d'Egitto, Bendetti Francesco »virtuoso di S.A.S. il sereniss. Sig. Principe langravio d'Hassia d'Armistath; Armida principessa reale di Damasco, Orlandini Chiara »virtuosa di S.A.S. il sig. duca di Massa e di Carrara«; Osmira nipote di Califfo, Belisani Cecilia; Erminia principessa reale di Antiochia, Conti Regina; Emireno capitan generale, Gaspari Antonio; Tisaferno, Scalfi Giovanna; Adrasto, Vida Paolo.

Eine Bearbeitung von V.s 1718 in → Venedig aufgeführter Oper → *Armida al Campo d'Egitto.* Das Textbuch, ohne Verfasserangabe 1720 bei S. → Valvasene in Venedig gedruckt, stammt von G. → Palazzi und befindet sich in Bologna. Die Partitur ist nicht erhalten; es gab vermutlich gar keine.

L'Inganno trionfante in Amore

Drama per Musica / Da rappresentarsi nel Teatro S. Angelo l'Autunno dell'Anno MDCCXXV / Consagrato a S.E. / Il Signor Marchese Stefano Palavicino. 3 Akte.

Der Komponist ist im Textbuch nicht genannt; aus anderen Quellen weiß man jedoch mit einiger Sicherheit, daß es V. war.

Personen und Interpreten: Antioco re dell'Asia, Baldini Innocenzio; Stesicrea sua sposa ripudiata, Posterla Costanza »virtuosa di S.A. il Sig. principe langravio d'Armenstat«; Teramene re di Numidia, Mingoni Luca »virtuoso del Ser. principe Francesco, ereditario di Modona«; Cleonice, Moro Elisabetta; Orimondo, Salvatici Michele; Feraspe, Vitali Giacomo.

Das 1725 in → Venedig bei Marino → Rossetti gedruckte Textbuch ist eine ältere Arbeit von Matteo Noris und wurde von Giovanni Maria → Ruggeri überarbeitet. Exemplare befinden sich in Bologna, Brüssel, Florenz, Los Angeles, Mailand, Rom, Venedig und Washingthon. Die Partitur ist nicht erhalten.

Ingrata Lidia hai vinto

→ Kantate für Alt und Bc., g-Moll. Florenz, Biblioteca del Conservatorio Cherubini, Signatur 772, Bd. 2.

Inno

→ Hymnus

Instrumentation

V. hat schon früh angefangen, mit den Mitteln der → Artikulation Klangfarben im Streichorchester hervorzuzaubern, die für den zeitgenössischen Hörer völlig neu und im höchsten Grade erregend waren. Als er dann die reiche Palette des Judith-Orchesters zur Verfügung hatte, konnte sich der Instrumentator V. entfalten. Ähnlich wie Monteverdi wählte er aus, was ihm für den Ausdruck einer Szene am geeignetsten erschien. Das »Concerto« mit fünf Violen und einem Solokontrabaß, eigentlich eine Rezitativbegleitung, ist gerade durch die Umgebung, in der es steht, von reizvoller Wirkung (siehe Notenbeispiel S. 204).

In der Mehrzahl der Konzerte ist manches auf den robusten Klang der → Ritornelle angelegt; dazwischen stehen aber immer wieder Meisterstücke an Klangfarbeninstrumentation, wie z. B. der → Mittelsatz aus dem Konzert für drei Violinen PV 278, RV 551 (siehe Notenbeispiel S. 179). V.s Musik beruht zum großen Teil auf diesen Gegensätzen.

Daß sich V. zur Realisierung seiner Klangvorstellungen bereits raffinierter Kunstgriffe bediente, die hundertfünfzig Jahre später als besondere Errungenschaft moderner Orchestertechnik neu entdeckt wurden, zeigt eine → Arie aus → *Farnace.* Im Hornsystem stehen ganze Noten mit Bindungen über zwanzig Takte, dazu die Anweisung: »Questo pedale del Corno non deve mai mancare per tanto devono suonare due Corni . . . sempre Piano affine uno lascia prendere fiato l'altro.« (»Dieses Hornpedal darf nie fehlen, deswegen müssen zwei Hörner spielen . . . immer p, damit eines das andere Atem holen läßt.«)

Intermezzo

Bei Aufführungen von Opern V.s wurden, einem Zeitgebrauch folgend, in der Regel Intermezzi eingelegt, so z. B. 1731 im Teatro → Sant'Angelo das Intermezzo »Melinda«, wahrscheinlich von Giuseppe Maria Buini, in der Oper *La → Costanza trionfante degl'Amori e degl'Odi.* Intermezzi erforderten meist nur zwei Sänger (Buffos), man benutzte nicht selten Dialekt und kam mit einer instrumentalen Kleinstbesetzung aus. In Textbüchern sind gelegentlich auch die Sänger der Intermezzi angegeben.

In den Jahren 1735/36 wurden vier Intermezzi von → Goldoni in → Venedig aufgeführt, deren Musik vielleicht von V. stammt. Es sind dies *Il → Filosofo,* 1735, *Monsieur Petiton, L'→ Amante cabala* und *La → Bottega da cafè,* alle drei 1736. Die Partituren sind nicht erhalten.

Introduzioni

V. hat neun Vokalkompositionen hinterlassen, die er als Introduktionen bezeichnet hat. Die textliche Grundlage sind freie Verse in lateinischer Sprache von unbekannten Autoren ohne Zusammenhang mit der Liturgie. Die »Introduzioni« gingen als Einleitung anderen Stükken voraus; musikalisch stehen sie mit → Arien und → Rezitativen dem Opernstil nahe.

In turbato mare

»Motetto a Canto solo e strumenti del Vivaldi« für Sopran, Streicher und Bc., G-Dur, viersätzig. Dresden, Sächsische Landesbibliothek, Mus. 2389-E-2.

Invicti bellate

»Motetto ad Alto solo con Istromenti del Vivaldi« für Alt, Streicher und Bc., G-Dur. Turin, Sammlung → Giordano, Bd. 32.

Ipermestra
Drama per Musica / Da rappresentarsi in Firenze / Nel Teatro di via della Pergola / Nel Carnevale dell'anno MDCCXXVII / sotto la protezione / dell'Altezza Reale il Serenissimo / Gio: Gastone I / Gran Duca di Toscana / Con musica del Sig. D. Antonio Vivaldi / di Venezia / Inventore degli Abiti il Sig. Antonio Toricelli. 3 Akte.
Personen und Interpreten: Danao re d'Argo, padre d'Ipermestra, Fabbri Annibal Pio; Ipermestra sposa di Linceo, Mazzanti Rosaura; Linceo nipote di Danao, Lanzetti Lucia »di Venezia, virtuosa dell'A. R. la sereniss. Violante Beatrice di Baviera G. principessa di Toscana; Argia figlia di Stenelo già re d'Argo Eberard Giustina »di Venezia, virtuosa dell'A. R. la sereniss. Violante Beatrice di Baviera G. principessa di Toscana«; Nicandro principe vassallo e generale di Danao, Signori Raffaello »all'attual servizio della Serenissima Repubblica di Venezia«; Delmiro principe del sangue e generale dell'armi di Linceo, Stabili Barbera.
Das ohne Verfasserangabe bei Domenico Antonio → Verdi in Florenz gedruckte Textbuch stammt von Antonio → Salvi. Exemplare befinden sich in Bologna, Brüssel, Florenz, Mailand und Neapel. Die Partitur ist nicht erhalten.

Jahreszeitenkonzerte
Die *Jahreszeitenkonzerte* sind 1725 als Nr. 1–4 des op. VIII erschienen. Das ganze Opus ist dem Grafen Venceslav → Morzin, Erbprinzen von Hohenelbe gewidmet. Im Vorwort bezieht sich V. auf die langjährige Tätigkeit im Dienste des Grafen: ». . . Ich bitte sich nicht zu verwundern, wenn unter diesen wenigen und schwachen Konzerten Eure Durchlaucht die vier Jahreszeitenkonzerte finden wird, die schon seit langer Zeit von der edlen Güte Eurer Durchlaucht angenommen worden sind. Aber ich glaube, obwohl es die gleichen sind, richtig gehandelt zu haben, sie drucken zu lassen. Sie sind erweitert, außer um die Sonette mit einer genauesten Erklärung aller behandelten Vorgänge, und ich bin sicher, daß sie Ihnen wie neu erscheinen werden . . .«
V. sagt also, daß die »Sonetti Dimostrativi« erst für den Druck hinzugefügt wurden. Der Dichter ist nicht bekannt, es könnte vielleicht V. selbst gewesen sein. Die Konzerte sind nichtsdestoweniger Programm-Musik, nur daß eben das Programm im Geiste des Komponisten vorhanden war und die Komposition lenkte. Man hat die Verse unnötigerweise kritisiert. Sie sind locker gefügt; der Text zum Herbst beginnt beispielsweise:
»Es feiert der Bauer mit Tanzen und Springen
das schöne Vergnügen der glücklichen Ernte,
und vom edlen Tropfen des Bacchus erregt,
beendigen sie im Schlafe ihr Vergnügen.«
Mit den *Jahreszeitenkonzerten* ist V. ein Wurf gelungen, der den ästhetischen Vorstellungen der ersten Hälfte des 18. Jahrhunderts aufs vollkommenste entsprach. Besonders in → Frankreich ist von →

Ludwig XV. bis zu → Corrette geradezu eine »Jahreszeitenwelle« festzustellen. Als nach dem Ableben des Komponisten sein Name rasch der Vergessenheit anheimfiel, wird bei den spärlichen Nennungen seines Namens fast immer das op. VIII/1 bis 4 erwähnt. Doch auch im 20. Jahrhundert haben die V.-Verehrer die *Jahreszeiten* zu ihren Lieblingsstücken erkoren. Dem V.-Plattenkenner Roger-Claude → Travers verdanke ich eine Liste von einhundertsiebzehn Einspielungen unter Dirigenten wie Bernstein, Karajan, Scherchen und Stokowsky bis zu den Barockspezialisten von heute wie Harnoncourt, Malgoire und → Scimone. (Wenn H. Haack sagt [Fonoforum 4, S. 78]: »Wie Nikolaus Harnoncourt das Programmatische dieser Musik konsequent in Klang umsetzt, dabei alle bisher bekannten Interpretationen als hoffnungslos normal deklassiert, das muß schon eine Sensation genannt werden«, so muß der Arme alle hundertsechzehn abgehört haben!) Die Liste von Travers stammt vom 25. 9. 1983 und ist zur Zeit der Drucklegung dieses Buches sicherlich schon überholt. Daß sich Flötisten wie Galway und das japanische New Koto Ensemble mit Erfolg diesen Konzerten zugewendet haben, beweist ihre ungeheure Lebenskraft. Auch der Synthesizer hat sie entdeckt: Patrick Gleesons Computer Realisation mit dem Synclavier II Digital Synthesizer VVCDM 1000.100 Digital. Daß eine solche Musik auch die Tänzer inspiriert, beweist eine Ballettaufführung in Braunschweig 1980.

V. hat übrigens zwei Sätze des »Frühlingskonzerts« in das → Oratorium → *Juditha Triumphans* übernommen und das Werk auch für den Eingangschor in → *Dorilla in Tempe* 1726 verwendet.

Lit.: M. Talbot, Vivaldis Four Seasons. In: Music Teacher, 1980.

Jefte

Ein → Pasticcio-Oratorium, das aus Musik von vierzehn Autoren zusammengestellt ist, nämlich Palucci, Orlandini, → Gasparini, Porta, Stuck, Mancini, V., Scarlatti, Landi, Veracini und vier Komponisten, deren Namen »incerto« sind. Das von Giancarlo Rostirolla aufgefundene Textbuch trägt den Titel: »Il Padre / Sacrificator della Figlia / ovvero / Jefte / Oratorio a quattro Voci / da cantarsi / nella Ven. Compagnia, ed Ospizio / di Gesù, Maria, e Giuseppe / Nella Compagnia di S. Marco in Via di S. Gallo / dedicato / All'Illustriss. Sig. Marchese / Cosimo Riccardi / Superiore del detto Ospizio / Poesia / di Domenico Canavese. / Musica / di diversi Autori. / In Firenze, M.DCC.XIX. / Nella Stamperia di Michele Nestenus. Con lic. de' Sup.«

Jonson, Ben(jamin) (*1573 Westminster, †1637 London)

→ Händel komponierte Teile einer Bühnenmusik, die für eine 1733 veranstaltete Wiederaufführung von Jonsons »The → Alchemist« bestimmt war; die anderen Beteiligten waren Corelli, Geminiani und V.

Jubilate o amoeni chori

V. komponierte diesen Text zweimal, einmal als »Introduzione al ›Gloria‹ ad Alto solo con Istromenti, del Vivaldi« für Alt, Streicher und Bc., D-Dur, Turin, Sammlung → Foà, Bd. 40, und ein zweites Mal als »Introduzione al ›Gloria‹, del Vivaldi« für Sopran und Bc., D-Dur. Turin, Sammlung → Giordano, Bd. 32.

Juditha Triumphans
Das einzige → Oratorium, das wir aus der Feder V.s besitzen. Das Werk besteht aus fünfundzwanzig → Arien und fünf Chornummern, die durch → Rezitative verbunden sind. Man kann sich das Erstaunen A. → Gentilis vorstellen, als er unter den Schätzen der → Durazzo-Sammlung ein solches Opus geistlicher Musik entdeckte, das die damaligen Vorstellungen von V. völlig umstürzte. Es ist ein »Sacrum Militare Oratorium«, geschrieben zur Verherrlichung des Sieges über die Türken, nach dem der Friede von Passarowitz (1716) geschlossen wurde. Der Textdichter Giacomo → Cassetti hat den häufig behandelten Stoff sehr knapp und eindringlich gefaßt: Die schöne und fromme Witwe Judith wird aus der belagerten Stadt Bethulia zum assyrischen Feldherrn Holofernes geschickt, um Gnade zu erwirken. Kaum hat er sie gesehen, lädt er sie zu einem festlichen Gelage in sein Zelt, das er allein mit ihr feiert. Als er aber eingeschlafen ist, enthauptet sie ihn und rettet so die Stadt. Der Hohepriester Ozias, Sprecher des Volkes von Bethulien, stellt die Verbindung des Themas mit der Stadt Venedig her, indem er »Veneti maris Urbem« mit Bethulia vergleicht und Venedig eine »Nova Juditha« nennt.
Die Partitur befindet sich in Turin, Sammlung → Foà, Bd. 28.
In der Bibliothek des Konservatoriums Santa Cecilia in Rom hat sich auch ein Textbuch erhalten, in welches handschriftlich die Vornamen der Sängerinnen des Ospedale eingetragen wurden. Wir erfahren aus dieser Liste, daß auch die männlichen Rollen von Mädchen gesungen wurden. Was an der *Juditha* heute so gefangennimmt, ist die Instrumentation. V. verwendete zwei Flöten, zwei Oboen, zwei »Claren« (Klarinetten), zwei Fagotte, zwei Trompeten, Pauken, eine Mandoline, vier Theorben, → Viola d'amore, → Viola all'inglese, Viola da Gamba, Streicher, → Orgel und zwei Cembali. Außer den Solisten

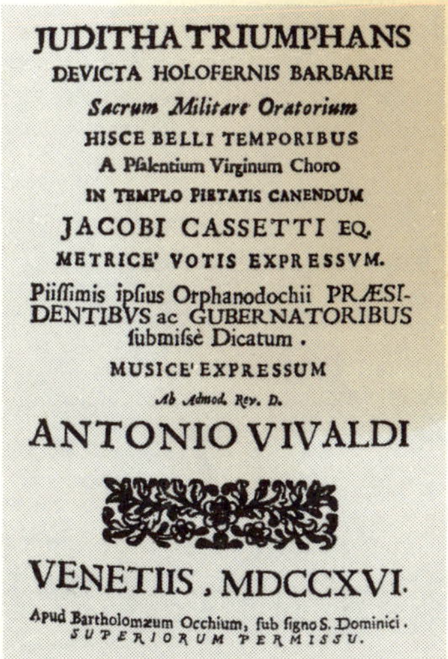
JUDITHA TRIUMPHANS
DEVICTA HOLOFERNIS BARBARIE
Sacrum Militare Oratorium
HISCE BELLI TEMPORIBUS
A Psalentium Virginum Choro
IN TEMPLO PIETATIS CANENDUM
JACOBI CASSETTI EQ.
METRICE' VOTIS EXPRESSVM.
Piissimis ipsius Orphanodochii PRÆSIDENTIBVS ac GUBERNATORIBUS submissè Dicatum.
MUSICE' EXPRESSUM
Ab Admod. Rev. D.
ANTONIO VIVALDI
VENETIIS, MDCCXVI.
Apud Bartholomæum Occhium, sub signo S. Dominici.
SUPERIORUM PERMISSU.

und dem Chor ist einmal auch ein Fernchor (»le voci in Lontano«) eingesetzt. Das Werk, für das man auch Bezeichnungen wie »azione sacra« gebrauchte, wurde 1939 in Siena szenisch aufgeführt.

Lit.: L. Bianchi, Intorno alla »Juditha« di Vivaldi. In: NRMI, 1979, S. 204–209; M. Rinaldio, Juditha Triumphans. Milano 1946; E. Selfridge-Field, Juditha in historical perspective: Scarlatti, Gasparini, Marcello and Vivaldi. In: V. Veneziano Europeo. Firenze 1980.

Kadenz

Nach → Quantz soll die Entstehung der Solokadenz zeitlich in die entscheidenden Jahre von V.s stilistischer Entwicklung fallen; sie hat einen Vorläufer in Giuseppe Torellis Perfidien (Perfidien: kadenzartige Einschübe). In Bläserkonzerten sind sie relativ kurz – sie sollten nach dem Vorbild der Sängerkadenzen auf einen Atem ausgeführt werden können –, stehen aber immer vor dem Eintritt der Tonika, meist über einem Dominantenorgelpunkt, wobei sie harmonisch oft recht weit ausholen. Für die eigentlichen Solokadenzen gab es zwei Möglichkeiten: 1. sie nur durch die Vorschrift »Qui si ferma à piacimento« (Hier hält man nach Belieben) anzudeuten und und auf das folgende Schlußtutti durch »poi segue« (dann folgt) zu verweisen. Dies genügte, wenn man mit einem geschickten oder vielleicht auch gut vorbereiteten Improvisator rechnen konnte; 2. die Kadenz auszuschreiben, etwa auch als Studienmaterial für Schüler oder als Unterlage für Solisten mit geringem Improvisationsvermögen. Die Turiner Manuskripte enthalten eine ganze Reihe ausgeschriebener Kadenzen, drei davon sind in »Kolneder, Aufführungspraxis, S. 70 bis 78« mitgeteilt. Dabei kommt es im Konzert »Fatto per la Solemnità della S. Lingua di S. Antonio in Padua« (1712/PV 165, RV 212) zu einem Taktwechsel, weil V. motivisches Material aus dem ersten und dritten Satz aufgreift.

Ado
tr
Orchestereinsatz
1. Satz
1. Satz
3. Satz
3. Satz

Kalender
Nach »more veneto« (venezianischer Art) begann das Jahr mit dem 1. März, die Monate Januar und Februar wurden noch dem alten Jahr zugerechnet. Die Unkenntnis dieser kalendarischen Verhältnisse kann Ursache für ungenaue Datierung sein.

Kammerkonzerte
Von V. als → Concerto oder Sonata bezeichnet. Im → Fanna-Verzeichnis, Kategorie XII, sind neunzehn Konzerte »für mehrere verschiedene Solo-Instrumente ohne Orchester« zusammengefaßt. Unter dem Titel »Concertos without orchestra« hat ihnen Noriko → Ohmura eine genaue Untersuchung gewidmet. Sie gliedert:
1. das Basis-Ensemble. Es besteht aus einem »a Tre«-Ensemble, d. h. gleichwertigen führenden Stimmen mit einem bezifferten Baß. Solostellen werden von einer der führenden Stimmen gespielt. Oder:
2. Basis-Ensemble wie oben. Solostellen erscheinen in mehreren Stimmen.
3. Das Basis-Ensemble besteht aus drei (oder mehr) gleichwertigen Stimmen und einem bezifferten Baß. Solostellen werden von einer dieser drei Stimmen gespielt.
4. Basis-Ensemble wie oben, Solostellen scheinen in mehreren Stimmen auf.
Die Werke sind durchwegs dreisätzig, der erste Satz ist jeweils in → Ritornellform angelegt, in den letzten Sätzen treten neben der Ritornellform eine Gigue (→ Giga), eine → Chaconne, ein Menuett und einmal → Variationen auf. In siebzehn dieser Ensembles ist die Flöte (Blockflöte) vertreten, die meist auch die Führung außerhalb der Ritornelle übernimmt.

Kantate
Kirchliche Kantaten wie → Bach hat V. nicht geschrieben; es fehlte offenbar der liturgische Anlaß. Die weltlichen Kantaten bestehen aus einem → Rezitativ und einer → Arie oder auch aus einer Arie plus Rezitativ plus einer Arie. In der einfachsten Gestalt waren Singstimme und Bc. die Ausführenden, es konnte aber zur Singstimme auch ein Orchester treten. Obwohl lyrisch in der Grundhaltung, nahm insbesondere das Rezitativ häufig dramatische Züge an und ähnelte fast einer dramatischen Szene. Die Opernnähe wurde oft betont, aber auch die Unterschiede, die in der Wirkung auf ein anspruchsvolles Publikum der »Kammer« lagen. Die Texte sind meist anonym, nur in Kantaten hat V. Texte von → Metastasio verwendet. Gelegentlich hat man vermutet, daß der Komponist auch der Verfasser der Texte sei.
Insgesamt sind von V. neununddreißig weltliche Kantaten erhalten, davon zwei für Sopran und Bc., acht für Alt und Bc., fünf für Sopran, Instrumente und Bc., vier für Alt, Instrumente und Bc.
Lit.: M. M. Dunham, The Secular Cantatas of Antonio Vivaldi in the Foà Collection. Diss. University of Michigan 1969; G. Folena, La Cantata e Vivaldi und C. Timms, The Dramatic in Vivaldi's Cantatas. Beide in: A. V. Teatro Musicale Cul-

tura e Società. Firenze 1982; A. V. Due cantate inedite con due capitoli di Massimo Mila. Milano 1978.

Karl VI. von Habsburg
(Regierungszeit 1711–1740)
Liebhaber der Musik und gründlicher Kenner, der nachweislich zweimal mit V. zusammentraf, das erste Mal 1728 vermutlich in Triest. Trotz größter politischer Spannungen fand er Zeit zu langen Gesprächen über Musik. Abbé Conti schrieb an Madame → Caylus, der Kaiser habe in vierzehn Tagen mehr mit Vivaldi gesprochen als mit seinen Ministern in zwei Jahren. Bei dieser Gelegenheit soll der Meister viel Geld, eine Kette und eine Goldmedaille erhalten haben und in den Ritterstand erhoben worden sein, wofür er mit der Widmung der → Violinkonzerte op. IX gedankt hat. Ein handschriftlicher Stimmensatz in der Nationalbibliothek Wien trägt den Titel: »La Cetra / Concerti / Consacrati alla Sacra Cesarea Cattolica Real Maestà / Di Carlo VI Imperatore / l'anno 1728«. Dieser Stimmensatz ist aber nicht identisch mit op. IX, das im gleichen Jahr in → Amsterdam erschien. Das zweite Mal traf V. mit dem Kaiser vermutlich 1729/30 in → Wien zusammen (vgl. Brief vom 16. 11. 1737: »Ich bin nach Wien eingeladen worden.«)
Als V. im Herbst 1740 von → Venedig abreiste, hat er sich wahrscheinlich sofort nach Wien gewandt, wo er sich eine einträgliche Tätigkeit erhoffte, doch war der Kaiser inzwischen verstorben (20. Oktober), und der Ausbruch des Österreichischen Erbfolgekrieges machte alle Hoffnungen zunichte.

Kataloge
Große Probleme brachte die Katalogisierung der Werke V.s mit sich. Die Arbeiten von → Fuchs, → Altmann und → Bachmann haben heute nur mehr historisches Interesse. Nach der Auffindung der Turiner Manuskripte legte Olga → Rudge als Hilfsmittel zur Orientierung zwei Kataloge vor, die trotz mancher Irrtümer ihren Zweck erfüllten. Mario → Rinaldis Katalog (1945) hat zwei Nachteile: Er ist kriegsbedingt nicht in Turin erarbeitet worden, sondern nach Rudge; außerdem zählt er die Opusnummern nach den gedruckten Zahlen weiter, so daß er auf op. 319, aber mit vielen Untergliederungen, kommt. Der → Pincherle-Katalog (1948) endlich setzte sich vor allem in der Plattenindustrie durch, aber er umfaßt nur die Instrumentalmusik nach Sonaten und Sinfonien und die Konzerte nach Nummern von 1–444. Leider war er bald vergriffen. Der Verlag druckte lange nicht nach, und in diese Lücke stieß der Katalog von → Ryom (1974). Die Pincherle-Nummern beizubehalten, ließ der Ehrgeiz nicht zu. Ryom wollte unbedingt eine kleine Unsterblichkeit erreichen (was ihm auch geglückt ist), indem er neu numerierte. Die Benutzung wird dadurch erschwert, daß Sonaten, Sinfonien, Konzerte, Opern und Kirchenmusik in weiterlaufenden Zahlen erfaßt sind. Wer z. B. wissen will, wie viele Opern V. geschrieben hat, muß bei Ryom unter

den Nummern 695–740 suchen, dann auf Seite 144–148 (Anhang 39–58) nachsehen, dann die Anmerkungen auf Seite 156 lesen, endlich die auf Seite 212 (Anlage 67). Das ist alles andere als bequem und übersichtlich. Man hätte durch gruppenweise Zählung So . . . , Si . . ., Ko . . ., O . . ., Ki . . . (unter Einbeziehung der Pincherle-Nummern) das alles vermeiden können, wäre offen für alle weiteren Funde geblieben und hätte die Nummern jeder Gruppe weiterführen können. → Fannas Katalog von 1955 ist sehr präzise gearbeitet, aber in erster Linie ein Verkaufskatalog der Gesamtausgabe für den Verlag → Ricordi.

Schließlich sind noch die »Notwehr-Verzeichnisse« zu erwähnen, z. B. von Alan Stone Martin und Noriko → Ohmura (beide 1972), die mit Vergleichszahlen die Orientierung im Katalog-Wirrwarr erleichtern wollen.

Ryoms großer Katalog, 1972 angekündigt, ist bis heute nicht erschienen; seine Kleine Ausgabe muß ihn seit 1974 ersetzen. »Ergänzungen und Berichtigungen zu dem Verzeichnis der Werke A.V. Kleine Ausgabe« sind 1979 in Poitiers erschienen.

Klarinette

V. hat das Instrument mindestens seit 1712 gekannt und verwendet, und zwar in vier Werken:

1. PV 73 (RV 560) »Con^{to}: con 2 Hautbois, 2 Clarinet, e Istrom^{ti}:«
2. PV 74 (RV 559) »Con^{to}: con 2 Hautbois, 2 Clarinet, e Istrom^{ti}:«
3. PV 84 (RV 566) »Con^{to}: P. la Solemnità di S. Lor^{zo}:« (1712 / 2 Hautbois, 2 Claren, 2 Flauti, 2 Viol^{ni}: di Con^{to}: 2 di Ripieno, Viola, Basso e Fagotto). Im → Mittelsatz ist ein »Clarinet« für die Ausführung des Bc. mit herangezogen. »Claren« war vermutlich eine Dialektform für Clarinet.
4. Im → Oratorium → *Juditha Triumphans*.

Man hat die sehr frühe Verwendung der Klarinette bei V. bezweifelt, doch schließt die Verwendung von clarinetti, → salmoè und trombe im gleichen Werk aus, daß es sich bei clarinetti etwa um clarini oder Schalmeien (salmoè) gehandelt haben könnte.

Lit.: W. Kolneder, Die Klarinette als Concertino-Instrument bei Vivaldi. In: Zeitschrift Musikforschung, 1951, S. 185–191; holl. Übersetzung in: Symphonia, 1951.

Kolneder, Walter (*1910 Wels)

Schrieb neben zahlreichen kleineren Arbeiten eine fünfteilige Habilitationsschrift »A. V. Neue Studien zur Biographie und zur Stilistik der Werke« (Saarbrücken 1956); daraus gedruckt: »Aufführungspraxis bei V.« (Leipzig 1955, Adliswil ²1973, japanisch Tokio 1977, englisch Winterthur 1979); ferner: »Die Solokonzertform bei V.« (Strasbourg, Baden-Baden 1962); »Melodietypen bei V.« (Adliswil 1973); »A. V. Leben und Werk« (Wiesbaden 1965, englisch London 1970, ungarisch Budapest ²1982, italienisch Milano 1978); »A. V. Dokumente seines Lebens und Schaffens« (Wilhelmshaven ²1981, italienisch Roma 1979, englisch New York 1983).

Konzert

In seiner grundlegenden Untersuchung von 1924 hat Wilhelm → Fischer festgestellt, daß um 1700 »Concerto« keine Form, sondern eine Instrumentationsweise war. Erst nach 1700 setzen bei Torelli, Albinoni und anderen Formbildungsversuche ein, in denen ein auf verschiedenen Tonstufen auftretendes → Ritornell als harmonischer Rahmen benutzt wurde, in die man die Soloteile hineinstellte. Der so entstandene → Solokonzertsatz bildete einen Gegensatz zum Corellischen → Concerto grosso. V., dessen Konzertproduktion bald nach 1700 eingesetzt hat, war in hervorragendem Maße an dieser Entwicklung beteiligt und übernahm die Führung, so daß es richtig ist, von einer Solokonzertform V.s zu sprechen, vorausgesetzt, man verbindet damit nicht einen Prioritätsanspruch.

Die Konzertform V.s ist fast immer dreisätzig (rasch, langsam, rasch), nur in etwa dreißig Werken ist eine langsame Einleitung vorangestellt. Der erste Satz ist fast durchweg als Solokonzertsatz angelegt, der letzte häufig. Hinsichtlich der Tonart stehen erster und letzter Satz in der Tonika, der Mittelsatz kontrastiert hierzu (D, Tp oder eine andere Stufe). → Talbot hat folgende Zahlen mitgeteilt:

Solokonzerte		Doppelkonzerte	
Violine	220	2 Violinen	25
Viola d'amore	7	2 Violoncelli	1
Violoncello	27	2 Mandolinen	1
Mandoline	1	2 Flöten	1
		2 Oboen	3
Flöte	13	2 Trompeten	1
Blockflöte	2	2 Hörner	2
Flautino	3	2 verschiedene Instr.	11
Oboe	19		
Fagott	37		
	329		45

Mehr als zwei Soloinstrumente	34
Konzerte für zwei Streichorch.	4
Kammerkonzerte	22
Konzerte für Streichorch.	44
	104

Genaue Zahlen anzugeben, ist nicht möglich. Talbot zählt nur die vollständig erhaltenen Konzerte, → Ryom (Grove) zählt die Bruchstücke mit, außerdem alle irgendwann einmal nachgewiesenen Werke, selbst wenn sie längst verloren sind. Auch die Frage der Echtheit spielt eine große Rolle, ebenfalls die → Doppelfassungen. Bei vorsichtiger Schätzung hat V. etwa 600 Konzerte geschrieben, d. h. über 1000 Sätze in der Solokonzertform. Sieht man von gelegentlichen Routinearbeiten ab, so ist es erstaunlich, mit welchem Einfallsreichtum er das Formschema abwandelt. Kaum ein Satz gleicht dem anderen.

Korrektur

V.s Partituren sind fast durchwegs Arbeitspartituren, zu Reinschriften hätte er sicherlich kaum Zeit gehabt. Ausnahmen bilden allenfalls die Widmungspartituren oder solche, die er zahlungskräftigen Venedig-Besuchern zum → Verkauf angeboten hat. Trotz der raschen Produktion (→ Arbeitsweise) war ein sehr wacher Kunstverstand in allen Phasen der Arbeit wirksam. Oft stehen Korrekturen in einer Stimme, ehe die übrigen Stimmen ausgeschrieben wurden, d. h. sie erfolgten in einem sehr frühen Stadium. So hat V. im letzten Satz von PV 14 (RV 179) von einem spieltechnisch zu kühnen Gedanken (9. Lage auf der d-Saite) drei Takte durchgestrichen und ihn durch eine Führung in der 5. Lage ersetzt. Häufig sind Sequenzketten durch durchgestrichene Takte verkürzt; auch in Arpeggien ist gelegentlich die harmonische Folge verdichtet wie z. B. in einer → Kadenz im Schlußsatz von PV 14, RV 179 (vgl. W. Kolneder, Aufführungspraxis bei V., S. 70). Im allgemeinen betrafen Korrekturen spieltechnisch schwere Stellen. V. wollte damit offenbar – wie bei mehreren Flötenkonzerten – ein Werk auch weniger geübten Solisten zugänglich machen. Hübsch ist eine Änderung im dritten Satz eines Violinkonzerts PV 135 (RV 575): Das erste Solo setzt mit akkordischer Figuration ein; sie wurde aber durchgestrichen, noch ehe der Baß ausgeschrieben war und zugunsten einer motivischen Beteiligung am → Ritornell geändert. Auch eine zu einfache Baßführung wird, wie im Violinkonzert op. 9 Nr. 1, durch eingefügte Noten geändert. In einem Fagottkonzert C-Dur hat V. den dritten Satz im Viervierteltakt begonnen, sich dann aber offenbar daran erinnert, daß auch die beiden vorhergehenden Sätze in der gleichen Taktart stehen. Er hat dann den Beginn verworfen und im Dreivierteltakt begonnen. Wenn → Quantz im »Versuch«, 58. Abs. des XVIII. Hauptstücks sagt, V. sei durch »tägliches Componieren« leichtsinnig geworden, so wird diese Ansicht durch das Studium von V.s Korrekturen widerlegt.

Krankheit

Wir besitzen darüber ein Zeugnis von V.s Hand. In einem Brief an seinen Gönner, den Marchese → Bentivoglio in → Ferrara, schrieb er am 16. 11. 1737:

». . . und dies wegen einer Krankheit, an der ich von Geburt an leide . . . Deshalb verbringe ich mein Leben fast immer im Hause und verlasse es nur in der Gondel oder im Wagen, weil ich wegen meiner Brustkrankheit, die man auch Atembeklemmung nennt, nicht gehen kann . . .«

Dazu hat → Giazotto mitgeteilt, daß am Tage der Geburt V.s Teile der Stadt → Venedig von einem Erdbeben erschüttert worden sind, so daß die Bewohner ihre Häuser verließen. → Ryom hat dies zwar bestritten, es könnte aber immerhin sein, daß dies die Ursache für eine Frühgeburt im siebten Monat war und zu einer dauernden Schädigung führte. Pietro Berri, dem wir eine gründliche Studie über Paganinis Krankheit verdanken, hat auch eine Arbeit »La Malattia di Vivaldi« (In: Musica d'Oggi, 1942) vorgelegt. Er kam zu dem Ergebnis, daß es sich bei V.s Krankheit um Asthma handelte. Da diese Krankheit V. jedoch nicht daran gehindert hat, über dreißig Jahre z. T. weite Reisen zu unternehmen, als Solist aufzutreten und die zeitweise sehr aufreibende Tätigkeit als

→ Impresario auszuüben, hat Fausto Torrefranca geschlossen, daß V. außerdem unter psychisch bedingten Symptomen litt, so daß er sich für krank hielt, obwohl er physisch gesund war.
Neuerdings hat sich der Arzt und Vivaldi-Kenner Roger-Claude → Travers in einer Dissertation »La maladie de Vivaldi« (Poitiers 1981, gedruckt 1982) erneut mit V.s Krankheit beschäftigt und darüber auch einen Bericht in den »Informazioni e Studi« (1982) vorgelegt. Dort heißt es abschließend:
»Um in einer etwas kühnen Art zu schließen, wetten wir, daß der Autor, der es wagt, die Krankheit Vivaldis mit Asthma bronchiale zu identifizieren, nicht weit von der Wahrheit entfernt ist.«
Zu erwähnen ist noch, daß Ro Raftl in der »Hör zu« (Ausgabe Österreich/Programm vom 10.–16. 3. 1979, S. 59) den Satz schrieb: »Gestorben ist der Komponist, dem selbst der gestrenge Johann Sebastian Bach mit kritischer Bewunderung gegenüberstand, am ›inneren Brand‹, der Syphilis.«
Nachforschungen nach der Quelle führten zu einem Film (Vivaldi in Wien) von Florian Lepuschitz und Christina Kövesi, aber der Verfasser des Drehbuchs war zu diesem Zeitpunkt schon gestorben. Auch die medizinische Fachliteratur bot keine Anhaltspunkte. Herr Dr. Henkelmann vom Institut für Geschichte der Medizin an der Universität Heidelberg hatte die Liebenswürdigkeit, in einem Brief vom 12. 3. 1980 mir umfassend Auskunft zu geben:
»Das Todesjahr Vivaldis (1741) liegt vor der Entstehung der sogenannten ›Älteren Wiener Schule‹ (van Swieten, De Haen), die von Leyden (Boerhaave) kommend einen modernen wissenschaftlichen Impetus nach Wien brachte. Es ist deshalb nicht überraschend, als Todesursache Vivaldis einen vorwissenschaftlichen Begriff wie den des ›innern Brand(s)‹ genannt zu finden. Das Krankheitsbild des ›Brandes‹ ist nosologisch nicht scharf abzugrenzen. Brand ist ein vom Mittelalter bis in die Neuzeit gebräuchlicher Sammelbegriff für zahlreiche Krankheiten unterschiedlichster Ätiologie und Genese: (toxische) Stoffwechselstörungen, vor allem aber entzündliche Erkrankungen mit Fieber. Jede Übersetzung in heute übliche nosologische Kategorien ist vage und anzweifelbar. Am ehesten dürfte es sich beim ›innern Brand‹ jedoch um Milzbrand, Typhus oder eine typhöse Pneumonie gehandelt haben. Wenn auch jede Übersetzung des Begriffs ›innerer Brand‹ in die heutige Nosologie unsicher bleibt, so läßt sich doch umgekehrt sehr sicher ausschließen, daß es sich hierbei um die Syphilis gehandelt habe. Dies aus einem einfachen Grund. Seit dem beginnenden 16. Jahrhundert ist die Syphilis ein recht abgegrenztes Krankheitsbild, und auch in Laienurteilen taucht unter den zahlreichen Synonyma . . . nie der Terminus ›innerer Brand‹ auf.«

Kreisler, Fritz
(*1875 Wien, †1962 New York)
Einer der größten Geiger unseres Jahrhunderts. Hatte eine Vorliebe für kleine »gschmachtige« Stücke

und – für Plagiate, mit denen er offenkundig Publikum und Kritik hereinlegen wollte. So führte er im Dezember 1906 in Brüssel ein Violinkonzert in C-Dur auf, das angeblich von V. stammte und größte Begeisterung hervorrief. Als er es 1927 bei Carl Fischer in New York drucken ließ, nahmen es alle Geiger sofort ins Repertoire, nachdem bis dahin nur Eugène Ysaye das Spiel aus einer Abschrift erlaubt gewesen war. Nachdem M. → Pincherle sich jedoch wiederholt an Kreisler wegen der Quelle gewandt hatte, gab dieser, durch einen Artikel von Ernest Newman in der Sunday Times in die Enge getrieben, 1935 die Fälschung zu. Das Werk wird seither neben anderen Stücken »alter« Meister schamhaft unter der Rubrik »Klassische Manuskripte« veröffentlicht. Von zwanzig derartigen Werken hatte der Verlag Schott im Jahr 1908 nur sechs Monate nach Erscheinen bereits 70 000 Exemplare verkauft. Es existieren sogar drei Schallplatteneinspielungen des »berühmten« Stücks: 1931, Columbia D 15502/03 von E. Campaiola (Vl.) und E. Sarti (Kl.); 1932, Victor M-1070 von Kreisler selbst mit dem RCA Victor-Streichorchester unter D. Voorbes; 1940, bei Columbia inglese DX 963/64 mit J. Pouguet und einem Symponieorchester unter W. Goehr.

Kukus (auch Kukas; heute Kuks)
Von Anton Graf von → Sporck nordöstlich von → Prag neuerrichtetes Bad, in dem seit 1698 zur Unterhaltung der Kurgäste wandernde Theatergruppen auftraten. Am 13. und 14. 8. 1724 wurde in einer deutschen Übersetzung von Gottfried Benjamin Haucke und mit → Rezitativen von → Bioni → *Orlando furioso* von V. durch die venezianische Operngesellschaft → Denzio aufgeführt. Bioni leitete die Aufführungen.

Kyrie
Nach Agostino Girard (→ Giazotto 1973) sind drei Kyrie-Kompositionen von V. erhalten:
1. für zwei vierstimmige Chöre, Streicher und Bc., d-Moll. Turin, Sammlung → Giordano, Bd. 35;
2. »a 4 voci, del Vivaldi« für vierstimmigen Chor, Streicher und Bc., F-Dur. Turin, Sammlung → Giordano, Bd. 32;
3. »a 8 in due Cori, del Vivaldi« für zwei vierstimmige Chöre, zwei Streichorchester und Bc., g-Moll. Turin, Sammlung → Foà, Bd. 40. Dieses Kyrie wurde seit 1969 nicht weniger als fünfmal herausgegeben.

Laetatus sum
»Salmo 121 a 4 con Istromenti, del Vivaldi«, für vierstimmigen Chor, Streicher und Bc., F-Dur. Turin, Sammlung → Foà, Bd. 40.
Ein zweites *Laetatus* aus dem gleichen Band mit der Überschrift »Salmo 121 a Voce sola con Violini, adì 10 Settembre 1691« ist wahrscheinlich nicht von V., jedoch als mögliche frühe Schülerarbeit nicht ganz auszuschließen.

Lalli, Domenico (eigentlich Sebastiano → Biancardi)
Bankangestellter aus Neapel, wegen Veruntreuung unter dem Namen Domenico Lalli in → Venedig un-

tergetaucht, dort 1741 gestorben. Seit der ersten Aufführung der Oper »L'Amor Tirannico« (1710) vielbeschäftigter Librettist; schrieb zwischen 1711 und 1715 neun Textbücher für → Sant'Angelo. Die Zusammenarbeit mit V. begann mit → *Ottone in Villa*, 1713; es folgten fünf weitere Opern: → *Arsilda Regina di Ponto*, Venedig 1716; *La* → *Candace o siano Li Veri Amici*, → Mantua 1720, nach Francesco → Silvani; *La* → *Verità in Cimento*, Venedig 1720; → *Filippo Re di Macedonia*, Venedig 1721, und → *Argippo*, Prag 1730.
Lit.: B. Brizi, Domenico Lalli Librettista di Vivaldi? In: V. Veneziano Europeo. Firenze 1980.

La Mara
(*1837 Leipzig, †1927 Schmölen) Pseudonym für Maria Lipsius, Musikschriftstellerin. Veröffentlichte 1886 in Leipzig »Musikerbriefe aus fünf Jahrhunderten«. Im ersten Band ist ein Brief von V. vom 26. 12. 1736 abgedruckt.

Landshoff, Ludwig
(*1874 Stettin, †1941 New York) Gab 1935 bei Peters, Leipzig, zwei → Violinkonzerte V.s mit einem sehr guten kritischen Bericht heraus und im selben Jahr drei Sinfonien für Streichorchester.

Lanzetti, Daniele
Venezianischer Theateragent, war 1736/37 mit den geplanten Opernaufführungen in → Ferrara befaßt und hatte den Auftrag, die Verbindung zu V. herzustellen. In den Briefen vom 29. 12. 1736 und 2. 1. 1737 ist dieser sehr schlecht auf ihn zu sprechen. Seine drei an den Marchese → Bentivoglio gerichteten Briefe sind bei → Giazotto (A. V., 1973, S. 267 und 271) abgedruckt.

Lanzetti (auch Lancetti), Lucia
Aus → Venedig stammende Altistin, die mit Vorliebe männliche Rollen sang, »virtuosa di S.A.S. la sign. principessa Violante di Toscana«, trat 1727 in Venedig in den Titelrollen in → *Farnace* und → *Orlando* auf und im gleichen Jahr in Florenz in → *Ipermestra*.

Lascerà l'amata salma
→ Kantate für Sopran, Streicher und Bc., h-Moll. Paris, Bibliothèque Nationale.

Lauda Jerusalem
147. Psalm »in due Chori«, e-Moll. Turin, Sammlung → Foà, Bd. 40. Francesco → Degrada hat das Werk für Soli (S,S,), zwei vierstimmige Chöre, zwei Streichorchester und zwei Orgeln (Bc.) herausgegeben. Die Vertonung des in zehn Strophen gegliederten Psalms ist ein formales Meisterwerk. Während V. derartige Texte oft kantatenhaft aufgliedert, ist das *Lauda* ohne Pausen durchkomponiert. Die Anlage des Werkes sei als Beispiel dargestellt (siehe rechte Seite oben).
Das Motivmaterial der Einleitung tritt im Takt 162 wieder auf und trägt ab Takt 231 das abschließende »Gloria Patri«. Auch der zweite Doppelchoreinsatz ist thematisch verwandt; es ergibt sich also mit den Tutti und den Soli eine Art → Solokonzertsatz.

1– 55	Lauda Jerusalem	beide Chöre	1.+2. Orch.	e → a
55– 76	Quoniam confortavit	Solo d. 1. Chors	1. Orch	a → C
76– 96	Qui posuit fines tuos	Solo d. 2. Chors	2. Orch.	C→ G
97–124	Qui emittet eloquium	beide Chöre	beide Orch.	G→ G
125–145	Qui dat nivem	Solo d. 1. Chors	1. Orch.	e → a
146–162	Mitti crystallum suum	Solo d. 2. Chors	2. Orch.	e → e
162–177	Emittet verbum suum	beide Chöre	beide Orch.	e → G
178–215	Qui annunciat verbum suum	Soli, 1. u. 2. Chor	beide Orch. (ohne Bässe)	G→ a
215–229	Non manifestavit	Soli, 1. u. 2. Chor	beide Orch. (ohne Bässe)	a → a
229–230	Modulationstakte		beide Orch.	a → e
231–287	Gloria Patri	beide Chöre	beide Orch.	e → e

V. hat die Soli von je zwei Sopranen singen lassen und, wie er es so oft getan hat, die Vornamen in der Partitur vermerkt (Familiennamen hatten die meisten ohnedies keine). Es waren dies Margherita, Giulietta, Fortunata und Chiaretta.
V. hat den 147. Psalm noch einmal komponiert, und zwar für vierstimmigen gemischten Chor und Bc., C-Dur. Turin, Sammlung → Giordano, Bd. 33.

Laudate Dominum
Psalm 116 »a 4 con Istromenti, del Vivaldi«, für vierstimmigen Chor, Streicher und Bc., d-Moll. Turin, Sammlung → Foà, Bd. 40.

Laudate Dominum omnes gentes
Offertorium für vierstimmigen gemischten Chor, zwei Hörner, zwei Violinen und Bc., F-Dur. Warschau, Universitätsbibliothek.

Laudate pueri Dominum
V. hat den 112. Psalm sechsmal vertont:
1. »del Vivaldi« für Alt, vierstimmigen gemischten Chor, zwei Streichorchester und Bc., A-Dur. Turin, Sammlung → Foà, Bd. 40, nur einige Strophen.
2. »a Voce sola et 5 Strumenti« für Sopran, Streicher und Bc., a-Moll. Turin, Sammlung Foà, Bd. 40.
3. »a Canto solo con Istrumenti, del Vivaldi«, für Sopran, zwei Oboen, Streicher und Bc., G-Dur. Turin, Sammlung → Giordano, Bd. 33.
4. »a 2 Canti in 2 Cori diversi con Ripieni et Strumenti, del Vivaldi«, für zwei Soprane, zwei vierstimmige gemischte Chöre, Streicher und Bc., A-Dur. Turin, Sammlung Foà, Bd. 40.
5. »a 5 Voci e 5 Strumenti« für zwei Soprane, Alt, Tenor, Baß, Streicher und Bc., D-Dur. Turin, Sammlung Giordano, Bd. 33.
6. für Sopran, Streicher und Bc., c-Moll. Turin, Sammlung Giordano, Bd. 33; außerdem im Prager Nationalmuseum (XXXV.E.49).

Laurenti, (Maria) Antonia, detta la Coralli
Alt/Mezzosopran aus Bologna, sang

auch männliche Rollen, »virtuosa di camera di S. maestà il re di Polonia ecc.«, sang 1718 in → Mantua in → *Armida al Campo d'Egitto*, 1720 in → Venedig in *La* → *Verità in Cimento* und 1721 die Titelrolle in → *Filippo Re di Macedonia*.

Le Clerc
Jean Le Clerc, seit 1713 im Pariser Verlagswesen tätig, aber auch einer der »vingt-quatre violons ordinaires de la Chambre du Roi«. Sein Bruder, Charles Nicolas Le Clerc (Le Cadet), war seit 1736 Verleger. Einen Großteil der Werke publizierten sie im gemeinsamen Verlag.

Legrenzi, Giovanni
(*1626 Clusone, †1690 Venedig)
Priester, auch Opernkomponist, seit 1672 Leiter des Ospedale dei Mandicanti (→ Ospedali), seit 1681 Vicemaestro an San Marco, seit 1685 Primo Maestro. Er erreichte die Vergrößerung des Orchesters auf vierunddreißig Musiker; unter den neuberufenen Mitgliedern befand sich G. B. → Vivaldi, der Vater V.s. Als Lehrer sehr gesucht; eine Schülerschaft Antonios bei ihm ist zwar nicht verbürgt, aber wahrscheinlich.

Libretto
Mit den von V. komponierten Textbüchern hat sich eine Reihe von Autoren wie → Rinaldi, → Ryom, → Strohm sehr verdienstvoll beschäftigt. Dann erschien 1982 eine weit über die bisherigen Arbeiten hinausgehende Zusammenfassung, »I Libretti Vivaldiani. Recensione e Collazione dei testimoni a stampa« von Anna Laura Bellina, Bruno Brizi und Maria Grazia Pensa. Diese außerordentlich gründliche Arbeit, die nicht weniger als fünfundsechzig Bibliotheken als Fundorte zitiert, bringt auf neunzig Seiten ein Verzeichnis der Textbücher mit genauen Titeln, Angaben über Aufführungen, Widmungen, szenische Ausstattung, Kostüme und Tänze sowie ein Personenverzeichnis mit den Interpreten. Außerdem sind Hinweise auf die Behandlung in der V.-Literatur enthalten. In einem Anhang von elf Seiten sind → Pasticci aufgeführt, es folgt auf sechsundneunzig Seiten ein alphabetisch geordnetes Verzeichnis der → Arien. Besonders reizvoll ist ein Anhang mit Abbildungen der Titelseiten von einhundertneun Textbüchern.
Die Angaben über Libretti in vorliegendem Lexikon stützen sich zum Großteil auf diese Publikation.

Lombardischer Rhythmus
→ Urteile der Zeitgenossen (siehe Notenbeispiel unten).

Longe mala, umbrae terrores
»Introduzione al ›Gloria‹ ad Alto solo, del Vivaldi«, für Alt, Streicher und Bc., g-Moll. Turin, Sammlung → Foà, Bd. 40.

Lothringen, Franz Stephan Herzog von
Im Textbuch zur Oper *L' → Adelaide* (Verona 1735) ist V. als »maestro di cappella di S.A.S. il duca di Lorena« bezeichnet. Der Herzog residierte in Florenz und heiratete im darauffolgenden Jahr Maria Theresia, die Tochter → Karls VI. Ob V. bei den Hochzeitsfeierlichkeiten in irgendeiner Weise mitgewirkt hat, ist nicht bekannt. Auch über die Art des Dienstverhältnisses kennt man keine Einzelheiten, wahrscheinlich wird er »Kapellmeister von Haus aus« gewesen sein. Franz Stephan wurde nach dem Aussterben der Medici 1738 Großherzog von Toscana und war als Franz I. von 1745 bis 1765 deutscher Kaiser.

Lucchini (auch Luchini), Antonio Maria
→ Textdichter zu → *Tieteberga*, → Venedig 1717, → *Farnace*, Venedig 1727, und → *Dorilla in Tempe*, Venedig 1734.

Ludwig XV. von Frankreich
(Regierte von 1715 bis 1774)
Wünschte 1730 eine Aufführung des »Frühlingskonzerts« (→ *Jahreszeitenkonzerte)* von V.

Lungi dal vago volto
→ Kantate »del Sig. D. Antonio Vivaldi« für Sopran, Violine und Bc., g-Moll. Turin, Sammlung → Foà, Bd. 27.

Maffei, Scipio (1675–1755)
Adliger aus Verona, gelehrter »academico della crusca«, mit starker Neigung zum Theater. Textdichter von *La → Fida Ninfa*, Verona 1732, die fünf Jahre zuvor bereits von Giuseppe Maria Orlandini komponiert worden war. Das Werk wurde unter dem Titel *Il giorno felice* (Der glückselige Tag) 1737 in → Wien wiederholt.
Lit.: G. Folena, Scipio Maffei e la »Fida Ninfa«; M. T. Muraro/E. Povoledo, Le scene della Fida Ninfa: Maffei, Vivaldi e Francesco Bibiena. Beide in: V. Veneziano europeo. Firenze 1980.

Magnificat
»Con Istromenti, del Vivaldi«, für zwei Soprane, vierstimmigen gemischten Chor, Streicher und Bc., g-Moll. Turin, Sammlung → Giordano, Bd. 35, erste Version.
In einer zweiten Version sind die Chorteile nahezu identisch, die Soloteile aber auf drei Soprane und zwei Alte erweitert, zwei Oboen dazugesetzt und technisch anspruchsvoller gemacht.
Diese zweite Version, geringfügig verändert, befindet sich in → Prag, Nationalbibliothek XXX.B.55, und wurde für Soloquartett, vierstimmigen gemischten Chor, zwei Oboen, Trompete, Streicher und Bc. veröffentlicht.

Malatesta, G. R.
Mailänder Drucker, der 1721 das Textbuch zu V.s Oper → *Silvia* druckte.

Malipiero, Gian Francesco
(*1882 Venedig, †1973 Treviso)
Komponist und dreizehn Jahre lang Konservatoriumsdirektor in Venedig. Fand 1930 in einem Antiquariat

ein Exemplar von Benedotte → Marcellos *»Il → Teatro alla Moda«*, in das der erste Besitzer die Namen der dort genannten und gemeinten Persönlichkeiten eingetragen hatte. 1947 übernahm Malipiero auf Einladung von Antonio → Fanna und Angelo → Ephrikian die künstlerische Oberleitung über die V.-Gesamtausgabe. In einem Vierteljahrhundert hat er die Generalbässe zu 435 Werken ausgearbeitet und sich von diesem Übermaß an Arbeit einen solchen Ekel »angeschrieben«, daß er einmal meinte: »Aber meine Musiker ›des Herzens‹ – wenn ich so sagen darf – sind Gesualdo da Venosa und Domenico Scarlatti, dann auch Vivaldi, aber nur für etwa zehn Konzerte.«

Lit.: G. F. Malipiero, Un frontespizio enigmatico: chi non cerca trova. In: Boll. bibl. musicale, 1930; G. F. Malipiero, A. V. Il Prete rosso. Milano 1958; L. Pinzauti, A Colloqio con Gian Francesco Malipiero. In: NRMI, 1967, S. 120.

Manchestersonaten

Für Violine und Bc. So genannt, weil Michael → Talbot die zwölf Sonaten 1974 in einem Band der H. Watson Music Library (ms 624 1. Vw 81) in Manchester aufgefunden hat. Sechs davon sind Unica, die übrigen sind auch in anderen Bibliotheken vorhanden, nämlich I, II und VII in Dresden, Sächsische Landesbibliothek Mus 2389/R/7–3, 2381/R/7–2, 2389/R/lod, VI in Venedig, Conservatorio Benedetto Marcello, fondo Giustinian 16046, VIII in Brüssel, Conservatoire XY 15115m und IX in Graz, Bibliothek des Bischöflichen Seckauer Ordinariats, Slg. Bad Aussee, n. 526–5 (ohne Baßstimme). Talbot hat auch die Wanderung der Sonaten feststellen können: V. hat sie wohl um 1726 dem Kardinal Ottoboni zum Geschenk gemacht. Nach dessen Tod (1740) hat sie → Holdsworth in Rom für Jennens gekauft. Dessen Erben waren die Earls di Aylesford, deren Nachlaß bei Sotheby versteigert wurde, wo sie N. Flower erwarb. Nach dessen Tod (1965) wurden sie von der Stadt Manchester gekauft.

Lit.: M. Talbot, Some overlooked Manuscripts in Manchester. In: The Musical Times, 1974; M. Talbot, Vivaldi's Manchester Sonates. In: Proc. of the Royal Musical Ass., 1977/78.

Mandoline

V. verwendete die Mandoline im → Oratorium → *Juditha Triumphans* in einer → Arie sehr eindrucksvoll als Soloinstrument. Im → Generalbaß steht die Anweisung »Violini Soli pizzicati«. Die beiden Konzerte für eine Mandoline, PV 134 (RV 425), und für zwei Mandolinen, PV 133 (RV 532), hat er vermutlich für den Marchese → Bentivoglio in → Ferrara geschrieben. In einem Brief vom 26. 12. 1736 heißt es: »Ich bitte Ew. Exz., mich gütigst zu benachrichtigen, ob Sie sich noch an der Mandoline vergnügen.«

Ein weiteres Werk V.s mit zwei Mandolinen ist das erste jener vier Konzerte, die 1740 in Anwesenheit → Friedrichs von Sachsen im Ospedale della Pietà (→ Ospedali) dargeboten wurden. Es trägt den Titel

Concerto con Due Flauti, Due Teorbi, Due Mandolini, Due Salmò, Due Violini in Tromba marina et un Violoncello.

Mangini, Nicola
(*1921 Mola di Bari)
Dozent für Theatergeschichte an der Universität Venedig. Konservator der »Casa di Goldoni«.
Veröffentlichte u. a.: Teatri di Venezia. Milano 1974; Sulla diffusione dell'opera comica nei teatri veneziani; Sui rapporti del Vivaldi col Teatro di Sant' Angelo. Beide in: Venezia e il Melodramma nel Settecento. Firenze 1978; Drammaturgia e spettàcolo tra Settecento e Ottocento. Padova 1979.

Mantua
V. schrieb am 16. 11. 1737 an den Marchese → Bentivoglio: »In Mantua habe ich drei Jahre im Dienste des allergroßherzigsten Fürsten von Darmstadt [Philipp von → Hessen-Darmstadt] gestanden.« Man war sich lange nicht einig über die in Frage kommenden Jahre, hat sich aber jetzt auf die Zeit zwischen 1718 und 1720 festgelegt.

Marcello, Benedetto
(*1686 Venedig, †1739 Brescia)
Betrieb neben Musik und Literatur das Studium der Rechte und brachte es bis zum Advokaten. Auf Drucken wurde er »nobile veneto dilettante di contrappunto« genannt. Seine geistvolle Schrift »Il → Teatro alla Moda« erschien 1720 in → Venedig anonym. Sie wird in ihrer Absicht und Auswirkung oft mißdeutet. Benedettos Bruder Alessandro (1684 bis 1750) schrieb 1722 einen Empfehlungsbrief für V. nach Rom. Mit den Familien Marcello/Capello, auf deren Grundstück das Theater → Sant' Angelo gebaut wurde, war der Autor zwar verwandt, jedoch – wie → Mangini nachgewiesen hat – kaum in Verbindung. Der Buchtitel trägt am Schluß den Vermerk: »Das Buch wird jedes Jahr mit Ergänzungen neu aufgelegt.« Die zweite Auflage erschien jedoch erst 1738. Das Interesse für die Publikation scheint demnach nicht allzu groß gewesen zu sein.

Marchi, Antonio
Textdichter von *La → Costanza trionfante degl'Amori e degl'Odi,* → Venedig 1716. Dieselbe Oper wurde mit dreimaliger Titeländerung wiederaufgeführt: als → *Artabano Re de'Parti,* Venedig 1718, *L'→ Odio vinto dalla Costanza,* Venedig 1731 (Textbuch überarbeitet von B. Vitturi) und → *Doriclea,* → Prag 1732, wobei der Name des Textdichters nicht genannt wurde.

Mariano, Nicolini
Kastratensopran, »virtuoso de S. A. d'Armstat«, sang 1732 in → Mantua in → *Semiramide,* 1733 in → Venedig in → *Montezuma* und 1734 in *L'→ Olimpiade.*

Mauri, Antonio
Betreute folgende Opern V.s bildnerisch (bis 1734 alle in Venedig): 1722 → *Feraspe,* 1726 → *Dorilla in Tempe,* 1726 → *Farnace,* 1728 → *Rosilena ed Oronta,* 1733 → *Montezuma,* 1734 *Dorilla in Tempe* und *L'→ Olimpiade,* 1739 in → Ferrara

→ *Siroe Re di Persia.* Hier sind als → Bühnenbildner genannt »M. A. und andere berühmte Maler«. Als Folge der Ferrareser Aufführung hinterlegte er bei einem venezianischen Rechtsanwalt ein »extragiudiziale« (das ist ein privates, aber registriertes Schreiben), auf das V. am 12. 3. 1739 antwortete. Dieses Schreiben ist erhalten.
Lit.: L. Moretti, Le inconvenienze teatrali: Documenti inediti su Vivaldi impresario. In: A. V. Venezia all'Europa. Milano 1978.

Mauro, Pietro, detto Vivaldi
Sang 1731 in Pavia in → *Farnace,* 1737 in Treviso die Titelrolle in derselben Oper und 1741 in Bassano die Titelrolle in → *Orlando furioso.*

Meck, Joseph (Giuseppe)
(*1690 bei Günzburg/Donau, †1758 Eichstätt)
Studierte in Italien, seit 1721 Hofkapellmeister in Eichstätt. Von seinen Werken werden zwei V. zugeschrieben.
Lit.: K. Beckmann, A. V. oder J. M.? Zum Echtheitsproblem des Concerto P. 217. In: Kongreßbericht Kopenhagen, 1972, S. 253 bis 256; K. Beckmann, Zur Echtheitsfrage des Concerto RV 275. In: Vivaldi Informations, Vol. 2, 1973, S. 7–14.

Melliado, Linco
Anagrammatisch für Domenico → Lalli

Merig(h)i, Antonia (Marghrita, auch nur Margherita)
Hervorragende Altistin aus Bologna, trat auch in männlichen Rollen auf. »Virtuosa della serenissima gran principessa Violante vedova di Toscana, governatrice di Siena«, sang 1717 in → Venedig in → *Tieteberga,* 1718 in Venedig in → *Armida al Campo d'Egitto* und in → *Artabano Re de' Parti,* 1718 in → Mantua die Titelrolle in *Armida al Campo d'Egitto,* 1720 in Venedig in *La* → *Verità in Cimento* und 1721 in Venedig in → *Filippo Re di Macedonia.*

Merope
Ein → Pasticcio nach zehn Komponisten, darunter V., 1728 in Breslau aufgeführt.

Messe
Katholischer Hauptgottesdienst. Vertont wurden die Ordinariumsteile Kyrie, Gloria, Credo, Sanctus, Benedictus, Agnus Dei; die übrigen Teile wurden je nach den Zeiten des Kirchenjahres eingelegt. Von V. existieren drei → Kyrie-, zwei → Gloria- und zwei → Credo-Kompositionen. Für eine in Warschau aufgefundene vierstimmige Messe in C-Dur, *Sacrum* genannt, mit zwei Violinen, Violoncello und Bc. ist die Authentizität nicht gesichert.

Metastasio, Pietro
(*1698 Rom, †1782 Wien)
Eigentlich Trapassi (»Metastasio« ist die Gräzisierung des italienischen Trapassi), Abate, Gesangs- und Kompositionsschüler Porporas. Erster Operntext 1724 »Didone abbandonata«; seit 1730 Poeta Cesareo am kaiserlichen Hof in → Wien. Führender Opernlibrettist, von dem

V. drei Texte komponierte: → *Siroe Re di Persia* (Reggio Emilia 1727, Ancona 1738, → Ferrara 1739), *L'→ Olimpiade* (Venedig 1734) und → *Catone in Utica* (Verona 1737, → Graz 1740). Außerdem bearbeitete er den → *Demetrio* und → *Alessandro nell'Indie* (beide Ferrara 1737 und beide von → Hasse). Es finden sich aber in fünfzehn Opern V.s Texte von Metastasio, die aus dem ursprünglichen Zusammenhang herausgelöst wurden.

Lit.: K. Hortschansky, Die Rezeption der Wiener Dramen Metastasios in Italien; E. Surian, Metastasio, i nuovi cantanti, il nuove stile: verso il classicismo. Osservazioni sull'Artaserse (Venezia 1730) di Hasse; B. Brizi, La Didone e il Siroe, primi melodrammi di P. Metastasio a Venezia. Alle in: Venezia e il Melodramma nel Settecento. Firenze 1978; F. Degrado, Vivaldi e Metastasio: note in margine a una lettura dell'Olimpiade. In: V. Veneziano Europeo. Firenze 1980.

Micheli, Benedetti

Römischer Opernkomponist, schrieb 1724 den ersten Akt zur Oper *La → Virtù trionfante dell'Amore e dell'Odio overo Il Tigrane*, V. den zweiten, → Romaldi den dritten Akt.

Mingotti, Angelo und Pietro

Zwei → Impresari, die 1736 bis 1746 in → Graz im Theater am Tummelplatz Opern aufführten und gelegentlich auch in Klagenfurt spielten. Von V. wurden 1739 → *Rosmira* und 1740 → *Catone in Utica* gegeben. Weitere sechs Opern weisen Titel auf, die mit Werken V.s korrespondieren; seine Autorschaft ist aber nicht nachzuweisen.

Lit.: E. H. Müller, A. u. P. M. Ein Beitrag zur Geschichte der Oper im 18. Jh. Dresden 1917; A. J. Hey, Das Mingottische Dezennium in Graz (1736–1746). Ein Beitrag zur Geschichte der Oper in Graz. Diss. München 1923; Th. Antonicek, V. in Österreich. In: ÖMZ, 1978, S. 128–134.

Mio cor povero cor

»Serenata à 3 / 2 Canti, e Tenore / con Istromti, Corni dà Caccia, et Oboè / 2 Fagotto / Del Vivaldi / Pour Monsieur le Mar du Toureil / Personaggi Eurilla, Nice, et Alcindo Pastori.« C-Dur. Turin, Sammlung → Foà, Bd. 27. → Libretto nicht erhalten.

Mitarbeit

An drei Opern hat V. mitgearbeitet. Offenbar war die Zeit so knapp, daß ein Komponist allein die Aufgabe nicht hätte bewältigen können. Es sind dies: → *Tito Manlio (II)*, Rom 1720 (erster Akt: Gaetano Boni, zweiter Akt: Giovanni → Giorgi, dritter Akt: V.);

→ *Filippo Re di Macedonia*, Venedig 1721 (erster und zweiter Akt: Giuseppe Boniventi [→ Bonaventi], dritter Akt: V.);

La → Virtù trionfante dell'Amore e dell'Odio overo Il Tigrane, Rom 1724 (erster Akt: Benedetti → Micheli, zweiter Akt: V., dritter Akt: Nicola → Romaldi).

Mitridate

→ Ryom (A. V. Teatro Musicale

Cultura e Società, S. 272): »Ebenso findet man immer in den Katalogen der V.-Opern . . . Mitridate und anderer nicht existierender Titel erwähnt.«

Mittelsatz

In der dreisätzigen Anlage von Konzert und Sinfonie fiel dem Mittelsatz die Aufgabe zu, mit dem ersten und dem dritten Satz zu kontrastieren. Das konnte durch Tempo, Taktart, Tonart, → Form, Besetzung, Ausführung des Bc. und natürlich durch kombinierte Möglichkeiten geschehen. Hinsichtlich der Länge einige von V. notierte Zahlen: erster Satz 79–213 Takte, zweiter Satz 13–37, dritter Satz 80–149. Das sind natürlich keine absoluten Werte, weil hier das Tempo eine entscheidende Rolle spielt. Gelegentlich vertreten einige überleitende Takte den Mittelsatz, so im Trompetenkonzert PV 75 (RV 537) sechs Largo-Takte; gerade bei Ventil-Instrumenten empfahl es sich sehr, solcherart die Soloinstrumente auszusparen.

In formaler Hinsicht ist eine A-B-A-Form (oder auch A-B-A,) häufig, gelegentlich mit Repetitionszeichen. Aber auch ein Orchestertutti wird mit einem → Generalbaß zu folgenden Formen kombiniert: Tutti, Solo (mit Bc.), Wiederkehr des Tuttiteiles. Gelegentlich kommt auch die → Chaconne vor, wie z. B. in PV 311 (RV 541). Echte Ritornellform mit drei- oder viermaligem Auftreten des → Ritornells kommt aber sehr selten vor, z. B. in PV 434 (RV 401) oder PV 157 (RV 124). Offenbar wäre durch die Verwendung des Ritornells der Satz zu lang geworden und hätte die Proportionen des dreisätzigen Werkes gestört. Hinsichtlich der Tonart ist T – Tp – T am häufigsten; relativ selten kommen T – D – D, T – S – D, oder T – gleichnamige Molltonart – T vor. Eines der Kontrastmittel ist das Eliminieren des Generalbasses. In Mittelsätzen finden sich oft Vorschriften wie etwa »Violini soli suonano il basso« oder wie in einem Dresdener Konzert »Violette senza Bassi«.

Moffat, Alfred

(*1868 Edinburgh, †1950 London) Komponist und Herausgeber älterer Violinmusik. Begann 1909 bei Schott seine Veröffentlichung von vier Werken V.s.

Montezuma

Drama per Musica / Da rappresentarsi / Nel Teatro / di Sant'Angelo / Nell'Autunno 1733 / La Musica del Vivaldi / Li Balli del Sig. Giovanni Gallo / Le scene del Sig. Antonio Mauro. 3 Akte.

Personen und Interpreten: Montezuma imperatore del Messico, Miller Massimiliano; Mitrena sua moglie, Girò Anna; Teutile loro figlia, Pircher Giuseppe »detta la Tedesca virtuosa di S.A.S. il Sig. principe d'Armestat«; Fernando generale dell'armi spagnuole, Bilanzoni Francesco »virtuoso di S. E. il Sig. principe di Torelle«; Ramiro suo fratello minore, Zanuchi Angiola »virtuosa di S. A. S. il principe d'Armestat«; Asprano generale dei Messicani, Nicolini Marianino »virtuoso di S. A. S. il Sig. principe d'Armestat«.

Das Textbuch, ohne Verfasserangabe, das im selben Jahr von Marino → Rossetti in → Venedig gedruckt wurde, stammt von Girolamo → Giusti. Exemplare befinden sich in Bologna, Los Angeles, Mailand, Paris, Rom, Venedig und Washington. Die Partitur ist nicht erhalten. Vielfach findet man die Schreibweise »Motezuma«, offenbar ein Druckfehler, der über das Textbuch Eingang in die Literatur gefunden hat.

Il Mopso

»Ecloga pescatoria« nach einem Text von »Egidio Nonnanuci, cioè Giovanni Cendoni veneziano«, → Kantate zu fünf Stimmen, die 1739 vor → Ferdinand von Bayern in der → Pietà aufgeführt wurde, vielleicht szenisch. V. wurde bei dieser Gelegenheit sehr geehrt, das ausgezeichnet spielende Orchester gelobt. Partitur und Textbuch sind nicht erhalten.

Moretti, Lorenzo

Tenor, wechselte von A. → Denzio zu den Brüdern → Mingotti. Sang 1724 im → Kukus-Bad und in → Prag in → *Orlando furioso oder Der rasende Orland,* 1726 in → Venedig in → *Dorilla in Tempe* und in → *Farnace,* 1738 in Klagenfurt in → *Rosmira* und im selben Jahr in Ancona in → *Siroe Re di Persia.*

More veneto

→ Kalender

Moro, Elisabetta (Lisabetta)

Altistin aus → Venedig, die auch männliche Rollen sang. Aufgetreten 1725 in Venedig in *L'→ Inganno trionfante in Amore,* 1726 in Venedig in → *Cunegonda* und in *La → Fede tradita e vendicata,* 1729 in Florenz in → *Atenaide,* 1737 in Verona in → *Catone in Utica,* im gleichen Jahr in → Ferrara in *Il → Demetrio* und 1739 in → Graz in *L'→ Adelaide,* einer Oper, die wahrscheinlich von V. stammt.

Morselli, Adriano

Von → Rinaldi »valente librettista veneziano« genannt. Als V. seinen Text zur Oper *L'→ Incoronazione di Dario* vertonte, war Morselli schon tot. Die Auswahl erfolgte vielleicht aus ökonomischen Gründen, weil keine Tantiemen mehr gezahlt zu werden brauchten.

Morzin, Venceslav Graf

Der Graf ist der Widmungsträger von op. VIII, das 1725 erschien. Die Titel lauten: »Illustrissimo Signor il Signor Venceslao Conte de Marzin, Signore Ereditario di Hohenelbe, Lomnitz, Tschista, Krzinetz, Kaunitz, Doubek, et Sowoluska, Cameriere Attuale, e Consigliere di S. M. C. C.« (Seiner Majestät, des Katholischen Kaisers). V. bezeichnet sich selbst als »Maestro in Italia dell'Illustrissimo Signore Conte Sudetto . . .« und sagt im Vorwort: »Wenn ich bei mir an den langen Lauf der Jahre denke, in denen ich mich der geschätzten Ehre erfreue, E. E. als Maestro di Musica in Italien zu dienen . . .« Genaueres über dieses Dienstverhältnis ist nicht bekannt, aber das Vorwort zu den → *Jahreszeitenkonzerten* läßt darauf schließen, daß der Kontakt auch zum Orchester relativ eng war.

Einer Seitenlinie dieser Familie entstammte übrigens Karl Joseph Franz von Morzin, der 1759 den jungen Haydn in seine Dienste nahm.

Motette

»Der Begriff Motette ist in der italienischen Kirchenmusik des 17./18. Jahrhunderts mehrdeutig . . . Von der ›geringstimmigen‹ Motette spaltet sich die Gattung ab, die dann im 18. Jahrhundert in Italien im engeren Sinn als ›Motette‹ bezeichnet wird. Sie ist das kirchliche Gegenstück zur weltlichen Kantate und Serenata und das italienische Gegenstück zur deutschen Kirchenkantate. Eine solche Motette besteht aus Rezitativen und Arien, dazu können Ensemblesätze, Chöre und Instrumentalsätze, insbesondere eine Sinfonia kommen. Die Texte sind – wie sich schon aus der musikalischen Anlage versteht – nichtbiblisch und nichtliturgisch, sie sind Neudichtungen in lateinischer Sprache.« (Helmut Hucke in: A. V. Teatro Musicale Cultura e Società. Firenze 1982, S. 197.) → Ryom (Grove) hat unter »Motets etc.« zweiundzwanzig Kompositionen verzeichnet; V. selbst hat dreizehn Werke Motetten genannt.

Lit.: D. Arnold, Vivaldis Motets für Solo Voice. In: V. Veneziano Europeo. Firenze 1980.

Moyses

Das erste → Oratorium V.s trägt den Titel: »Moyses Deus Pharaonis / Exod. 7. / Sacra Poesis I.C. / Musicis Numeris concinnata / Ab. Admod. Rev. D. / Antonio Vivaldi / In Brephodochio, / B.M.V. / Pietatis / Choraulicae Magistro / Cantabunt / Virgines ejusdem Brephodochii / Vedenetiis MDCCXIV / Apud Martolomaeum Occhium, sub signo S. Dominici, / Superiorum permissu«. Das → Libretto stammt wahrscheinlich von Giacomo → Cassetti (I. C. = Jacopo C.). Ein Exemplar befindet sich in Rom in der Bibliothek des Konservatoriums Santa Cecilia. Eine Aufführung in → Venedig, im Ospedale della → Pietà erfolgte 1714 oder auch 1716. Die Partitur ist nicht erhalten.

Müllern, J. C.

Drucker in → Prag, der das Textbuch zur Aufführung von V.s Oper → *Orlando furioso oder Der rasende Orland* druckte.

Nachèz, Tivadar

(*1859 Budapest, †1930 Lausanne) Bürgerlicher Name Theodor Naschitz. Als Geiger Schüler von Joseph Joachim und Hubert Léonard, gab 1912 bei Schott sechs Werke von V. heraus; in den folgenden sechzehn Jahren edierte er noch weitere zwölf.

Nachleben

Die → Pasticcio-Verfertiger haben sich einige Jahrzehnte lang V.s erinnert: 1746 mit einem *Orlando furioso, musica da vari autori;* 1750 in Venedig mit einer → *Ernelinda* mit Musik von → Galuppi, → Gasparini und V.; 1767 in Braunschweig mit einem → *Siroe Re di Persia,* Musik von → Händel, → Hasse, Leonardo Vinci, Wagenseil und V.; 1775 stellte Thomas A. Arne eine »English Burletta« (Spaß) zusammen, betitelt *The* → *golden pippin,* in der V. vertreten war. Damit sind die letzten Spuren V.s aus dem Opernleben verschwunden.

1755 wurde das Collegium Musicum von Basel mit einer Vivaldischen → Sinfonia eröffnet, im gleichen Jahr das »Frühlingskonzert« aufgeführt. Im Todesjahr des Meisters spielte der junge Gaviniès das »Frühlingskonzert« in den »Concerts spirituels«. Dieses Werk erhielt sich noch über zwanzig Jahre im Repertoire. In den Programmen dieser Konzerte finden wir es am 15. 8. 1742, am 31. 3. 1746, am 11. 4. 1749, am 21. 4. 1754, am 28. 3. 1762, im Dezember 1762 und am 2. 4. 1763. Am 28. November erklang es dann in Paris, von → Corrette zu einer Motette verarbeitet, in einer Messe und wurde am 22. Dezember wiederholt. Im Jahr darauf wurde das Werk gedruckt.

Im Jahr 1752 setzte die Auseinandersetzung um V.s Schaffen ein. Der englische Organist Charles Avison (1709–1770) publizierte in London einen »Essay on Musical Expression«, in dem er von V.s Werken sagt: ». . . sind nur tauglich als Zeitvertreib für Kinder«. Noch im gleichen Jahr schrieb William Hayes (1707–1777) ein anonymes Pamphlet dagegen (Remarks on M. Avison's Essay on Musical Expression), worin es heißt: ». . . V. hat so viele größere Verdienste als die übrigen, daß er einiger Unterscheidung wert ist.« Kurze Zeit darauf führte Charles-Henri → Blainville in seiner Schrift »L'esprit de l'art musical . . .« aus: »Der Componist zeigt sich auch in den anderen Jahreszeiten mit ebenso glücklichen Gedanken, als ein geschickter Mahler; wenigstens ist es das Beste, was wir in dieser Art haben.« (Übersetzung von → Hiller in den »Nachrichten«, 1767, S. 308.) Dom Philippe Joseph Caffiaux (1712–1777) schrieb dann um 1760 in seiner handschriftlichen »Histoire de la musique« den unbekümmerten Satz: »Ob Vivaldi, Locatelli, Hendel, Hasse, Tellemann Italiener, Deutsche, Engländer, Türken oder Chinesen sind, wenn sie gute Sachen haben, ist es unser Recht, davon zu profitieren.« 1773 erwähnt Ange Goudar in seinem Büchlein »De Venise. Remarque sur la musique et sur la danse« die → *Jahreszeitenkonzerte*. Er spricht von einem »certo Vivaldi«. Die meisten italienischen Autoren wie Arteaga (1785), Perotti (1812), Bertini (1814/15), Majer (1821), Tipaldo (1844/45), Canal (1847) erwähnen V. in ihren Werken nicht. Bei Bettinelli (1781) fehlen sogar Monteverdi und V.

Merkwürdigerweise hätten die Italiener »ihren« V. vom Ausland her wiederentdecken können. In seiner »General History . . .« von 1775 sagt Sir John Hawkins: ». . . das besondere Charakteristische von V.s Musik – ich spreche von seinen Konzerten, denn seine Solos und Sonaten sind zahm genug – ist ihre Wildheit und Unregelmäßigkeit. In manchen Fällen scheint etwa das sein Ziel gewesen zu sein: Einige von seinen Kompositionen sind ausdrücklich Extravaganzen betitelt, weil sie die Grenzen der Melodie und Modulation überschreiten. Aus diesem Charakteristischen seiner Kompositionen folgt notwendigerweise, daß ihre Harmonie und das kunstvolle Zusammenwirken der Stimmen ihr geringstes Verdienst ist.« Der Artikel von Hiller (1784) ist sehr kenntnisreich, führt alle zu Lebzeiten gedruckten Opera auf und verzeichnet nicht weniger als zwanzig Opern. 1791 behandelte Pierre Louis Ginguené V. im Artikel »Concerto« seines »Dictionnaire de musique de l'Encyclopédie Méthodique« (2 Bde., Paris 1791/1818) ziemlich ausführlich. 1798 brachte Jean Baptiste Cartier in seinem Sammelwerk »L'Art du violon« einen Satz, das Largo aus der Sonate op. V, und vier Jahre darauf erschien die Bach-Biographie von Johann Nikolaus → Forkel mit seinem Hinweis auf → Bachs Beeinflussung durch V. Eigenartig, daß er damit nicht eine Vivaldi-Forschung aufgerüttelt hat, und wäre es nur gewesen, um gegen Forkel Stellung zu nehmen. 1825 wird V. in der AMZ (S. 178) als bedeutender italienischer Opernkomponist genannt. Damit wird die Brücke geschlagen zur eigentlichen Wiederentdeckung im Schatten der Arbeiten an der Bach-Gesamtausgabe (1851).

Natalie, Francesco, detto il Perugino

Sang auch Frauenrollen, so in → Venedig 1715 in → *Nerone fatto Cesare*, 1717 in → *Tieteberga*, 1718 in → *Armida al Campo d'Egitto* und die Titelrolle in → *Artabano Re de' Parti*, 1719 in → *Orlando furioso* und in → *Orlando finto pazzo*, 1720 in Rom in → *Tito Manlio* (II).

Nel partir de te mio cor

Kantate für Sopran und Bc., Es-Dur. Turin, Sammlung Foà, Bd. 28.

Nerone fatto Cesare

Ein von V. zusammengestelltes → Pasticcio. 1715 in → Venedig im Teatro → Sant' Angelo aufgeführt. Insgesamt wurden Werke von zwölf Autoren herangezogen, darunter von Francesco → Gasparini, Giuseppe Orlandini, Francesco A. Pistocchi und Carlo Francesco Pollarolo. V.s eigener Beitrag bestand aus zwölf → Arien und wahrscheinlich den → Rezitativen. Elvira Garbero hat in ihrem Aufsatz »Drammaturgia Vivaldiana . . .« (in: A.V. da Venezia all'Europa. Milano 1978) ein Verzeichnis aller Arien und ihrer Autoren gegeben. Das überarbeitete Textbuch stammt von Matteo → Noris und wurde in Venedig von Marino → Rossetti 1715 gedruckt. Komponiert worden war es schon zweiundzwanzig Jahre zuvor. Exemplare befinden sich in Bologna, Mailand und Venedig.

Herr von → Uffenbach schreibt in seinem Tagebuch unter dem 19. 2. 1715, er habe eine Oper *Agrippina* von V. gehört. Da eine solche Oper von V. unbekannt ist, hat er sicherlich den *Nerone* unter dem Titel der weiblichen Hauptdarstellerin in Erinnerung behalten.

Personen und Interpreten: Agrippina imperatrice di Roma, Gualandi Margherita detta la Campioli; Nerone suo figlio, Fabbri Anna Maria; Tigrane re di Armenia, Denzio Elisabetta; Gusmano ambasiciatore spagnuolo, Natali Francesco; Ate liberta, Ronzani Giovanna; Pallante

ministro, Pacini Andrea; Seneca, Carli Antonfrancesco »virtuoso della serenissima gran principessa Violante di Toscana«; Zelto, Matteucci Florido. 3 Akte.
Im Jahr darauf wurde das Werk »ridotto all'uso delle scene moderne« in Brescia aufgeführt. Die Interpreten waren: Albinoni Margarita, Guerri Andrea Maria, Faccioli Margarita detta la Vicentina, Ronzani Giovanna, Frera Giorgio, Fracassino Gaetano, Benvenuti Giovanni, Del Corno Carlo.

Nicolini, Mariano (Marianino)
»Virtuoso de S. A. S. d'Armstat«, sang 1732 in → Mantua in → *Farnace* und in → *Semiramide*, in → Venedig 1733 in → *Montezuma*, 1734 in → *Dorilla in Tempe* und 1735 in *L'*→ *Olimpiade*.

Nisi Dominus
V. hat den 126. Psalm in vier Kompositionen hinterlassen:
1. »a Alto solo, del Sig. Antonio Vivaldi«, für Altsolo, Streichorchester mit → Viola d'amore und Bc., g-Moll. Turin, Sammlung → Foà, Bd. 40. Es ist eine großangelegte Solokantate von etwa vierundzwanzig Minuten Dauer und wie folgt angelegt (siehe unten):
2. »a 5 con 5 Strumenti« für zwei Soprane, Alt, Tenor, Baß, Streicher und Bc., A-Dur. Turin, Sammlung → Giordano, Bd. 35.
3. »a Voce sola e 5 Strumenti« für Sopran, Streicher und Bc., G-Dur. Turin, Sammlung → Foà, Bd. 40.
4. »a 3 con 5 Strumenti« für Sopran, Alt, Baß, Streicher und Bc., F-Dur. Turin, Sammlung Giordano, Bd. 33.

Non in pratis aut in hortis
»Introduzione al ›Misere‹ con Istrumenti sordini, del Vivaldi«, für Alt, Streicher und Bc., F-Dur. Turin, Sammlung → Giordano, Bd. 33.

Nono, Luigi (*1924 Venedig)
Komponist, schrieb über Vivaldi: ». . . Vivaldi, die Entdeckung Vivaldis, der Verbrauch Vivaldis, so wie sie heute verwirklicht werden, gehören – nach meiner Ansicht – zu jenem Bedürfnis des Bewahrens und des Gebrauches einer Art von musikalischem Ausdruck der Vergangenheit . . . Im Gegenteil, glaube ich, daß es richtig wäre, Vivaldi im Rahmen der Geschichte der Republik Venedig zu studieren, in Verbindung mit der Überlieferung

Nisi Dominus	Altsolo, Str.Orch., Bc.	Allegro	g-Moll
Vanum est nobis	Altsolo, Bc.	Largo	B-Dur
Surgite	Altsolo, Str.Orch., Bc.	Presto/Largo	B-Dur
Cum dederit	Altsolo, Str.Orch., Bc.	Largo	g-Moll
Sicut sagittae	Altsolo, Bc.	Presto	Es-Dur
Beatus vir	Altsolo, Bc.	Andante	B-Dur
Gloria Patri	Altsolo, Viola d'amore, Bc.	Larghetto	d-Moll
Sicut erat	Altsolo, Str.Orch., Bc.	Allegro	g-Moll
Amen	Altsolo, Str.Orch., Bc.	Allegro	g-Moll

der italienischen und ausländischen Musik (Bach), und die Funktion zu klären, welche Vivaldi zu seiner Zeit hatte; sicherlich verschieden von jener, ihm jetzt von den Virtuosi di Roma und den Solisti Veneti unterschobenen, welche durch die Welt reisen und uns eine falsche Interpretation aufnötigen. Geschichtlich falsch, falsch auf der Interpretationsebene, eine Interpretation, welche bedingt ist durch die begrenzte Kenntnis dieses Musikers . . .«
Leider ist Nono von der verbalen Interpretation nicht zur musikalischen übergegangen, so daß die V.-Interpreten nichts von ihm lernen können.
Lit.: L. Nono, Texte. Studien zu seiner Musik. Zürich 1975, S. 276.

Noris, Matteo
Verfasser von über fünfzig Opernbüchern. → Giazotto nennt ihn »einen der stärksten Librettisten des Augenblicks«. V. hat dreimal nach Noris gearbeitet: 1715 → *Nerone fatto Cesare*, 1720 → *Tito Manlio* (II) und 1725 *L'→ Inganno trionfante in Amore.*

Nulla in mundo pax sincera
»Motetto di D. Antonio Vivaldi«, für Sopran, Streicher und Bc., E-Dur. Turin, Sammlung → Giordano, Bd. 32.

Obligat (unentbehrlich)
Solo, im Gegensatz zu ripieno (= Tutti).

Oboe
Für das Instrument (andere Benennungen: Hautbois, Hautboy, Houbois, Aubois, Oboè), das seit 1707 im Ospedale della → Pietà unterrichtet wurde, schrieb V. vierzehn Konzerte, drei für zwei Oboen, eine für Oboe und → Fagott, eine für Oboe und Violine, zwei für Violine und zwei Oboen, eine für Violine, → Orgel und Oboe. Es gibt außerdem in → Wiesentheid ein unvollständiges Oboenkonzert und drei Fagottkonzerte, eingerichtet für Oboe. In vierundzwanzig Konzerten »con molti Istrumenti« sind meist zwei Oboen im Concertino eingesetzt. Zu Lebzeiten des Meisters wurden einige Oboenkonzerte publiziert, so z. B. PV 331 (RV 465) und PV 334 (RV 464) im op. VII, das in zwei Heften erschien. Jedes Heft zeigt auf dem Titel an: »Uno è con Oboe.«

L'Odio vinto dalla Costanza
Es handelt sich um die zweite Umarbeitung der Oper *La → Costanza trionfante degl'Amori e degl'Odi,* Venedig 1716. V. scheint auf Reisen gewesen zu sein, weil A. → Galeazzi die Einrichtung der Musik vornahm.
Personen und Interpreten: Eumena principessa d'Armenia, Zanuchi Castelnovo Maria Maddalena »virtuosa di S. A. S. il Sig. principe Filippo langravio d'Asia d'Armstat«; Doriclea regina d'Armenia, Gasperini Giovanna »bolognese, virtuosa di S. A. S. il Sig. principe Filippo langravio d'Asia d'Armstat«; Getilde principessa d'Armenia, amante di Farnace, Cardina Rosa Maddalena; Artabano re de' Parti, Perini Margarita »virtuosa di S. A. S. il Sig. principe Filippo langravio d'Asia

d'Armstat«; Tigrane re di Armenia, Alberti Giuseppe; Farnace amante di Getilde, Tassis Andrea. 3 Akte.
Das Textbuch, 1731 in → Venedig bei C. → Buonarrigo gedruckt, stammt von Antonio → Marchi. Exemplare befinden sich in Bologna, Florenz, Ljubljana, Los Angeles, Mailand, Rom, Venedig und Washington. Die Partitur ist nicht erhalten.

Ohmura, Noriko
(*1945 Manchuria)
Studienabschluß am Soai Women's College in Osaka, 1971 Graduate course am Kunitachi Music College in Tokio. Dissertation: »›Concertos without Orchestra‹ of A.V.« (japanische Fassung in: Journal of the Japanese Musicological Society, 1972; italienische Übersetzung in: NRMI, 1979, S. 119–149). Veröffentlichte außerdem: »A Reference Concordance Table of V.s Instrumental Works« (Tokio 1972) und »History of Research Work on V. – from Torino througth his 300th anniversary« (in: The Ongaku Geijutsu, 1978). Übersetzte »W. Kolneder, Aufführungspraxis bei Vivaldi« ins Japanische (Tokio 1977).

L'Olimpiade
Dramma per Musica / di Pietro Metastasio Poeta di S.M.C.C. / Fra gli Arcadi Artino Corasio / Da rappresentarsi / Nel Teatro di Sant' Angelo / Nel Carnevale dell'Anno / MDCCXXXIV / La Musica è del Vivaldi / Le Scene sono del sig. Antonio Mauro / Li Balli è del s. Giovanni Ballo. 3 Akte.
Personen und Interpreten: Clistene re di Sicione, Mareschi Marc'Antonio; Aristea sua figlia amante di Megacle, Cattarina Anna; Argene dama cretense in abito di pastorella sotto nome di Licori, amante di Licida, Arrigoni Marta; Megacle amante d'Aristea ed amico di Licidia, Bilanzoni Francesco »virtuoso di S.E. il Sig. principe di Torella«; Aminta, Nicolini Marianno »virtuoso di S.A. d'Armstat«; Alcandro, Miller Massimiliano.
Das Textbuch von Pietro → Metastasio wurde von Marino → Rossetti in → Venedig gedruckt. Exemplare in Bologna, Ljubljana, Los Angeles, Mailand, Rom, Treviso, Venedig und Washington. Die Partitur ist in Turin, Sammlung → Foà, Bd. 39, erhalten. Das Werk war für eine Wiederaufführung in → Ferrara 1736 vorgesehen. Bei der Komposition der Oper *L'Olimpiade* hat V. auf einige andere Werke zurückgegriffen und nur die Texte geändert. Die Oper wurde 1939 in Siena aufgeführt. Über die Bearbeitung haben sich Alfredo → Casella und Virgilio Mortari in sehr interessanter Weise geäußert (in: Settimana Musicale, 1939, S. 11 bzw. 23).

O mie porpore più belle
»Cantata in lode di Monsignor da Bagno Vescovo di Mantua« für Alt, Streicher und Bc., F-Dur. Turin, Sammlung → Foà, Bd. 27.

Oper
Die Bezeichnung Oper für ein bühnendramatisches Werk hat V. nie gebraucht. Er schreibt immer »Dram(m)a per musica«, einmal »Drama eroi-comico per musica«

(→ *Aristide),* »melodramma eroico pastorale«, (→ *Dorilla in Tempe),* »Tragedia per musica« (→ *Tamerlano).* In Briefen taucht auch die Bezeichnung »Oper« auf. Es scheint aber, daß V. darunter eher die Opernaufführung als das Werk verstanden hat.
Eine genaue Zahl der V.-Opern kann nicht angegeben werden. Nach → Ryom hat V. nur fünfunddreißig Originalopern geschrieben, im Brief vom 2. 1. 1739 hat V. jedoch von vierundneunzig Opern gesprochen »da me composte« (→ Strohm). Im venezianischen Opernbetrieb und für V. im besonderen muß man aber unterscheiden zwischen:
1. erhaltenen Werken, die in allen Teilen vom Komponisten stammen;
2. nicht erhaltenen Werken; inwieweit V. der Autor ist, kann kaum überprüft werden;
3. Werken, die rasch benötigt wurden und in Gemeinschaftsproduktion entstanden, wobei in der Regel jeder Komponist einen Akt schrieb;
4. → Pasticci, die aus Werken verschiedener Komponisten zusammengestellt wurden, mit oder ohne Beteiligung derselben;
5. Bearbeitung älterer eigener Werke, die meist mit neuen → Rezitativen ausgestattet wurden;
6. Bearbeitungen fremder Werke;
7. nicht identifizierbaren Werken, deren Titel oder Textbücher eine gewisse Verwandtschaft mit Opern V.s haben.
→ Rinaldi (Dati certi su V. Operista) hat zu Punkt eins nur sechzehn Werke feststellen können, zu zwei zwanzig und zu vier sechs. Im ganzen weiß man etwa von fünfzig Bühnenwerken V.s. Die Differenz zu den vierundneunzig oben erwähnten Werken erklärt sich aus dem Begriff »composto«, wenn man dabei nicht an unseren Begriff »komponieren« denkt, sondern von der italienischen Umgangssprache ausgeht, wo »composto« gleichbedeutend sein kann mit »accomodare, acconciare, aggiustare« (ausbessern, in Ordnung bringen, zurechtmachen, flicken). Im Laufe seines langen → Impresariodaseins mag V. die Hand an viele Werke gelegt haben, so daß die hohe, von ihm selbst angegebene Zahl verständlich wird. Es folgt eine Liste aller Opern, die man als Werke V.s ansprechen kann, wobei der Begriff sehr weit gefaßt ist.

Oper:	Jahr und Ort der Aufführung:	Bemerkungen:
1. *Ottone in Villa*	1713 Verona	weitere Auff.: Treviso 1729
2. *Orlando finto pazzo*	1714 Venedig	
3. *Orlando furioso*	1714 Venedig	Bearbeitung einer Oper von G. A. → Ristori mit Musik von V. Weitere Auff.: Venedig 1716, Hamburg 1720, Braunschweig 1722, Kukus

Oper:	Jahr und Ort der Aufführung:	Bemerkungen:
		und Prag 1724, Mantua 1725, Brünn 1735, Bergamo und Vicenza 1738, Este 1740, Bassano 1740
4. *Nerone fatto Cesare*	1715 Venedig	→ Pasticcio mehrerer Komponisten, 12 Arien von V. Weitere Auff.: Brescia 1716
5. *La Costanza trionfante degl'Amori e degl'Odi*	1716 Venedig	Spätere Umarbeitungen als *Artabano Re de' Parti* (1718), *L'Artabano* (1725), *L'Odio vinto dalla Costanza* (1731), *Doriclea* (1732)
6. *Arsilda Regina di Ponto*	1716 Venedig	
7. *L'Incoronazione di Dario*	1717 Venedig	
8. *Tieteberga*	1717 Venedig	
9. *Il Vinto trionfante del Vincitore*	1717 Venedig	
10. *Armida al Campo d'Egitto*	1718 Mantua	In Venedig 1718 aufgeführt; 1731 unter dem Titel *Gl'Inganni per Vendetta* wiederaufgenommen
11. *Scanderbeg*	1718 Florenz	Schreibweise auch Scanderbegh und Scanderberg
12. *Teuzzone*	1719 Mantua	
13. *Tito Manlio* (I)	1719 Mantua	*Tito Manlio* (II) als Gemeinschaftsarbeit 1720 in Rom aufgeführt: 1. Akt Gaetano Bono, 2. Akt Giovanni → Giorgi, 3. Akt V. Eine Aufführung von *Tito Manlio* (I) 1739 in Venedig wohl nur geplant
14. *La Candace o siano Li Veri Amici*	1720 Mantua	1738 auch in Wien aufgeführt
15. *La Verità in Cimento*	1720 Venedig	Im gleichen Jahr in Venedig in zwei weiteren Fassungen
16. *Gli Inganni per Vendetta*	1720 Venedig	

Oper:	Jahr und Ort der Aufführung:	Bemerkungen:
17. *Filippo Re di Macedonia*	1721 Venedig	
18. *Silvia*	1721 Mailand	Drama pastorale
19. *Ercole sul Termodonte*	1723 Rom	
20. *Giustino*	1724 Rom	
21. *La Virtù trionfante dell'Amore e dell'Odio overo Il Tigrane*	1724 Rom	Gemeinschaftsarbeit: 1. Akt Benedetti → Micheli, 2. Akt V., 3. Akt Nicola → Romaldi
22. *L'Inganno trionfante in Amore*	1725 Venedig	
23. *La Fede tradita e vendicata*	1726 Venedig	Im gleichen Jahr auch in Bergamo aufgeführt
24. *La Tirannia gastigata*	1726 Prag	
25. *Cunegonda*	1726 Venedig	
26. *Farnace*	1726 Venedig	Wurde im folgenden Jahr in Venedig wiederaufgenommen und dann in Livorno 1729, Prag 1730, Pavia 1731, Mantua 1732, Florenz 1733, Treviso 1737 aufgeführt
27. *Dorilla in Tempe*	1726 Venedig	Wurde 1728 erneut in Venedig als *Dorilla* aufgeführt
28. *Ipermestra*	1727 Florenz	
29. *Siroe Re di Persia*	1727 Reggio	In Ancona 1738 und in Ferrara 1739 wiederholt
30. *Orlando*	1727 Venedig	
31. *Rosilena ed Oronta*	1728 Venedig	
32. *Atenaide o sia Gli Affetti Generosi*	1729 Florenz	
33. *Argippo*	1730 Prag	
34. *Alvilda Regina de'Goti*	1731 Prag	
35. *Semiramide*	1732 Mantua	
36. *La Fida Ninfa*	1732 Verona	Wurde in Wien unter dem Titel *Il giorno felice* (Der glückselige Tag) aufgeführt

Oper:	Jahr und Ort der Aufführung:	Bemerkungen:
37. *Montezuma*	1733 Venedig	Die Schreibweise »Motezuma« ist wohl auf einen Druckfehler zurückzuführen, der in die Literatur eingegangen ist
38. *L'Olimpiade*	1734 Venedig	
39. *Tamerlano*	1735 Verona	
40. *L'Adelaide*	1735 Verona	1739 in Graz wiederaufgeführt
41. *Griselda*	1735 Venedig	
42. *Aristide*	1735 Venedig	
43. *Ginevra Principessa di Scozia*	1736 Florenz	
44. *La Bottega da cafè*	1736 Venedig	Zweifelhaft ob von V., Partitur nicht erhalten
45. *Alessandro nell'Indie*	1737 Ferrara	Oper von J. A. → Hasse in einer Bearbeitung von V., 1738 auch in Graz aufgeführt
46. *Il Demetrio*	1737 Ferrara	Oper von J. A. Hasse in einer Bearbeitung von V.
47. *Catone in Utica*	1737 Verona	1740 in Graz wiederaufgeführt
48. *Rosmira*	1738 Venedig	Wohl die gleiche Oper wurde 1738 in Klagenfurt und 1739 in Graz gegeben.
49. *L'Oracolo in Messenia*	1738 Venedig	
50. *Feraspe*	1739 Venedig	

Mit der von V. selbst angegebenen Zahl von vierundneunzig Opern hat sich Reinhard Strohm beschäftigt. (V.s Career as an Opera producer. In: Teatro Musicale Cultura e Società I, Firenze 1982). Er hat alle erreichbaren Daten in vier Kategorien gegliedert: 1. volle Opernspielzeiten mit Kontrolle des Theaters; 2. Spielzeiten mit einer Oper und Kontrolle des Theaters; 3. Opernverträge mit etwas Kontrolle oder Einfluß; 4. Opernverträge ohne Kontrolle. Er kommt dabei auf das Verhältnis 61 + 9 + 13 + 11, das sind genau vierundneunzig Werke. V. scheint also sehr genau Buch geführt zu haben über seine Tätigkeit am Theater. Es ist noch nicht allzulange her, daß man seine Behauptung als »dicke Lüge« bezeichnete, wenn nicht die Hälfte der Opernproduktion verlorengegangen sein sollte.

Rinaldi hat angegeben, daß sechzehn Opern erhalten sind und daß V. sechs Pasticci geschrieben habe, Girard kommt auf einundzwanzig erhaltene Partituren, zwanzig in Turin, eine in Paris, Strohm zählt zwanzig Pasticci. Diese verschiedenen Angaben erklären sich durch eine voneinander abweichende Terminologie. Die sechzehn erhaltenen Partituren sind die in allen Akten von V. stammenden Opern; Girard hat offenbar die Bruchstücke und die nur teilweise vom Komponisten stammenden Werke mitgezählt. Der Begriff »Pasticcio« wird außerdem verschieden ausgelegt. Es ist sehr die Frage, ob eine einzelne »ausgeliehene« → Arie schon den Ausdruck rechtfertigt. Auch wenn die Rezitative einer Oper, wie es z. B. für *Orlando furioso* (Prag 1724) durch G. A. → Bioni geschah, neu komponiert wurden, so ist das noch nicht eigentlich ein Pasticcio, sondern eine Bearbeitung. Die Quellen geben selten so genaue Auskünfte wie über die *Orlando-furioso*-Aufführung in Braunschweig 1722: ». . . la musica è messa in ordine dal G. C. Schürman sopra gran parte delle Arie scelte da' più famosi compositori d'Italia« (Textbuch). Auch sollte man unterscheiden zwischen einem Pasticcio, das der »Hauptlieferant« der Musik selbst angefertigt hat, und einem solchen, das von anderen zusammengestellt wurde.

Für die erstaunliche Hinwendung des fünfunddreißigjährigen V. zur Oper (1713) ergeben sich einige Anhaltspunkte: in der → Pietà gab es ein für V. katastrophales Ergebnis, als man am 24. 2. 1708 über die Tätigkeit im kommenden Jahr abstimmte. V. erhielt sieben Ja- und sechs Neinstimmen. Wegen des knappen Ergebnisses mußte die Abstimmung wiederholt werden; nun gab es sechs Ja- und sieben Neinstimmen. V. wurde erst 1711 für das folgende Jahr wiedergewählt, vielleicht weil man eingesehen hatte, daß es ohne ihn nicht ging. V. war also drei Jahre stellungslos. Wovon er in dieser Zeit gelebt hat, wissen wir nicht. Jedenfalls hat er wohl erkannt, daß es für einen Komponisten von Instrumentalmusik keinerlei Existenzmöglichkeit gab. → Giazotto ist aufgrund genauer Archivstudien zu der Ansicht gelangt, daß → Santurini, der → Impresario von → Sant' Angelo, ein sehr enges Verhältnis zu V. hatte und daß dieser schon für dieses Theater gearbeitet hate, noch bevor er offiziell die Impresariogeschäfte übernahm. Auf alle Fälle mußte ihm die Stelle in der Pietà sehr unsicher erscheinen; die Wendung zur Oper war die einzige Möglichkeit, sich eine Existenz als Musiker aufzubauen.

In zunehmendem Maße nimmt sich auch die → Schallplattenindustrie des Opernschaffens V.s an. Gegenwärtig sind vier Opern auf Platten erhältlich:

Farnace unter Newell Jenkins (Voce 57–3);

La Fida Ninfa unter Raffaele Monterosso (Vox Paris, Musica Rediviva, DLBX 210);

Orlando furioso unter Claudio Sci-

mone (Erato 26.35160 FK);
Tito Manlio unter Negri (Philips 6769.004).

Opernleben in Venedig

Als erstes allgemein zugängliches Theater wurde San Cassiano 1637 eröffnet. Die erste dort aufgeführte Oper war »Andromeda« von Francesco Manelli. Sieben Jahre zuvor war jedoch bereits Monteverdis »Proserpina rapita« zur Hochzeit von Lorenzo Giustiniano mit einer Tochter von Girolama Mocenigo privat aufgeführt worden. Für die Theaterleidenschaft der Venezianer zeugt die Tatsache, daß im Laufe des 17. Jahrhunderts nicht weniger als acht Theater regelmäßig Opern spielten. Die Theater wurden immer nach der nächstgelegenen Kirche benannt.

Es waren dies:	gegründet:
Nuovo Teatro Tron a San Cassiano	1637
Teatro Grimani dei Santi Giovanni e Paolo	1639
Teatro Zane a San Moisè	1640
Teatro di Sant'Apollinare detto San Aponal	1651
Teatro Grimani a San Samuele	1655
Teatro Vendramin a San Salvatore	1661
Teatro Marcello-Capello a Sant'Angelo	1676
Teatro Grimani a San Giovanni Grisostomo	1677

Erstaunlich ist die venezianische Opernproduktion. Von 1680 bis 1700 wurden hundertfünfzig Opern aufgeführt, das entspricht sieben bis acht Werken pro Jahr. In den Jahren von 1700 bis 1743, also etwa in der Schaffenszeit V.s, wurden 432 Opern aufgeführt. Die Werkzahlen einzelner Meister sind geradezu unvorstellbar: Carlo Francesco Pollaroli beispielsweise schrieb siebzig Opern in siebenunddreißig Jahren und war dabei noch als Organist, zweiter Markus-Kapellmeister und Lehrer am Ospedale degli Incurabili tätig.

Im Gegensatz zu Venedig waren Frauen in Rom Bühnenauftritte verwehrt; alle Rollen mußten von Männern gespielt werden. Bei der Lektüre der Textbücher fällt auf, daß beim Namen eines Darstellers oft »virtuoso (oder virtuosa) di . . .« vermerkt ist. Die Theater waren natürlich bestrebt, möglichst zugkräftige Namen im Programm zu haben, und da die besten Sänger und Sängerinnen von Höfen verpflichtet waren, mußte man zuvor die Erlaubnis zum Engagement einholen.

Opernsinfonia

Im italienischen Theater hatte die »Sinfonia avanti l'opera« (auch »Sinfonia à prencipio« oder »Introduzione in principio«) vor allem den Zweck, die Besucher zum Schweigen zu bringen; daher häufig der Beginn mit drei wuchtigen Akkordschlägen (siehe S. 146 oben).

»Insgesamt sind gegenwärtig zehn Werke bekannt, die auf Grund ihrer Überlieferung eindeutig als Opernsinfonien klassifiziert werden können« (K. → Heller). Sie waren aber inhaltlich keineswegs an bestimmte Opern gebunden, konnten beliebig

Sinfonia 2

vertauscht und mehrfach verwendet werden. So wurde die → Sinfonia zu → *Arsilda Regina di Ponto,* Venedig 1716, für den → *Teuzzone,* Mantua 1719, wiederverwendet, die zu → *Armida al Campo d'Egitto,* Venedig 1718, für den → *Ercole sul Termodonte,* Rom 1723, und die zu → *Dorilla in Tempe,* Venedig 1726, für den → *Farnace,* 1726 in derselben Stadt.
Die Opernsinfonien sind meist dreisätzig und lehnen sich formal an die Ritornellform an.

O qui coeli terraque serenitas
»Motetto a Canto solo con Instrumenti, del Sig. D. Antonio Vivaldi«, für Sopran, Streicher und Bc., Es-Dur. Turin, Sammlung → Giordano, Bd. 32.

L'Oracolo in Messenia
Dramma per Musica / Da rappresentarsi nel Teatro S. Angelo / nel carnovale dell'anno 1738 / La Musica è del Sig. D. Antonio Vivaldi. 3 Akte.
Personen und Interpreten: Polifonte tiranno di Messenia, Rossi Giuseppe; Merope regina di Messenia vedova di Cresfonte, Girò Anna; Epitide figliuolo di Merope creduto Cleone straniero, Giacomazzi Margherita; Argia principessa d'Atolia, Bassi Catterina; Trasimede capo del consiglio di Messenia, Zaghini Giacomo; Anassandro confidente di Polifonte, Golli Dorotea; Licisco ambasciatore d'Etolia, Negri Pasqualin.
Das anonym von Marino → Rossetti 1738 in → Venedig gedruckte Textbuch ist nach Apostolo → Zenos → *Merope* gearbeitet. Exemplare in Cambridge (Mass.), Ljubljana, Los Angeles, Mailand, Padua, Rom, Venedig und Washington. Die Partitur ist nicht erhalten.
Eine Oper gleichen Titels wurde 1742 in → Wien aufgeführt; sie ist wahrscheinlich identisch mit dem obengenannten Werk.

Oratorium
V. hat wahrscheinlich vier Oratorien geschrieben und ist an einem fünften als Mitautor beteiligt. Es sind dies: *La* → *Vittoria Navale* (1713), → *Moyses* (1714), → *Juditha Triumphans* (1716) und *L'*→ *Adorazione delli tre Re Magi al Bambino Gesù* (1722). Schließlich gibt es noch ein → Pasticcio-Oratorium *Il Padre sacrificato della Figlia overo Jefte* (1720), das aus Kompositionen von fünfzehn Autoren zusammengestellt wurde. Elf davon kennt man mit Namen, vier sind »incerti«, ungewiß. Von den genannten Werken ist nur die *Juditha* erhalten.

Orchesterkonzert
→ Concerto ripieno

Orgel

Es gibt insgesamt elf Werke, in denen V. die Orgel konzertant eingesetzt hat, darunter in → *Juditha Triumphans* in der Arie des Holofernes »Noli, o cara, te adorantis«. Außerdem hat er zwei Sätze für Orgel solo hinterlassen, die → Malipiero am Ende einer Sammlung von Stücken von G. B. Pescetti entdeckt hat.

Lit.: M. Talbot, A Vivaldi Sonata with obbligato Organ in Dresden. In: The Organ Yearbook, 1981. Dort finden sich auf der S. 93 die Werke mit konzertierender Orgel aufgeführt. Die Dresdener Sonata hat Manfred Fechner identifiziert.

Orlandi, Chiara, detta la Mantovanina

»Virtuosa di S. A. S. il Sig. duca di Massa di Carrara«, sang in → Venedig 1717 in → *Tieteberga*, 1718 in → *Armida al Campo d'Egitto* und in → *Artabano Re de' Parti*, 1720 in Vicenza in *Gli* → *Inganni per Vendetta*, im gleichen Jahr in Venedig in *La* → *Verità in Cimento*, 1721 in Venedig in → *Filippo Re di Macedonia* und 1735 in Brünn in → *Orlando furioso*.

Orlando

Dramma per musica / Da rappresentarsi / nel Teatro di S. Angelo / L'autunno dell'anno / MDCCXXVII / La Musica è del Signor Don Antonio Vivaldi / Maestro di Cappella di S. A. il Signor Principe Filippo Langravio d'Hassia d'Armestat. 3 Akte.

Personen und Interpreten: Orlando innamorato d'Angelica, Lancetti Lucia »virtuosa di S. A. S. la sign. principessa Violante di Toscana«; Angelica amante poi sposa di Medoro, Serosina Benedetta »virtuosa di camera di S. A. S. l'elettor Palatino«; Alcina maga innamorata di Ruggiero, Girò Anna; Bradamante sposa di Ruggiero, poi in abito da uomo sotto nome di Aldarico, Negri Maria Catterina; Medoro amante poi sposo di Angelica, Pignotti Casimiro »virtuoso di S. M. il re di Polonia, ellett. di Sassonia«; Ruggiero sposo di Bradamante, Tassi Gio. Andrea; Astolfo, Pinetti Gaetano.

Das bei Marino → Rossetti in → Venedig ohne Verfasserangabe gedruckte Textbuch ist von Grazio → Braccioli. Exemplare sind in Berkeley, Bologna, Florenz, Ljubljana, Los Angeles, Mailand, Paris, Rom, Treviso und Venedig. Nach Rinaldi befinden sich zwei Fassungen des ersten und zweiten Akts in Turin; 1732 wurde in London ein *Orlando* von → Händel aufgeführt. V. ist vielleicht mit → Entlehnungen an dem Werk beteiligt.

Orlando finto pazzo

Dramma per musica / da rappresentarsi in / S. Angelo / l'autunno 1714 / dedicato a S. A. S. il Sig.r principe / Carlo margraf / de Baden / e Hochberg, conte de Spoch- / eim e Ebersdein / Sg.r de / Rotelri, Baden, Weiler, / Lahr e Mahlberg, generale dell'arme e collonello / d'infanteria di S. M. dell'imperatore e delli circ- / oli di Svezia, ecc. / La Musica è di Antonio Vivaldi, Maestro de' concerti nel Pio Ospitale della Pietà. 3 Akte.

Personen und Interpreten: Orlando,

Carli Anton Francesco »virtuoso della serenissima gran principessa Violante di Toscana«; Ersilla regina maga, che dal Bojardo è detta Faleri-na, innamorata di Brandimarte e di Orgille, creduto Ordauro, Gualandi Margherita detta la Campioli; Tigrinda innamorata d'Argillano, Denzio Elisabetta; Origille innamorata di Grifone, che si fingo uomo sotto il nome di Ordauro, Fabbri Anna Maria; Argillano campione eletto da Ersilla ed innamorato della stessa, Pacini Andrea; Grifone innamorato di Tigrinda, che si finge donna col nome di Leodilla, Natali Francesco; Brandimarte amico di Orlando, amato da Ersilla, che si fa credere Orlando, Guerri Andrea.

V.s erste Oper für → Venedig nach einem Textbuch von Grazio → Braccioli, das Marino → Rossetti 1714 in Venedig druckte. Exemplare befinden sich in Bologna, Los Angeles, Mailand, Modena, Rom, Venedig und Washington. Partitur in Turin, Sammlung → Giordano, Bd. 38.

Orlando furioso

Ursprünglich eine Oper von Giovanni Alberto → Ristori, die 1713 in Venedig im Teatro → Sant'Angelo aufgeführt wurde. Im Jahr darauf bearbeitete V. das Werk, das es zu insgesamt zwölf Inszenierungen brachte, wobei allerdings der kompositorische Anteil V.s kaum mehr festzustellen ist. Dementsprechend schwanken die Angaben in der Literatur sehr. Das Werk wird manchmal V. zugeschrieben, manchmal wird er überhaupt nicht genannt. Die zwölf Inszenierungen erfolgten in (siehe Tabelle unten).

Das von »Dottor Grazio Braccioli« stammende Textbuch der ersten Aufführung wurde von Marino → Rossetti 1714 in Venedig gedruckt. Textbücher aller Inszenierungen finden sich in: Berkeley, Berlin, Bologna, Braunschweig, Brünn, Cam-

Ort und Jahr:		Komponist (Bearbeiter):
Venedig	1714	Ristori-Vivaldi
Venedig	1716	Ristori-Vivaldi
Hamburg	1720	– –
Braunschweig	1722	»La musica è messa in ordine dal G. C. Schürman sopra gran parte delle arie scelte da' più famosi compositori d'Italia.«
Kukus-Bad	1724	Antonio Bioni (vielleicht nur Bearbeiter)
Prag	1724	Antonio Bioni
Mantua	1725	O. Pollaroli (?)
Brünn	1735	A. Vivaldi »a riserva di alcune arie«
Bergamo	1738	–
Vicenza	1738	–
Este	1740	–
Bassano	1740	–

bridge (Mass.), Ferrara, Florenz, Hannover, Křimice, Ljubljana, Los Angeles, Mailand, Padua, Paris, Parma, Rom, Rovigo, Venedig, Vicenza, Washington und Wolfenbüttel. Die Partitur des ersten und zweiten Akts ist in Turin, Sammlung → Giordano, Bd. 37, erhalten. Das Werk wurde durch Claudio → Scimone auf Platten aufgenommen (Erato Stu 71138, 3 Pl.) und mit dem Grand Prix de l'Académie du Disque Lyrique ausgezeichnet.
Lit.: B. Brizi, Gli Orlandi di Vivaldi attraverso i Libretti. In: A. V. Teatro Musicale Cultura e Società. Firenze 1982.

Orsatto, auch Orsatti
Anagrammatisch für Satiro, → Impresario des Theaters → San Moisè. Im → »Teatro alla Moda« erscheint er als »Orso« (Bär).

Ospedali
In Venedig wurden schon früh Häuser eingerichtet, in denen Waisen, Findlinge und uneheliche Kinder betreut wurden, zeitweise bis zu sechstausend. Diese Häuser wurden Krankenhäusern angegliedert, daher die Bezeichnung Ospitale (Ospedale); ihr Unterhalt wurde aus öffentlichen Mitteln, Stiftungen und Spenden aus der Bürgerschaft bestritten. Chorgesang spielte aus religiösen und pädagogischen Gründen eine große Rolle im Ausbildungsprogramm. Allmählich bildeten sich Musikseminare heraus; dabei unterschied man zwischen den Minderbegabten (di comun) und denen, die im Chor und im Orchester eingesetzt werden konnten (di coro). Berühmte Maestri wurden verpflichtet, wie Caldara, B. → Galuppi, → Hasse, Jomelli, → Legrenzi, Lotti, Porpora, Domenico Scarlatti, Tessarini, Traetta und andere. Vier dieser Seminare – der moderne Ausdruck Konservatorium ist irreführend – erfreuten sich eines außerordentlichen Rufes: La → Pietà (Zur Barmherzigkeit, 1346 von Frate Pietruccio di Assisi gegründet, an der Riva degli Schiavoni gelegen), Gli Incurabili (Die Unheilbaren, 1522 gegründet), Ospidaletto (Das kleine Hospital, 1528 gegründet) und I Mendicanti (Die Bettler), alle von Mädchen bewohnt. Die Konzerte fanden Samstag abends und sonntags nach der Messe statt. Sie waren Glanzpunkte im Musikleben der Stadt; keiner der vielen Venedig-Besucher versäumte sie zu hören, die Stuhlmieten trugen wesentlich zum Unterhalt bei. Alle Instrumente wurden von den Mädchen gespielt.
De → Brosses schreibt in einem Brief vom 29. 8. 1739:
»Daher singen sie wie Engel und spielen Violine, Flöte, Orgel, Oboe, Violoncello, Fagott, kurz, es ist kein Instrument so groß, um ihnen Angst einzuflößen. Sie werden klösterlich wie Nonnen gehalten. Sie allein führen Konzerte aus, jedesmal in einer Besetzung von etwa vierzig Mädchen. Ich schwöre Ihnen, es gibt nichts so angenehmes als eine junge und hübsche Nonne zu sehen, weiß gekleidet, mit einem Granatsträußchen über den Ohren, wie sie das Orchester leitet und mit aller Anmut und mit einer unvorstellbaren Genauigkeit den Takt schlägt.«

Das Ospedale della Pietà, an das V. 1703 als Geigenlehrer verpflichtet wurde, war für ihn ein ausgezeichnetes Experimentierfeld. Der besondere Ruf des Orchesters war seiner Tätigkeit zuzuschreiben.
In der zweiten Hälfte des 18. Jahrhunderts gingen die Leistungen stark zurück. 1776 wurden die Ospedali verstaatlicht, drei von ihnen schlossen noch vor 1800; die Pietà bestand noch bis in die dreißiger Jahre des 19. Jahrhunderts.
Lit.: G. Ellero, Origini e sviluppo storico della Musica nei quattro Grandi Ospedali di Venezia. In: NRMI, 1979.

Ostinato
Ein »obstinat« (hartnäckig) in unmittelbarer Folge wiederkehrendes Motiv, häufig im Baß, dann »Basso ostinato« genannt.

Ostro picta armata spina
»Introduzione al ›Gloria‹ a Canto solo con Istrumenti, del Vivaldi«, für Sopran, Violine, Viola und Bc., D-Dur. Turin, Sammlung → Giordano, Bd. 32.

Ottoboni, Pietro
(*1667 Venedig, †1740 Rom)
Kardinal, Opernlibrettist und Förderer → Corellis. → Talbot vermutet, daß V. ihm während seines römischen Aufenthalts begegnete, da ein in Manchester vorhandener Band mit Violinsonaten aus der umfangreichen Bibliothek Ottobonis stammt.

Ottone in Villa
Dramma per Musica / Da rappresentarsi nel Teatro di Vicenza / nel Mese di Maggio del 1713 / Dedicato a Sua Eccellenza / Enrico Lord Her-

Das »Ospedale dei Mendicanti« in Venedig

bert / Primogenito di S. E. Il Conte di Pembrooke / e Mongomery Cavaliere dell'Ordine della Jarettiere / La Musica è del celebre virtuoso di Violino, il Sig. / D. Antonio Vivaldi. 3 Akte.

Personen und Interpreten: Cleonilla amata da Ottone imperadore, Giusti Maria detta la Romanina »virtuosa del principe reale Alessandro di Polonia e di Lituania, comendator dell'Ordine dello Spirito Santo«; Ottone imperador di Roma, Vico Diana; Caio Silio giovane bellissimo amato da Celonilla, Bartoli Bartolomeo; Decio confidente di Ottone, Mozi Gaetano; Tullia dama forestiera amante di Caio, ma da lui abbandonata per amor di Cleonilla, sotto nome di Ostilio, paggio di Cleonilla amato dalla detta Faccioli Margarita. Das in Venedig 1713 bei Antonio → Bortoli gedruckte Textbuch stammt von Domenico → Lalli. Exemplare in Mailand, Venedig und Vicenza. Die autographe Partitur befindet sich in Turin, Sammlung → Foà, Bd. 37. Das Werk wurde 1715 und 1720 wiederaufgenommen und 1729 im Theater Dolfin in Treviso erneut gespielt. V. hat in seinem dramatischen Erstling den Text unverändert komponiert. Die langen → Rezitative – im dritten Akt in einer Liebesszene ein Rezitativ von 121 Takten – ergaben gewisse Schwächen. Für spätere Wiederaufnahmen gab er Anweisungen für die Kopisten wie »Questo non si dice« (Dies wird nicht gesungen), »qui non si scrive« (wird nicht geschrieben) oder »non si suona« (wird nicht gespielt). Anscheinend wurden aber manche Streichungen später zurückgenommen. Bei einer durchgestrichenen Arie steht beispielsweise die Anweisung »qui si scrive«. Auch die Anmerkung »un Tuono più alto« (einen Ganzton höher) findet sich.

Pädagoge

V. muß ein Pädagoge gewesen sein, der die Gabe besaß, seine Schüler durch das eigene Beispiel zu Höchstleistungen anzuspornen. In einer Zeit, in der es noch keine Violinetüden gab, hat er sicherlich seine Sonaten op. II auch als Übungsmaterial für die Pietà-Mädchen konzipiert. Sätze wie die Giguen (→ Giga), → Correnten, → Allemanden und vor allem die → Fantasia (aus der 11. Sonate) und das → Capriccio (aus der 12. Sonate) waren in ihrer durchlaufenden Bewegung sehr geeignet, die Spieltechnik zu fördern. In der Widmung der Konzerte des op. IV an den venezianischen Adligen Vettor → Delfino nennt er sich ». . . mehr Gefährte des Studiums als Leiter«. Damit hat er ausgedrückt, was → Pisendel, → Treu und andere so sehr angezogen hat. → Hiller berichtet über Pisendel: »Von Vivaldi . . . hat er sogar förmliche Lektionen auf der Violin genommen.« Leider hatten seine Schülerinnen kaum eine Chance im Berufsleben; die meisten heirateten und dürften nebenbei unterrichtet haben, so eine ausgezeichnete Geigerin namens Annamaria, die auch außerhalb der Pietà Erfolg hatte. De Brosses rühmt eine »Chiaretta«.

Komposition hat V. wohl kaum unterrichtet. Die Modelle waren vorhanden, jedermann konnte sie nachahmen, und V. wird über gelegentliche Ratschläge nicht hinausgegangen sein. Andererseits dürfte er jedoch zeitweise auch Violoncello unterrichtet haben. In einem Ratsprotokoll vom 27. 9. 1720 wird ein »Reverendo D. Antonio Vandini« genannt, und dieser Name ist in Vivaldi verbessert worden. Unter seinen Violoncellokonzerten befindet sich eines, in dem das Soloinstrument bis fis''' geführt, also nur mit Daumenaufsatz spielbar ist. Da mag er sich einmal spielend mit dem Instrument auseinandergesetzt und so eine neue Spieltechnik entwickelt haben. In einem Ratsprotokoll vom 5. 8. 1735 heißt es: ». . . Kompositionen für jede Art von Instrument . . . die Mädchen zu unterrichten, sie gut auszuführen.« Das kann auf eine besondere Fähigkeit hindeuten, dem Schüler die Spielweise ungewöhnlicher Instrumente nahezubringen.

Palazzi, Giovanni
Textdichter von → *Armida al Campo d'Egitto*, 1718, *Gli* → *Inganni per Vendetta*, 1720, *La* → *Verità in Cimento*, 1720, und → *Rosilena ed Oronta*, 1728.

Paperini, Bernardo
Drucker aus Florenz, der die Textbücher zu den V.-Opern → *Farnace*, Livorno 1729, und → *Alessandro nell'Indie* (Hasse/Vivaldi), Florenz 1736, druckte.

Par che tardo
→ Kantate »del Vivaldi« für Sopran und Bc., F-Dur. Turin, Sammlung → Foà, Bd. 27, und Dresden 1/J/7.

Partenope
Die in Venedig 1737 aufgeführte Oper nach einem Textbuch von → Stampiglia wird auch unter dem Titel → *Rosmira* oder *Rosmira fedele* angeführt. Sie ist wahrscheinlich ein von V. angefertigtes → Pasticcio mit Musik verschiedener Autoren, darunter → Händel.

Pasinel(l)i, A.
Venezianischer Drucker, der 1738 das Textbuch für die Aufführung der V.-Oper → *Rosmira* in »Claghenfurt« (Klagenfurt) druckte.

Passegieren
Ein diminutionsartiges Umspielen der Fundamentnoten, meist durch Violoncello oder → Fagott. Bei V. auf dem Weg über Improvisation, aufgezeichnete Improvisation, ein satztechnisches Mittel geworden (siehe rechte Seite oben).

Pasticcio
Wörtlich: Pastete, auch Pfuschwerk, geistloses Kunterbunt. In der Musik ein Bühnenwerk, das aus Stücken verschiedener Komponisten zusammengesetzt ist. Gelegentlich waren Autoren dabei beteiligt, meist aber wurde ein Pasticcio ohne ihr Wissen angefertigt.

Paul, Eric
Englischer Musikwissenschaftler deutscher Abstammung. Entdeckte im Januar 1963 das Geburts- und Taufdatum V.s: 4. 3. 1678 bzw. 6. 5. 1678 (→ Geburtsdatum).

Pazzoni, Alberto
Verleger in → Mantua, der die

PV 188, 2. Satz

Textbücher zu V.s Opern → *Tito Manlio* (I), 1719, → *Teuzzone*, 1719, *La* → *Candace o siano Li Veri Amici*, 1720, *L'* → *Artabano*, 1725, → *Orlando furioso*, 1725, → *Farnace*, 1732, und → *Semiramide*, 1732, druckte.

Perchè son molli
→ Kantate für Sopran, Streicher und Bc., G-Dur. Tenbury (England), St. Michael's College.

Perfidissimo cor!
→ Kantate für Alt und Bc., F-Dur. Dresden, Sächsische Landesbibliothek 1/J/7.

Peruzzi, Teresa, detta la Denzia
Gattin des Tenors und → Impresarios Antonio → Denzio; sang 1726 in → Prag in *La* → *Tirannia gastigata*, 1735 in Brünn in → *Orlando furioso* und 1739 in → Graz die Titelrolle in *L'*→ *Adelaide*, einer Oper, die wahrscheinlich auch von V. stammt.

Piango, gemo, sospiro
→ Kantate, für Sopran und Bc., d-Moll. Florenz, Bibliothek des Konservatoriums »Cherubini«, Ms. 772, Bd. 2.

Pianta, G.
Drucker in Treviso, der 1737 das Textbuch zu V.s Oper → *Farnace* druckte.

Pianti, sospiri
→ Kantate für Alt und Bc., F-Dur. Dresden, Sächsische Landesbibliothek, Mus. 1/I/2.

Pieri, Maria Maddalena
Altistin aus Florenz, die auch männliche Rollen verkörperte, »virtuosa di S.A. Ser. il Sig. duca di Modena«. Sang 1726 in → Venedig in → *Dorilla in Tempe* und die Titelrolle in → *Farnace*, 1732 in → Mantua in → *Semiramide* und die Titelrolle in *Farnace*, 1733 in Florenz in *Farnace*, 1735 in Verona in *L'* → *Adelaide* und die Titelrolle in → *Tamerlano*.

Pietà
Im Artikel → Ospedali wurde bereits die Geschichte dieser Einrichtung bis zur Vivaldi-Zeit darge-

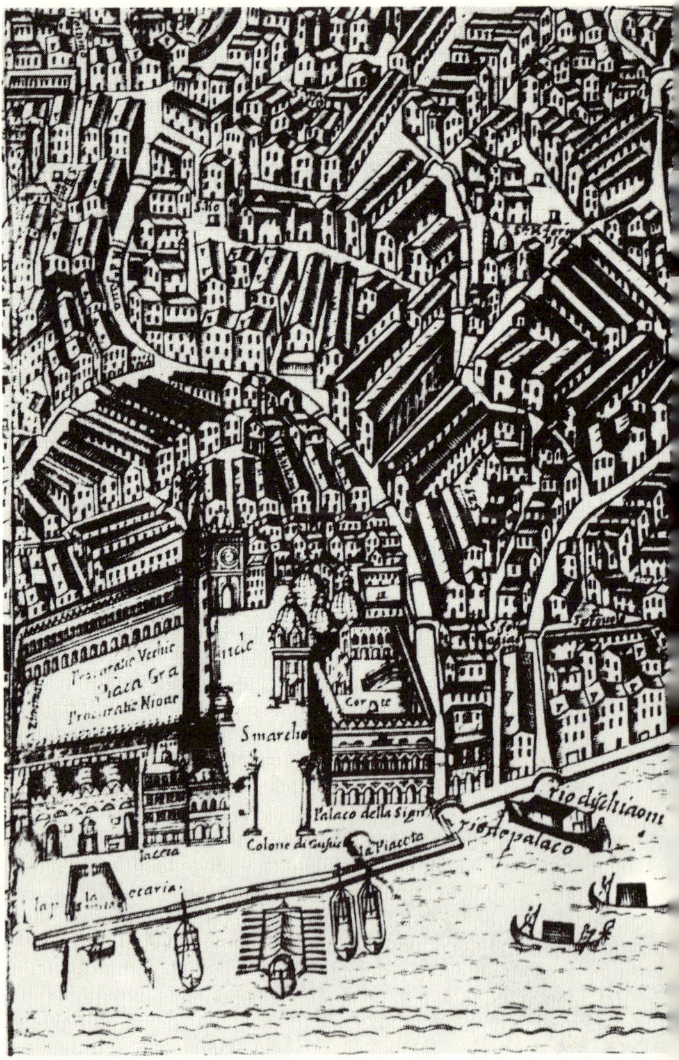

Venedig, La Riva degli Schiavoni
mit der alten Ansicht des »Ospedale della Pietà«

S.ta Giustina
S. Lorenzo
S. Zuane
agola
rio della pietae

stellt. Mit der Berufung des Komponisten Francesco → Gasparini als Maestro di Coro wurde 1701 eine sehr erfreuliche Entwicklung eingeleitet. Er schlug am 12. 8. 1703 vor, Vivaldi als Geigenlehrer anzustellen. V.s Tätigkeit war äußerst erfolgreich, die Qualität der Anstalt seine ganz persönliche Leistung. Er vertrat oft den vielbeschäftigten Opernkomponisten Gasparini, leitete bald auch die Konzerte und lieferte die benötigten Orchesterwerke. In der Pietà lebten zur Zeit V.s ungefähr tausend Mädchen, von denen hundertvierzig eine Musikausbildung genossen. Der vorbereitende Unterricht ebenso wie die Vorproben wurden von einer »Maestra di coro« geleitet. Die Orchestermitglieder wurden übrigens nach den Instrumenten benannt, z. B. Lucietta dalla Viola, Adriana dalla Tiorba, Cattarina del cornetto oder Luciana Organista. In der Partitur eines → *Magnificat* sind über den Solostimmen Namen notiert: l'Apollonia, la Bolognese, la Chiarette (Soprani), l'Ambrosiana, l'Albetta (Alti). Im Chor sangen die Mädchen auch die Männerstimmen. So wissen wir von einer »Antonia dal Tenor« und einer »Annetta dal Basso« (womit aber vielleicht ein Kontrabaß gemeint war). Im Orchester wurden sämtliche Instrumente von den Mädchen gespielt, auch Kontrabaß und → Fagott, wie de → Brosses berichtete. Manche traten auch außerhalb der Anstalt auf, so z. B. eine Santinetta, die in Opernaufführungen mitwirkte. In einer → »Faccio fede« lesen wir: »Die Sänger sind dieselben, welche in der ›Agrippina‹ singen mit der Marietta della Pietà . . .« Der Auftritt hatte also das Plazet der Zensur. Die Leistung der Pietà fand auch die Anerkennung durch den Dogen; er wohnte an jedem Palmsonntag einem Konzert bei.

Es stellt sich nun die Frage, wie lange V. an der Pietà tätig war. Gewöhnlich werden die Jahre »von 1703 bis 1740« angegeben, doch sind da Einschränkungen zu machen. V. nahm seine Arbeit im Frühjahr 1703 auf, für die folgenden Jahre wurde regelmäßig abgestimmt, aber die Abstimmung für 1709 fiel, vielleicht aus Sparsamkeitsgründen, negativ aus. Von 1709 bis 1711 ist eine Lücke. Erst am 27. 9. 1711 wird V. wiedergewählt. Ab 1717 sind die Bücher ungenau geführt, eine neuerliche Lükke von mehreren Jahren dürfte wahrscheinlich sein. Am 2. 7. 1723 wird das Arbeitsverhältnis neu geregelt, wobei man schon mit vielen Abwesenheiten rechnet (». . . für die Zeit, in der er sich in dieser Stadt aufhalten wird . . .«). In den folgenden Jahren wird V. in den Büchern nicht erwähnt, aber die Jahrgänge 1729 bis 1733 fehlen. Am 5. 8. 1735 unternimmt man erneut einen Versuch, das Verhältnis zu regeln. In den kommenden Jahren taucht sein Name in den Kassabüchern jedenfalls wieder auf. Insgesamt dürfte eine Tätigkeit V.s zwischen 1703 und 1740 mit einer Gesamtdauer von fünfundzwanzig Jahren nicht zu hoch veranschlagt sein, wobei er vielleicht seinen Verpflichtungen während der Reisen durch die Übersendung von Partituren nachgekommen ist.

Lit.: G. Ellero, Origini e sviluppo storico della musica nei quattro grandi ospedali veneziani; G. Rostirolla, L'Organizzazione musicale nell'Ospedale veneziano della Pietà al Tempo di Vivaldi. Beide in: NRMI, 1979, S. 160 bzw. 168.

Pincherle, Marc
(*1888 Constantine/Algerien, †1974 Paris)
Pincherles Interesse an V. wurde 1906 durch das berühmte C-Dur-Konzert (→ Kreisler) wachgerufen, das ihm vom ersten Augenblick an verdächtig vorkam. Seine Dissertation über den Komponisten, 1913 von der Sorbonne genehmigt, war schon fast fertig, als das Manuskript zu Beginn des Ersten Weltkrieges Kriegseinwirkungen zum Opfer fiel. Die Wiederaufnahme der Arbeit zog sich bis in die Jahre hin, da die Turiner Funde gemacht wurden (1927–1930). Pincherle hat in einer Fülle kleinerer Arbeiten Spezialthemen behandelt, bis sein großes Buch »A. V. et la Musique instrumentale« (mit einem thematischen Katalog) 1948 erschien. Das Manuskript war dem Verlag bereits 1944 übergeben worden. Man kann Pincherle ohne Einschränkungen als den Vater der modernen Vivaldi-Forschung bezeichnen.
Lit.: M. Pincherle, Rencontre de Vivaldi. In: Vivaldiana, 1968, S. 7 bis 10; J. Gribenski, Bibliographie des travaux de Marc Pincherle. In: RMI, 1975, S. 178–196.

Piombo (Blei)
Ein Dämpfer aus Blei, von besonders starker Wirkung.

Piovene, Agostino
Venezianischer Patrizier, der → Libretti für → Gasparini, Pollarolo und Lotti schrieb. Textdichter von → *Cunegonda*, 1726, und → *Tamerlano*, 1735.

Pircher, Giuseppa, detta la Tedesca
»Virtuosa di S.A.S. il Sig. principe d'Armestat«, sang 1733 in → Venedig in → *Montezuma*.

Pircher, Marianna
Sang in → Graz 1739 in → *Rosmira* und in *L'* → *Adelaide*, die wahrscheinlich von V. stammt. Außerdem sang sie 1740 in → *Catone in Utica*.

Pisendel, Johann Georg
(*1687 Cadolzburg, †1755 Dresden)
Mit zehn Jahren Ansbacher Hofkapellschüler von Francesco Antonio Pistocchi und Giuseppe Torelli, 1712 erster Geiger, 1728 Konzertmeister der Dresdener Hofkapelle. 1716/17 begleitete er → Friedrich August II. auf einer Italienreise, auf der er Schüler und Freund V.s wurde. → Hiller erzählt von einer Aufführung eines Violinkonzerts des Meisters durch Pisendel in der Pause einer Opernaufführung. Die heutigen Dresdener V.-Bestände gehen auf die vielen Werke zurück, die Pisendel aus Venedig mitgebracht hat. Er hat dann die meisten Materialien für das Dresdener Orchester eingerichtet, z. T. durch hinzugefügte Bläser. Von der Hand Pisendels liegen zweiundzwanzig Partituren, fünfzehn vollständige Stimmensätze, Einzelstimmen zu zwölf weite-

ren Stimmensätzen und sieben Sonaten vor.
Lit.: H. R. Jung, J. G. Pisendel, Leben und Werk. Diss. Jena 1956; K. Heller, Die Bedeutung Johann Georg Pisendels für die deutsche Vivaldi-Rezeption. Leipzig 1966.

Pizzicato (pizz. = gezupft)
V. benutzt das pizzicato oft zur Auflockerung der Baßlinie, z. B. in einer Arie des → *Tito Manlio* mit der Anweisung »Violone pizzicato – Bassi con l'arco«, wobei unter Bassi die Violoncelli zu verstehen sind. Eine hübsche Klangmalerei findet sich im → *Giustino*. Eine Arie »Sento in seno ch'in pioggia di lagrime« ist durch »tutti pizzicati senza cembalo« begleitet, aber ein solistisches Trio (zwei Violinen und Kontrabaß) spielt die gleichen Noten »arco« mit.

Polen
Eine Wahlmonarchie: Auf Johann III. Sobieski (1674–1696) folgt August I. von Sachsen als August II., König von Polen (1697–1733). Sein Sohn wird als August III. gewählt (gest. 1763). Dessen Bruder Friedrich Christian reiste 1738 als Graf Gusanzia nach Italien und hielt sich ab dem 19. 12 1739 für einige Monate in → Venedig auf. Die intensive V.-Pflege wurde durch August II. begründet.

Pound, Ezra
(*1885 Hailey, †1972 Venedig)
Amerikanischer Lyriker und Kritiker, lebte lange Zeit in Italien und war von V.s Werk so begeistert, daß er in Rapallo ein »Centre d'études vivaldiennes« einrichtete. Er beschaffte sich Mikrofilme aus → Dresden und schenkte sie 1938 der Accademia Chigiana in Siena.

Prag
Die Stadt ist für die Pflege der Opern V.s durch einen Aufenthalt des venezianischen Sängers und → Impresarios Antonio → Denzio bedeutsam geworden, der 1724 von Anton Graf → Sporck mit seiner Operntruppe eingeladen wurde und in → Kukus sowie in Prag bis 1732 sechs V.-Opern aufführte.

Preußner, Eberhard
(*1899 Stolp, †1964 München)
Publizierte »Die Musikalischen Reisen des Herrn von Uffenbach« (aus einem Reisetagebuch des Johann Friedrich A. von → Uffenbach aus Frankfurt am Main, 1712–1716), in dem die Begegnung mit V. von 1715 geschildert wird.

Priester
V.s Priesterschaft hat vielerlei Deutungen erfahren. Daß er den geistlichen Rock ausgezogen habe (Farga) und der legitime Gatte Anna → Girauds gewesen sei (Fantoni), ist allerdings reine Erfindung. Eine ganz persönliche Interpretation: Am Tag seiner Geburt soll ein Teil Venedigs von einem Erdbeben heimgesucht worden sein. Es wäre durchaus möglich, daß die Frühgeburt damit zusammenhing und die Mutter das Neugeborene dem geistlichen Stand widmete, wenn es mit dem Leben davonkäme.
Die Erlebnisse des Knaben in der Umwelt des väterlichen Musizierens

haben sicher die Neigung zum Priesterberuf verstärkt, der sich in dieser Zeit sehr wohl mit einer Tätigkeit als Musiker verbinden ließ. Er hat kein Seminar besucht, war vielmehr Pfarrern zur Ausbildung zugeteilt, wodurch ihm zweifellos viel freie Zeit für die Musik blieb.

Als V. krankheitshalber aufhörte, Messe zu lesen, muß dies in Übereinstimmung mit seinen Vorgesetzten geschehen sein. Seine Tätigkeit im Ospedale konnte durchaus auch karitativ aufgefaßt werden; Messelesen gehörte nicht unbedingt zu den Erfordernissen des geistlichen Standes. In seinem Aufsatz »A. V. prete« führt Gastone → Vio aus, daß jeder Geistliche eine »mansioneria quotidiana« (ein tägliches Amt, eine Obliegenheit) erhielt, die die Verpflichtung zum Messelesen einschloß. V. wurde dazu am 1. 9. 1703 mit einem Betrag von achtzig Dukaten pro Jahr verpflichtet. Man konnte sich davon aber auch freikaufen – in Übereinstimmung mit dem Tridentinischen Konzil –, wenn man über andere Einkünfte verfügte; V. hat die achtzig Dukaten bis zum 31. 8. 1705 bezogen.

Auch die Hinwendung zur → Oper war nicht ungewöhnlich. → Legrenzi, vermutlich V.s Lehrer, war als Geistlicher Opernkomponist; Kardinal → Ottoboni war Textbuchverfasser, sogar einen geistlichen → Impresario gab es einmal in → Venedig, und die Mitwirkung Geistlicher im Opernorchester ist im 18. Jahrhundert mehrfach beobachtet worden. → Goldoni berichtet, daß V. auch während kompositorischer Arbeiten Brevier gebetet habe.

Als Kardinal → Ruffo V. die Impresariotätigkeit in → Ferrara, das zum Kirchenstaat gehörte, verbot, war er nach unseren Begriffen im Recht, nach denen des 18. Jahrhunderts jedoch nicht. Wenn Ruffo sich im Juni 1738 von seinem Amt zurückzog, so hatte dies seinen Grund wahrscheinlich darin, daß er im Falle Vivaldi zu weit gegangen war.

Psalm

Psalmen sind Loblieder, die zum Teil auf den Propheten David zurückgehen und seit jeher in liturgischen Feiern Verwendung fanden. V. hat insgesamt dreiundzwanzig Psalmvertonungen hinterlassen, manche in mehreren Versionen:

90. Psalm: → *Qui habitat;*
104. Psalm: → *Dixit* in zwei Kompositionen;
111. Psalm: → *Beatus vir* in drei Kompositionen;
112. Psalm: → *Laudate pueri* in sechs Kompositionen;
113. Psalm: → *In exitu;*
115. Psalm: → *Credidi;*
116. Psalm: → *Laudate Dominum;*
121. Psalm: → *Laetatus sum* in zwei Kompositionen;
126. Psalm: → *Nisi Dominus* in vier Kompositionen;
147. Psalm: → *Lauda Jerusalem* in zwei Kompositionen.

Pupilli, Giovanni

Sang 1737 in → Ferrara in *Il* → *Demetrio.*

Qual in pioggia dorata

»Cantata Prima In lode di S. A. S. Il Principe Filippo d'Armistath Govern[e]: di Man[a]: ecc. Del Vivaldi« für

Alt, zwei Hörner, Streicher und Bc., F-Dur. Turin, Sammlung → Foà, Bd. 27.

Qual per ignoto colle
→ Kantate für Alt und Bc., e-Moll. Dresden, Sächsische Landesbibliothek, Mus 1/I/2.

Quantz, Johann Joachim (*1697 bei Göttingen, †1773 Potsdam)
Berichtet in seiner Autobiographie, daß er schon 1714 in Pirna Konzerte V.s kennengelernt habe (→ Urteile). 1718 Oboist in der polnischen Kapelle Augusts II., reiste 1724 mit dem sächsischen Gesandten nach Rom und kam 1726 nach → Venedig, wo er möglicherweise V. zu ersten Flötenkonzerten anregte. 1741 wurde er als Kammermusiker und Hofkomponist an den Hof Friedrichs des Großen nach Potsdam verpflichtet. In seinem »Versuch einer Anweisung die Flöte traversiere zu spielen« (Berlin 1752) nimmt er im XVIII. Hauptstück, Kap. 58, zu V. Stellung, ohne ihn jedoch namentlich zu nennen.

Quei begli occhi
→ Kantate für Sopran und Bc. Turin, Sammlung → Foà, Bd. 28.

Querini, Francesco Cavaliere
Wurde 1704 Podestà und Capitano von Rovigo, gab aber die Stelle 1708 wieder auf. Ihm und seiner Gattin »la Sig. Elena Minotti Querini« ist die Serenata *Le → Gare del Dovere* zum Abschied gewidmet (RV 688).

Queste, Eurilla gentil
»Serenata à quattro voci«, → Mantua 1726, zu einem Geburtstag im Hause Philipps von → Hessen-Darmstadt aufgeführt. Die Partitur ist verloren, das Libretto von V. Vettori hingegen in Bologna erhalten.

Qui habitat in adiutorio Altissimi
90. Psalm (unvollständig; es fehlt der Anfangsteil des ersten Verses) für Sopran, Alt, Baß, zwei Violinen und Bc., F-Dur. Turin, Sammlung → Giordano, Bd. 33.

Recedite nubes et fulgura
→ Motette »per ogni tempo a Canto solo con Istromenti, del Vivaldi«, für Sopran, Streicher und Bc., g-Moll. Turin, Sammlung → Giordano, Bd. 32.

Regaznig
Venezianischer Kaufmann, über den Johann Philipp Franz von → Schönborn seit 1708 musikalische Werke aus → Venedig für seinen Bruder Rudolf Franz Erwein in → Wiesentheid bestellte. Am 27. 2. 1710 schrieb Johann Philipp Franz: ». . . zu trachten noch einige rare compositiones des Vivaldi zu erhalten und nechstens zu behendigen . . .« Regaznig antwortet einmal: ». . . diese musicalien bestehen in 60 arien von instrumenti und in einigen wunderschönen Modetti zum singen sonders ausgewählet mit ihrer zubehörig sinfonia, von den vier operen dies jahr, so im theatro di S. Giov. Crisost. und S. Cassiano aufgeführet worden . . .« Auch über einen Musiker Horneck wird bestellt, so am 15. 6. 1712

»... una dozzena de piu nuovi Concerti del Vivaldi, Lotti e Polaroli«.

Regina coeli
Antiphon, C-Dur. Turin, unvollständig.

Resurrexit sicut dixit, Alleluia
→ Motette für Alt, zwei → Trompeten, Streicher und Bc., C-Dur. Turin, Sammlung → Giordano, Bd. 34.

Rezitativ
Sprechgesang in → Oper, → Oratorium und → Kantate, von einem Solisten frei vorgetragen, wobei Satzglieder in der Regel durch einen Akkord harmonisch gestützt wurden. Die Begleitung konnte entweder »secco« (trocken) sein, d. h. nur vom Basso continuo ausgeführt (in der Regel Baßmelodieinstrument und Akkordinstrument), oder »accompagnato«, von Instrumenten begleitet. Das Rezitativ wurde häufig vereinfacht notiert, die zeitüblichen Verzierungen mußten vom Sänger improvisiert werden.

Ricordi
Das als Verlagspartner Verdis berühmt gewordene Mailänder Haus hat 1947 das Angebot → Fannas und → Ephrikians angenommen, unter Leitung von Gian Francesco → Malipiero eine Gesamtausgabe der Werke V.s herauszubringen. Das Unternehmen wurde 1972 mit 529 Partituren Instrumentalmusik und dreizehn Partituren geistlicher Werke abgeschlossen. Mit einer neuen Reihe von etwa hundert Titeln hat man eine Ergänzung begonnen, die die Bühnenwerke mit einbezieht. Im gleichen Verlag ist der → *Ottone in Villa* in einer Ausgabe von J. W. Hill erschienen.

Rinaldi, Mario (*1903 Rom)
Kritiker und Musikschriftsteller. Neben vielen Aufsätzen zu Vivaldischen Themen schrieb er: »A.V.« (Roma 1945); »Catalogo numerico tematico delle composizioni di A.V.« (Roma 1945/→ Kataloge); V.: »Juditha Triumphans« (Milano 1946); »Il Teatro Musicale di A.V.« (Firenze 1979); »Dati certi su V. Operista« (in: NRMI, 1979).

Ripieno (voll, vollbesetzt)
Das Orchestertutti im Gegensatz zum Soloinstrument oder zum Concertino (→ Concerto ripieno). Gelegentlich bedeutet ripieno ein vierstimmiges Chorstück ohne vokale oder instrumentale Solostimmen.

Ristori, Giovanni Alberto
(*1692 Bologna, †1753 Dresden)
Erfolgreicher Opernkomponist. Sein erstes Werk »Orlando furioso« wurde 1713 im Teatro Sant'Angelo in → Venedig aufgeführt und hatte mit vierzig Aufführungen einen starken Erfolg. Ein Jahr darauf wurde eine von V. bearbeitete Fassung gegeben, »con aggiunta del Vivaldi«.

Ritornell
(von it. ritornare = wiederkehren; Ritornello = Refrain, Kehrreim)
In der Solokonzertform und in davon abgeleiteten Formen der aus Motivgruppen gebildete und vom

ganzen Orchester gespielte Formteil (Tutti), der, von Soloteilen unterbrochen, mehrmals wiederkehrt.

Ritornellform
→ Solokonzertsatz

Rizzardi, G. M.
Drucker in Brescia, der 1716 das Textbuch für V.s Oper → *Nerone fatto Cesare* druckte.

Rodomonte sdegnato
Oper von Michelangelo Gasparini, 1714 in Venedig im Theater → Sant'Angelo aufgeführt. Die einzige Beteiligung V.s an dem Werk ist seine Widmung vom 20.1. 1714 an »sua altezza serenissima il signor principe D. Giuseppe Maria Gonzaga di Guastalla«, die Aufgabe des → Impresarios war.

Roger, Estienne (*1665 oder 1666 Caen, †1722 Amsterdam)
Nach der Aufhebung des Edikts von Nantes (18. 10. 1685) wanderte die Familie nach Amsterdam aus. 1690 Buchdruckerlehrling, 1695 im Buchhandel tätig, ab 1697 selbständig. Genialer Drucker und Verleger; das von ihm begründete Unternehmen war führend in der ersten Hälfte des 18. Jahrhunderts.
Roger stellte die ältere Vokalnotation (siehe rechte Seite) auf besser leserliche instrumentale Faktur um und führte die Verlagsnummern ein, die auch zur Erleichterung der Bestellung gedacht waren, nachdem sie zuvor nur zur Aufbewahrung der Druckstöcke gedient hatten (→ Chronologie). Im Vorwort zum *Estro Armonico* vermerkte der Komponist: ». . . von der berühmten Hand des Herrn E. R. gestochen . . .« Estienne führte den Verlag bis 1716, dann übergab er ihn wegen Krankheit an seine Tochter Jeanne. 1722 starb er, und im gleichen Jahr noch folgte ihm Jeanne in den Tod. Die Firma übernahm Michel-Charles Le Cène, der 1716 eine Tochter Estiennes geheiratet hatte. Die Verlagsproduktion umfaßte folgende Nummern:
Estienne Roger
Verlagsnummer 1–419
Jeanne Roger
Verlagsnummer 420–495
Michel-Charles Le Cène
Verlagsnummer 496–594.
Ab 1723 firmierte der Verlag als »Estienne Roger et Michel-Charles Le Cène«.
Lit.: F. Lesure, Bibliographie des Editions Musicales publiées par Estienne Roger et Michel-Charles Le Cène, Amsterdam 1696–1743. Paris 1968.

Roitzsch, Friedrich August
(*1805 bei Görlitz, †1889 Leipzig)
Gab 1851 zusammen mit Siegfried Wilhelm → Dehn den Band »XVI Concertos d'après des Concertos pour le Violon de Antoine Vivaldi . . .« heraus und leitete (mit Dehn) die moderne V.-Forschung ein.

Romaldi, Nicola
Komponierte den dritten Akt der Oper *La* → *Virtù trionfante dell'Amore e dell'Odio overo Il Tigrane*, Rom 1724, zu der Benedetti Micheli den ersten, V. den zweiten Akt beisteuerten.

19
ALlemanda
Allegro.
Segue.
Di D. Antonio Vivaldi Opera Seconda.
C

Rosalie
Mehrmalige (mehr als dreimalige), eintönig wirkende Motivwiederholung auf verschiedenen Stufen.

Rosilena ed Oronta
Drama per Musica / Da rappresentarsi nel Teatro / di Sant'Angelo / Nel carnevale dell'Anno 1728 / Dedicata / a Sua Eccellenza il Signor Leopoldo / del Sacro Romano Impero / Conte di Paar, Sig. di Schmirschitz ecc. / La Musica è del Sig. D. Antonio Vivaldi Maestro di Cappelle di S.A.S. il Signor Principe Filippo Langravio d'Assia Darmstath / Le scene sono del sig. Antonio Mauri. 3 Akte.
Personen und Interpreten: Rosilena principessa di Persia, Sorofina Benedetta »virtuosa di camera di S.A.S. l'elettor Palatino«; Oronta reina vedova d'Armenia, Girò Anna; Arsace re de' Parti, Negri Maria Catterina; Zaffira sua sorella, Baldini Lucrezia; Ormondo giovine re d'Armenia figlio d'Oronta, Oignotti Casimiro »virtuoso di S. M. il re di Polonia elettor di Sassonia«; Ariadeno principe assiro amico d'Arsace, Tassi Gio. Andrea; Ergisto generale e consigliere d'Arsace, Pinetti Gaetano.
Das ohne Verfasserangabe von Antonio → Bortoli in → Venedig 1728 gedruckte Textbuch stammt von Giovanni → Palazzi. Exemplare befinden sich in Bologna, Florenz, Los Angeles, Mailand, Rom, Rovigo, Treviso, Venedig und Washington. Die Partitur ist nicht erhalten.

Rosmira
Die Angaben über diese Oper weichen sehr stark voneinander ab. Bellina, Brizi und Pena kamen in »I Libretti Vivaldiani« zu der Ansicht: »mus. A. Vivaldi«. V. hat auch das → Widmungsvorwort an den Markgrafen Friedrich von Brandenburg unterzeichnet. Der in Opernfragen sehr zuverlässige Mario → Rinaldi schreibt (in: Il Teatro Musicale di A. V., S. 237): »Es handelt sich um eine Oper in drei Akten mit einer Einleitung am Anfang und einem Chor am Ende, aber sie ist nicht nur von Vivaldi; tatsächlich ist es ein Pasticcio mit der Einleitung von G. Micheli und Arien von Vivaldi, von Hasse, von Händel, von Pergolesi, von Pampino, von Paganelli und von Mazzoni.« Das Textbuch stammt »aus der . . . glücklichen Feder des berühmten Silvio Stampiglia«. Die Oper wurde 1738 im Teatro → Sant'Angelo in Venedig aufgeführt, aber anscheinend ist sie schon ein Jahr vorher in Venedig unter dem Titel → *Partenope* gespielt worden. Ob eine 1738 in Klagenfurt und 1739 in → Graz aufgeführte Oper gleichen Titels mit dem Werk von Venedig identisch ist, ist wahrscheinlich, aber nicht verbürgt.

Rossetti, Marino
Venezianischer Drucker, mit dem V. als → Impresario in dauernder Geschäftsverbindung blieb. Von der ersten, 1714 in → Sant'Angelo aufgeführten Oper, bis zur letzten, dem → *Feraspe*, 1739, hat Rossetti nicht weniger als siebenundzwanzig Textbücher für V. gedruckt.

Rossi f.lli (und Brüder)
Druckunternehmen in Bergamo, das

für die V.-Opern *La* → *Fede tradita e vendicata*, 1726, und → *Orlando furioso*, 1738, die Textbücher druckte.

Rovedino, G. B.
Drucker aus Pavia, der ein Textbuch zu V.s Oper → *Farnace* druckte.

Rudge, Olga
Englische Geigerin, Sekretärin der Accademia Chigiana in Siena, schrieb den Artikel V. in »Grove's Dictionary of Music« (vol. suppl. 1939, der mit Revisionen auch in die Auflage von 1954 übernommen wurde); außerdem viele Beiträge für die »Quaderni dell'Accademia Chigiana«. In der Frühzeit der V.-Renaissance waren ihre → Kataloge wertvolle Hilfen beim Zurechtfinden in den → Turiner Sammlungen.

Rühlmann, Julius (1816–1877)
Schrieb »Antonio Vivaldi und sein Einfluß auf Joh. Seb. Bach. Eine historische Studie« (in: NZfM, 1867, S. 393–397, 401–405 und 413–416). Er datierte → Bachs erste Berührung mit den Werken V.s in die Köthener/Leipziger Jahre, wodurch er zu falschen Schlüssen über das Verhältnis der beiden Meister gelangt.

Ruffo, Tommaso (1664–1753)
Kardinal und Erzbischof von → Ferrara, aus adliger neapolitanischer Familie stammend. Im November 1737 ließ der Apostolische Nuntius von Venedig V. zu sich rufen und teilte ihm im Auftrag Ruffos mit, daß er nicht nach Ferrara kommen könne, weil er als Priester nicht Messe lese und eine »amicizia« (Freundschaft, Verhältnis) mit der Sängerin → Giraud unterhalte. Da Ferrara zum Gebiet des damaligen Kirchenstaates gehörte, hatte Ruffo auch die Befehlsgewalt über ein privates Theaterunternehmen. Sein Eingriff muß als Teil seiner allgemeinen Bemühungen um eine Reform des Lebensstils der Geistlichen verstanden werden. Ruffo gab am 8. 1. 1738 ein »Editto in occasione del Carnovale« heraus (Edikt anläßlich des Karnevals) in dem es u. a. heißt:
»Wir ordnen an und befehlen ausdrücklich allen einzelnen Geistlichen jedes beliebigen Amtes, Grades und Standes, ob Weltgeistlicher oder Angehöriger eines Ordens dieser Stadt und Diözese, . . . sich

Kardinal Tommaso Ruffo, Erzbischof von Ferrara

gänzlich zu enthalten des Maskierens, bei Seiltänzern und Scharlatanen jeglicher Art zu verweilen . . ., anstößig spazierenzugehen, und jeder anstößigen Ausschweifung ähnlicher Art, besonders der Teilnahme in irgendeiner Weise, sei es auf Bällen, Festen, Festessen, unter Strafe von fünfzig Scudi in jedem obengenannten Falle . . .«
Trotz der Intervention → Bentivoglios blieb der Kardinal hart.
»Außerdem hat er mir versichert, daß er in diesem Entschluß festbleiben werde, auch wenn er vom Papst selbst den Auftrag erhalte, ihn zu widerrufen. Er werde eher den Erzbischofstuhl verlieren als seine Meinung ändern, weil er glaubt, so handeln zu müssen.« (Brief Bentivoglios vom 20. 11. 1737.)
Im Juni 1738 trat Ruffo überraschend von seinem Amt als Erzbischof zurück. Krankheit kann wohl kaum der Anlaß dafür gewesen sein. Er starb erst fünfzehn Jahre später im Alter von neunundachtzig Jahren.

Ruggeri (Ruggieri), Giovanni Maria
Bearbeitete das Textbuch zu *L'* → *Inganno trionfante in Amore,* das von Matteo → Noris stammte.

Ryom, Peter
Der dänische V.-Forscher widmete sich hauptsächlich der Katalogisierung der Werke V.s (→ Kataloge) und stöberte auf seinen Reisen zahlreiche, z. T. bisher unbekannte Kompositionen auf. Die wichtigsten Publikationen sind: »Verzeichnis der Werke Antonio Vivaldis. Kleine Ausgabe« (Leipzig 1974, [2]1977); »Ergänzungen und Berichtigungen zu dem Verzeichnis der Werke Antonio Vivaldis« (Poitiers 1979); »Les manuscrits de Vivaldi« (Kopenhagen 1977). Außerdem schrieb Ryom zahlreiche Aufsätze. Der wichtigste ist wohl »La comparaison entre les versions differents d'un concerto d'Antonio Vivaldi transcrit par J. S. Bach« (in: Dansk Aarbog for Musikforskning, 1968).

Sala, Giuseppe
Venezianischer Verleger, der als solcher von 1676 bis 1715 tätig war. Bei ihm kamen 1705 die → Triosonaten op. I heraus.

Salmoè (auch salmò oder scialmò)
Wahrscheinlich eine Baßschalmei, die aber als Familie gebaut wurde und über elf Töne kaum hinausgegangen sein dürfte. Von V. in mehreren Werken verwendet: so in → *Juditha Triumphans* als Sopraninstrument oder im *Concerto Funebre* (PV 385, RV 579) als Tenorinstrument. Gelegentlich hat V. auch zwei Salmoè verwendet, so im Konzert PV 16, RV 558. In einer Dresdener *Sonata à Viol*^{o}*:, Oboè, et Org*^{o}*:, et anco se piace il Salmoè* wurde das Instrument von einer Sig^{ra}: Candida geblasen.

Salterio
Über die Oper → *Giustino,* Rom 1724, schrieb → Rinaldi (in: Il Teatro Musicale di A. V., S. 138): »Eine Arie der Oper sieht die Verwendung des Salterio mit einer solistischen Violine vor. Der Salterio oder Timpanon (hackbrettähnlich)

war ein Instrument orientalischen Ursprungs, kam aber in Europa und besonders in Deutschland in Gebrauch. In Venedig wurde er oft von den Schülerinnen des Ospitale della Pietà geübt.«

Salvatore, Arcangelo
Buchhalter in Venedig. Als 1926/27 ein Wettbewerb der »Accademia di Musica Antica« für eine kurze Monographie über V. ausgeschrieben wurde, gewann er als einziger Teilnehmer.
Seine Arbeit »A. V. (il Prete Rosso) Note biografiche« wurde in der »Rivista Mensile della Città di Venezia« (Anno VII, Nr. 9, September 1928) veröffentlicht.

Salve Regina
(→ Antiphon)
1. »ad Alto solo in due Chori, del Vivaldi«, für Alt, zwei Streichorchester und Bc., c-Moll. Turin, Sammlung → Giordano, Bd. 33.
2. »ad Alto solo con Violini e Flauto traversiere in due Cori, del Vivaldi«, für Alt, zwei Flöten, zwei Streichorchester und Bc., g-Moll. Turin, Sammlung Giordano, Bd. 35.
Ein weiteres *Salve Regina* in F-Dur wurde 1968 in Brünn aufgefunden.

Salvi, Antonio
Einer der fruchtbarsten Librettisten seiner Zeit; schrieb die Textbücher zu den V.-Opern → *Scanderbeg*, 1718, → *Ipermestra*, 1727, *L'*→ *Adelaide*, 1735, und → *Ginevra Principessa di Scozia*, 1736.

Sanctorum meritis
»Hinno a Canto solo con Istromenti, del Vivaldi«, für Sopran, Streicher und Bc., C-Dur. Turin, Sammlung → Giordano, Bd. 35.

San Giovanni in Bràgora
Kirche in Venedig, in der V. getauft wurde. Die Familie hat wahrscheinlich in unmittelbarer Nähe gewohnt.

San Moisè
Teatro Giustiniano, gegründet 1640 durch die Familie Zane. In diesem Theater wurden vier Opern V.s aufgeführt: 1716 *La* → *Costanza trionfante degl'Amori e degl'Odi*, 1717 → *Tieteberga*, 1718 → *Armida al Campo d'Egitto* und → *Artabano Re de' Parti*.

San Samuele
Teatro Grimani, gegründet 1655. Ein ganz kleines Theater, in dem 1735 → *Aristide* von Lotavio Vandini (= A. V., anagrammatisch vertauscht) und → *Griselda* aufgeführt wurden.

Santa Malgarita
(auch Margherita)
Eines der drei kleinen Theater, die nur gelegentlich Opern spielten. V. schrieb dafür 1726 → *Dorilla in Tempe*. 1731 wurde → *Armida al Campo d'Egitto* wiederaufgeführt.

Sant'Angelo (im venezianischen Dialekt San Anzolo)
Mittleres Theater mit niedrigen Eintrittspreisen, von dem → Impresario Francesco → Santurini 1676 auf einem Grundstück errichtet, das den Familien Marcello (einer Seitenlinie gehörte Benedetto → Mar-

cello an) und Cappello gehörte und das er auf sieben Jahre gepachtet hatte. Als er nach Ablauf dieser Zeit das Theater aufgeben sollte, widersetzte er sich. Ein langer Rechtsstreit, der anscheinend zugunsten Santurinis verlief, war die Folge. Er war als Impresario bis gegen 1711 tätig. Über V.s Vater, der wohl gelegentlich in Sant'Angelo gespielt hat, nahm Santurini schon sehr früh Verbindung mit A. V. auf. Offenbar trat dieser schon ab 1711 in die Impresariogeschäfte ein, zunächst durch einen Strohmann gedeckt, ab Herbst 1714 aber offiziell. Bis zu seinem Abgang aus → Venedig (1740) hat V. die Impresa in der Hand gehabt, sich aber in Zeiten der Abwesenheit vertreten lassen.

Santurini, Francesco (†1719)
Eine der merkwürdigsten und zwielichtigsten Gestalten des venezianischen → Opernlebens, dem sogar Angriffe auf Sängerinnen durch Mittelspersonen nachgesagt wurden. Ein anderes Mal ließ er im Theater Sänger verprügeln, die mehr Gage verlangten. Eine Sängerin fiel hinterher in einen Kanal und wurde nicht mehr gefunden. 1676 baute er auf einem Grundstück, das den Familien Marcello und Cappello gehörte, das Teatro → Sant'Angelo, gab es nach Ablauf der Pachtzeit jedoch nicht auf, sondern setzte seine Ansprüche vor Gericht anscheinend durch. Santurini arbeitete bis 1711 als → Impresario und hat möglicherweise V. schon zu diesem Zeitpunkt als Mitarbeiter herangezogen. Er blieb auch Direktor, als V. offiziell Impresario wurde. Zeitweise war Santurini auch Impresario des Theaters → San Moisè, beherrschte also einen guten Teil des venezianischen Opernlebens.

Sarce
Angeblich 1733 in Ancona nach einem Textbuch von G. Boldini aufgeführte Oper, möglicherweise identisch mit → *Siroe Re di Persia*, 1727 in Reggio aufgeführt. Nach → Ryom (in: A. V. Teatro Musicale Cultura e Società, S. 272) existiert eine Oper dieses Titels nicht.

Savioni (Salvioni), Girolamo
Venezianischer Drucker, der die Textbücher für V.s Opern → *Catone in Utica*, 1737 in Verona, und → *Orlando furioso*, 1740 in Este, druckte.

Scanderbeg (auch Scanderbegh und Scanderberg)
Drama per Musica / Da rappresentarsi in Firenze / Nel Teatro dell'Ill. SS. Accademici Immobile / posto in via della Pergola / Nell'estate dell'Anno MDCCXVIII / Sotto la protezione / dell'Alt. Reale / del Serenissimo / Gran Principe di Toscana / La musica è del Sig. D. Antonio Vivaldi, e l'invenzione degli Abiti del Sig. Giuseppe Saratoni. 3 Akte.
Personen und Interpreten: Scanderbeg re dell'Albania, Carboni Gio. Battista; Doneca sua sposa in Abito di pastore, Cuzzoni Francesca »virtuosa dell'A.R. la sereniss. Violante gran principessa di Toscana e governatrice di Siena«; Aroniz principe dell'Epiro, padre di Doneca, in abito di pastore, Ristorini Antonio; Or-

mondo conte d'Urana, generale dell'armi, Sbaraglia Gio. Pietro, detto il Pesciatino »virtuoso dell'A.R. la sereniss. Violante . . .«; Climene capitano di Scanderbeg, Guglielmini Anna; Amurat Il monarca de' Traci, Mossi Gaetano; Asteria principessa, sua figlia, Landi Agata; Acomat generale d'Amurat, amante d'Asteria, Venturini Rosa »virtuosa di camera di S.A.S. il Sig. principe Antonio di Parma.

Das Textbuch, ohne Verfasserangabe in Florenz bei A. M. → Albizzi 1718 gedruckt, ist von Antonio → Salvi. Exemplare befinden sich in Bologna, Florenz, Modena und Rom. Die Partitur soll angeblich in Jugoslawien noch vorhanden sein; einzelne Szenen sind in Turin, Sammlung → Foà, archiviert, aber ohne Angabe des Titels.

Mit diesem Werk begannen die Aufträge für auswärtige Theater (von → *Ottone in Villa* abgesehen). V. erhielt in der Folgezeit Aufträge für Ancona, Mailand, → Mantua, Reggio Emilia, Rom und Verona.

Schaffensvorgang

V. gehört zum Typ der frühreifen Komponisten, für die eine reiche Produktion charakteristisch ist. Nur so sind die riesigen Werkzahlen verständlich. Daß dabei manche Routinearbeit mit unterlief, ist verständlich.

Strawinskys böses Wort – es wird auch Dallapiccola zugeschrieben –, »er hat nur ein Konzert geschrieben, das aber sechshundertmal«, geht jedoch völlig an der Arbeitssituation eines Barockkomponisten vorbei, von dem man erwartete, daß er in raschester Produktion das Repertoire für den eigenen Musizierbereich selbst schuf. Rasches Schreiben war aber vor allem für die → Oper notwendig. Fiel ein Werk durch, mußte Ersatz geschaffen werden, wobei man eigene und fremde Werke skrupellos plünderte. Solcherart wurde V. oft genug der Retter in der Not.

Schallplatten

Die Bielefelder Kataloge der letzten Jahre verzeichnen mindestens zwanzig Spalten (im Kleinstdruck) mit V.-Einspielungen, und da sich V. sowohl bei den Plattenproduzenten wie bei den Solisten und Kammerorchestern weiterhin größter Beliebtheit erfreut, werden alle Angaben über Aufnahmen von Werken V.s in kurzer Zeit überholt sein. Allein die → *Jahreszeitenkonzerte* wurden bisher einhundertvierzehnmal aufgenommen. In den USA stand V. 1981 an fünfter Stelle der Verkaufsziffern hinter Bach, Beethoven, Haydn und Mozart.

Nach einem »Indice discografico Vivaldiano« (Milano 1953) von Pietro Berri hat Luigi Bellingardi eine »Discografia di A. V.« im Umfang von fünfzehn Seiten mit dem Stand vom 31. 3. 1973 in → Giazottos »A.V.« (Torino 1973) vorgelegt. Bedeutend erweitert und auf den neuesten Stand gebracht hat der gleiche Autor eine Übersicht in NRMI (1979, S. 290–304) gegeben. In umfassender Weise hat sich Roger-Claude → Travers mit V.-Aufnahmen beschäftigt. Er versucht, die Erscheinungsjahre der alten Platten zu klären, und verzeich-

net die neuen, zu denen er häufig eine kritische Bewertung gibt:
1. »La redecouverte de Vivaldi par le disque, de 1950 à 1978« (in: Vivaldi Veneziano Europeo, 1980);
2. »Les nouveautés discographiques« (Poitiers 1978, Bulletin Nr. 1);
3. »Discographie V., Nr. 1, 1979« (in: Informations et Studi, 1980/1);
4. »Discographie V., Nr. 2, 1980« (in: Informations et Studi, 1981/2);
5. »Discographie V., Nr. 3, 1981« (in: Informations et Studi, 1982/3);
6. »Discographie V. 78 tours aux soins de Roger-Claude Travers avec une note de Thomas Walker« (in: Informations et Studi, 1982/3);
7. »Nouvelles Informations sur la Discographie V. 78 tours« (in: Informations et Studi, 1983/4);
8. »Discographie V., Nr. 4, 1982« (in: Informations et Studi, 1983/4).

Schering, Arnold
(*1877 Breslau, †1941 Berlin)
Promovierte 1902 in Leipzig mit einer Arbeit »Geschichte des Instrumentalkonzerts bis A. Vivaldi«, die er 1905 zu einer »Geschichte des Instrumentalkonzerts bis auf die Gegenwart« erweiterte. In ihr wird V. auf neunzehn Seiten behandelt. Schering nennt ihn »einen der fortschrittlichsten Musiker und einen der begabtesten Köpfe des Jahrhunderts«. Erstaunlich an diesem Urteil ist, daß Schering für seine Untersuchungen nur ein Bruchteil des heute bekannten Schaffens zur Verfügung stand. Der Aufsatz »Zur instrumentalen Verzierungskunst im 18. Jh.« (in: SIMG, 1905/06) behandelt u. a. Dresdener V.-Konzerte.

Scherza di fronda
→ Kantate für Sopran und Bc., Es-Dur. Dresden, Sächsische Landesbibliothek, Mus 1/I/7.

Schlußsatz
Die meisten Schlußsätze stehen, wie der erste, ebenfalls in → Ritornellform, sind aber im Charakter verschieden. → Quantz, »Versuch«, XVIII. Hauptstück, 38. Kap., hat dazu geschrieben:
»Das letzte Allegro eines Concerts muß sich nicht nur in der Art und Natur, sondern auch in der Tactart, vom ersten Satze sehr unterscheiden. So ernsthaft das erste seyn soll, so scherzhaft und lustig muß hingegen das letztere seyn. Diese nachbenannten Tactarten, als: 2/4, 3/4, 3/8, 6/8, 9/8, 12/8 Tact, können hierbey gute Dienste thun.«
Ein relativ kleiner Teil steht in Tanzformen, so z. B. PV 282 (RV 406/481): Menuett ohne Soloinstrument, dann folgen zwei → Variationen des Solocellos über der fast gleichbleibenden Baßharmonie, nach einer Wiederholung des Menuetts »ma senza repliche« eine neuerliche Solovariation mit abschließendem Menuett. Gelegentlich ist der Tanz aber sehr stilisiert und kaum mehr als solcher zu erkennen.

Schönborn
Süddeutsches Adelsgeschlecht, das im 17. und 18. Jahrhundert bedeutende geistliche und weltliche Würdenträger stellte. Für die V.-Pflege wurden wichtig Rudolf Franz Erwein (1677–1754), Kaiserlicher Geheimer Rat, Fideikommißherr

auf Schloß → Wiesentheid und begabter Cellist, und sein Bruder Johann Philipp Franz (1673–1724), über den R. F. Erwein Musik aus → Venedig bestellte (→ Regaznig). 1716 empfahl sich R. F. Erwein in einem Brief an den Bruder »gantz trewmässig auffs best Corellisch, Albinonisch, Mascittisch, Vivaldisch«.
Rudolf Franz Erwein hinterließ eine Musiksammlung von 145 Drucken und 670 Manuskripten, die u. a. fünfzehn → Violoncellokonzerte und elf → Violoncellosonaten italienischer Meister umfaßte. Von seiner Begeisterung für venezianische Musik legt ein Sammelband mit sechzig → Arien Zeugnis ab, die zwischen 1708 und 1712 in Venedig aufgeführt wurden.

Schreyer, Johannes
(*1856 b. Dresden, †1929 Dresden.) Als Musikschriftsteller heftiger Gegner → Spittas sowie der Bach-Forschung vor und nach ihm (Forkel!). Warf den Herausgebern der GA vor:
»Von den in der Ausgabe der Bach-Gesellschaft veröffentlichten Werken ist wahrscheinlich der neunte Teil unecht. Im Zusammenhang mit Bachs V.-Bearbeitungen, von denen er sagt: »Daß aber Bach nicht der Bearbeiter dieser sechzehn Konzerte sein kann, geht allein schon aus den folgenden Stellen hervor« (es folgen sechzehn Notenbeispiele), wird Schreyer zum schärfsten V.-Kritiker der gesamten Musikgeschichte (an dem bisher die gesamte V.-Forschung einschließlich → Kolneder vorbeigegangen ist). Er spricht von »planlosem Darauflosmusizieren V.s« und führt folgende Gruppierung der Takte an: »10 + 11 + 13 + 11 + 14 + 10 + 7 + 15 + 18 + 7 + 10 + 6 (op. III/12) . . . Man sieht hieraus: Eine normale achttaktige Periode kommt im ganzen Satz nicht vor.« Damit erweist er sich als eingefleischter Riemannianer, für den die Achttaktigkeit oberstes Qualitätsprinzip ist. »Der Schlußsatz des neunten Konzerts (op. IV/1) gibt dieser wüsten Improvisation an Zerfahrenheit nichts nach . . . Die zweite Periode zählt sieben Takte . . ., die dritte sogar nur fünf. Die Zusammensetzung dieser drei Perioden könnte wie folgt bezeichnet werden:
a) 2½ + 2½ + 2½ + 2½ Takte.
b) 1 + 1 + 1 + 1 + 3 Takte.
c) 3 + 2 Takte.
Der Aufbau des zweiten Teiles ist sogar noch verworrener. Die Gruppierung der Takte nimmt sich so aus: 2½ + 2½ +; 4 + 3; 2½ + 5; 6½ bez. 7; 2½ + 2½ + 1½.«
→ Schering meinte zu Schreyers V.-Kritik: »Die vollkommene Unschuld, mit der der Verfasser über eine historische Größe wie Vivaldi zu Gericht sitzt, dürfte sobald nicht überboten werden. Statt sich zu unterrichten, was es mit Vivaldi überhaupt auf sich hat, wer dieser Mann war, der um 1714 das ganze musizierende Europa in Aufregung und Entzücken versetzte, was er geschaffen und worin seine Bedeutung lag, statt dessen zitiert Schreyer ein paar oberflächliche Worte der beiden Engländer Hawkins und Burnes und glaubt, mit der Kenntnis von zwei, drei Originalen des Meisters genug

zu haben, ihn unter die Pfuscher zu werfen und zu behaupten, Bach habe niemals mit ihm zu tun gehabt.«
Lit.: J. Schreyer, Beiträge zur Bach-Kritik. Leipzig 1911; Beiträge zur Bach-Kritik, 2. Heft. Leipzig 1913; Vergleichende Betrachtung sämtlicher Klavierkonzerte Bachs. In: Allg. Musik-Zeitung, 1914, S. 191–193 und 227–229; Neue Beiträge zur Bach-Kritik. In: Allg. Musik-Zeitung, 1914, S. 863–886, 923–926, 949–951, 976–978, 1006–1008 und 1030–1031.

Schriftstücke
Außer den Briefen gibt es noch zwei Schriftstücke V.s: Das eine stammt vom 13. 10. 1726 und ist ein Vertrag mit der Sängerin Lucrezia → Baldini, den V. unterzeichnet hat, das andere eine Stellungnahme in einem Streit mit dem stellvertretenden → Impresario Antonio Il Mauro, die das mißglückte Unternehmen von → Ferrara betraf, und das er am 13. 3. 1739 bei einem Advokaten hinterlegt hat. Schließlich hat sich noch ein von V. unterzeichneter Mietvertrag erhalten.
Die Handschrift V.s war mehrfach Gegenstand graphologischer Untersuchungen, ebenso die Notenschrift in seinen Partituren (mitgeteilt in: R.-C. Travers, La maladie de Vivaldi. Annexes, S. 42–48).
Lit.: L. Moretti, Le Inconvenienze Teatrali: Documenti inedeti su Vivaldi Impresario (A. V. da Venezia all'Europa, S. 26–29).

Schulenburg, Giovanni Mattia (auch Maria) Graf
Österreichischer Marschall, der Sieger von Peterwardein. Blieb viele Jahre in → Venedig, wo er als höchster Berater in militärischen Fragen galt. Er war ein großer Musikfreund, in einem zeitgenössischen Bericht ist zu lesen: ». . . Der Graf Schulenburg, der die Pietà zu besuchen pflegt, wo man die Musik des Maestro Don Antonio macht, welche ihm gefällt . . .«
1726 hat ihm V. die Oper *La* → *Fede tradita e vendicata* gewidmet.

Scimone, Claudio (*1934 Padua)
Gründete als Dreiundzwanzigjähriger in seiner Vaterstadt die »Solisti Veneti«, mit denen er Konzertreisen in über fünfzig Länder unternahm. Er gilt als Spezialist für Barockmusik und Kammerorchester, hat aber auch die Londoner Philharmonie und das Royal Philharmonic Orchestra dirigiert und ist Gast in Covent Garden und im Théâtre du Châtelet. Im Verzeichnis fast unübersehbarer Platteneinspielungen – von V. nahm er u. a. alle zu Lebzeiten des Komponisten edierten Werke auf – finden sich u. a. Tartini, Rossini, Mozart, Mendelssohn, Donizetti, Glasunow, Wolff-Ferrari und Bussotti. Das gibt seinen Barockaufnahmen die bestechende Frische, weil er sich immer wieder gleichsam vom Barock »erholt«.
Eine besondere Leistung war die Aufnahme des → *Orlando furioso*, die ihm den »Grand Prix de l'Academie du Disque Lyrique« eingetragen hat. 1977 wurde er außerdem mit dem »Prix Mondial du Disque von Montreux« ausgezeichnet, der vor ihm nur fünf Musikern zuerkannt wurde.

Scordatura (Mißstimmung)
Von der Normalstimmung abweichende Stimmung einer oder mehrerer Saiten bei Streichinstrumenten, um Akkordspiel abweichend von der üblichen Stimmung zu ermöglichen. Der Spieler greift dabei, als ob das Instrument normal gestimmt wäre. V. hat die Scordatura in fünf → Violinkonzerten verwendet, und zwar: a, e, a, e; h, d, a, d; b, d, a, e. In der → Sinfonia zum dritten Akt der Oper → *Teuzzone* schreibt er vor »timpani scordati«, womit vielleicht eine Art Dämpfung gemeint war.

Scorre il fiume mormorando
→ Kantate für Baß, Streicher und Bc., D-Dur. Paris, Bibliothèque Nationale.

Scrittura
Wörtlich das Schreiben; im Theaterleben das Engagement, der Opernauftrag.

Se ben sente arder
→ Kantate für Sopran, Streicher und Bc., B-Dur. Paris, Bibliothèque Nationale.

Se ben vivono senz'alma
→ Kantate »del Vivaldi« für Sopran und Bc., F-Dur. Turin, Sammlung → Foà, Bd. 28.

Selfridge-Field, Eleanor
(*1940 New Orleans)
Studierte an den Universitäten von Drew (B. A. 1962), Columbia (M. S. 1963) und Oxford (Ph. D. 1969). Zur Zeit an der Berkeley University tätig. Neben Beiträgen für »Grove« und andere Lexika und zahlreichen Aufsätzen zur italienischen Musik des 18. Jahrhunderts schrie sie: »Venetian Instrumental Music from Gabrieli to Vivaldi« (Oxford 1975); »Pallade Veneta: Writings about Music in Venetian Society 1650–1750« (Venezia 1984); »V.s Esoteric Instruments« (in: Early Music, 1978); »Juditha in Historical Perspective: Scarlatti, Gasparini, Marcello and Vivaldi« (in: V. Veneziano Europeo. Firenze 1980); »V.s Te Deum: Clue to a French Patron« (in: Informazioni e Studi, 1981); »Marcello, the Teatro alla Moda« (in: A. V. Teatro Musicale Cultura e Società. Firenze 1982).

Semiramide
Drama per musica / da rappresentarsi / nel teatro Arciducale / di Mantova / il carnovale dell'anno 1732 / dedicata / all'altezza sereniss. e reverendiss. / del Sig. principe / Giuseppe / langravio / d'Assia Darmstat, / principe d'Hirchfeldt, conte di Catzenelenboghen, / Diez, Ziegenheim, Nidda, Schaumburg, Isenburg / e Budingen, ecc., canonico della metropolitana di / Colonia e delle cattedrali di Liegi ed Augusta e / cavaliere dell'insigne ordine di sant'Uberto. / Musica di Don Antonio Vivaldi, maestro di capella di camera di S. Altezza Ser.ma il principe Filippo Langravio d'Assia Darmstat. 3 Akte.
Personen und Interpreten: Semiramide moglie di Memnone, Girò Anna; Nino re dell'Assiria amante di Semiramide, Pieri Maria Maddalena »virtuosa del serenissimo signor du-

ca di Modena«; Oronte re degli Arabi, Nicolini Mariano; Aspasia sorella di Nino, amante d'Oronte, Romani Angela; Zoroastro re di Battra, Zanardi Gavazzi Teresa; Memnone marito di Semiramide, Alberti Giuseppe; Plistene ambasciadore del re di Media, Sacchi Francesco.
Das ohne Verfasserangabe bei Alberto → Pazzoni in → Mantua gedruckte Textbuch stammt von Francesco → Silvani. Ein Exemplar befindet sich in Mailand. Die Partitur ist nicht erhalten.

La Sena festeggiante
Eine zweiteilige → Kantate »Die feiernde Seine«, nach einem Text von Domenico → Lalli. Eine »Sinfonia alla francese« steht am Beginn, eine Ouvertüre leitet den zweiten Teil ein. Zwei allegorische Figuren, »L'Età dell'Oro« (Das goldene Zeitalter, Sopran) und »La Virtù« (Die Tugend, Alt), suchen das verlorene menschliche Glück und finden es natürlich dort. Die Seine wird durch einen Flußgott, einen sehr tiefen Baß, verkörpert. V. hat das großangelegte Werk, dessen erster Teil zwanzig Nummern, der zweite fünfzehn umfaßt, sehr sorgfältig gearbeitet und die Partitur, die sich in Turin, Sammlung Foà, Bd. 27, befindet, genau bezeichnet.

Senti che ti risponde
→ Kantate für Sopran und Bc. Turin, Sammlung → Foà, Bd. 28.

Sento con quel diletto
→ Kantate für Sopran, Streicher und Bc., D-Dur. Paris, Bibliothèque Nationale.

Sequenz
1. Im Mittelalter strophisches Kirchenlied;
2. in der Musiktheorie Wiederholung eines Motivs oder einer harmonischen Folge auf verschiedenen Tonstufen (→ Rosalie).

Serenata
In einem Aufsatz »V.s Serenatas: long cantatas or short Operas?« (in: A. V. Teatro Musicale . . ., S. 67 bis 96) hat Michael → Talbot auf die Zwischenstellung der von V. als Serenata bezeichneten Werke hingewiesen. Insgesamt sind acht Werke bekannt, von denen aber nur drei mit Musik erhalten sind. Von zwei weiteren ist das → Libretto erhalten. Die drei mit Musik erhaltenen sind: → *Gloria e Himeneo, Serenata à tre* und *La* → *Sena festeggiante.* Alle drei Autographen befinden sich in der Sammlung → Foà in Turin. Talbot rechnet die *Serenata* dem Kantatentyp zu, für die beiden anderen ist szenische Aufführung wahrscheinlich. Aufgeführt wurde die Serenate im allgemeinen bei höfischen Festen.

Sestiere
Die sechs Stadtbezirke → Venedigs, nämlich Canareggio, Castello, Dorsoduro, Santa Croce, San Marco und San Paolo.

Si levi dal pensier
»Del Sig. D. Antonio Vivaldi«, → Kantate für Sopran und Bc., F-Dur. Turin, Sammlung → Foà, Bd. 28.

Silvani, Francesco
Römischer Geistlicher, Textdichter

von La → Candace *o siano Li Veri Amici,* 1720 (Textbuch überarbeitet von Domenico → Lalli), *La → Virtù trionfante dell'Amore e dell'Odio overo Il Tigrane,* 1724, *La → Fede tradita e vendicata,* 1726, *La → Tirannia gastigata,* 1726, und → *Feraspe,* 1739.

Silvia

Drama pastorale / da rappresentarsi nel Regio Ducal / Teatro / In occasione / Di celebrarsi il Giorno Natalizio / della Cesarea Cattolica Maestà / di Elisabetta Cristina / imperadrice / Regina delle Spagna ecc. / La musica è del Sig. Don Antonio Vivaldi Maestro di Cappella di S. A. S. il Sig. Princ. Filippo Langravio d'hassia d'Armestat. 3 Akte.
Personen und Interpreten: Silvia vergine vestale amante segreta di Tirsi, Gualandi Margarita detta la Campioli »virtuosa di S. A. S. il Sig. principe Filippo . . .«; Marte sotto nome di Tirsi, Minelli Gio. Battista; Nerina ninfa del Lazio, figlia d'Ergesto, Strada Anna Maria »virtuosa di S.E. il Sig. conte Colloredo governatore di Milano«; Egisto sotto nome di Niso, amante di Nerina, Fabri Annibale Pio; Elpino pastorello del seguito di Nerina, Bombacciari Anna; Faustulo pastore custode di Niso, Montanari Giuseppe detto Triccò.
Das Textbuch, ohne Verfasserangabe von G. R. → Malatesta 1721 in Mailand gedruckt, ist von Conte Enrico → Bissaro. Exemplare befinden sich in Bologna, Florenz, Mailand und Rom. Die Partitur ist nicht erhalten.

Sinfonia

→ Ryom (»Grove«) verzeichnet siebzehn Sinfonien, die sich annähernd mit dem Pincherle-Verzeichnis decken. Genaue Zahlenangaben sind umöglich, weil z. B. die Dresdener Sinfonien in Turin und Schwerin als → Concerti bezeichnet sind. Zwei Sinfonien des Pincherle-Verzeichnisses tragen die Bezeichnung »Sinfonia del Opera 2ª S. Angelo del S. Vivaldi« bzw. »Sinfonie del sigʳ: Vivaldi dell'opera 1 del S. Angelo 1717«, sind also den Opernsinfonien zuzurechnen.
Formal sind die Sinfonien dreisätzig, im Aufbau zeigen sie im ersten und letzten Satz Annäherung an die → Ritornellform, der → Mittelsatz ist meist als Arioso angelegt.

Siroe Re di Persia

Drama per musica / Da rappresentarsi nel Teatro dell'Illustriss. / Pubblico di Reggio in occasione della / Fiera dell'Anno MDCCXXVII / Dedicato / All'Altezza Serenissima di / Rinaldo I / Duca di Reggio, Modena, Mirandola ecc. / La Musica è del Sig. D. Antonio Vivaldi / Veneziano / Li Balli sono d'invenzione del Sig. Francesco Massimiliano Pagnini da reppresentarsi da Otto Personaggi / Il Vestiario è Operazione vaga, e rica del Sig. / Natale Canziani Veneziano, Servitore dell'/A.S. del Sig. Duca di Parma. 3 Akte.
Personen und Interpreten: Cosroe re di Persia, amante di Laodice, Tomii Pellegrino »vicentino, virtuoso della serenissima repubblica di Venezia«; Siroe primogenito del medesimo ed amante di Emira, Carestini Giovanni »virtuso di S. A. S. il Sig.

duca di Parma«; Medarse secondogenito di Cosroe, Signorini Raffaello »di Firenze, virtuoso della serenissima repubblica di Venezia«; Emira principessa di Cambaia in abito da uomo sotto nome d'Idaspe, amante di Siroe, Guglielmini Anna; Laodice amante di Siroe e sorella di Arasse, Cosimi Anna »virtuosa di S. A. S. il Sig. principe ereditario di Modena«; Arasse generale d'armi persiane ed amico di Siroe, Ferri Chiara.
Das Textbuch, das bei Vedrotti in Reggio 1727 erschien, stammt von P. → Metastasio, dessen Name in Artino Corrasio verschlüsselt ist. Exemplare befinden sich in Bologna, Ferrara, Mailand, Modena, Paris, Reggio Emilia, Toronto und Washington. Das Buch wurde vor V. schon mehrmals komponiert. Die Autorschaft V.s wird gelegentlich bestritten, sie kann nicht überprüft werden, da die Partitur nicht erhalten ist.
Das Werk wurde unter gleichem Titel 1738 in Ancona und 1739 in → Ferrara wiederaufgenommen. Ein → Pasticcio mit Musik von Leonardo Vinci, → Händel, Wagenseil, → Bioni, → Hasse und V. wurde 1767 in Braunschweig aufgeführt.

Sì, sì, luci adorate
→ Kantate »del Sig. D. Antonio Vivaldi« für Sopran und Bc., F-Dur. Turin, Sammlung → Foà, Bd. 28.

Skalickà, Maria (*1932 Pardubice)
Studium in Prag, Promotion 1956, Assistentin und Mitarbeiterin am Institut für Musikwissenschaft der Tschechoslowakischen Akademie der Wissenschaften. Veröffentlichte: »V.s Beziehungen zu den böhmischen Ländern« (zus. mit T. Volek; in: Acta musicologica, 1967); »Die Sänger der ital. Oper in Prag. Materialien aus den Libretti des Graf F. A. Sporckschen Operntheaters« (in: De musica disputationes Pragenses, Bd. 2, Prag 1974).

Smith, Joseph (1682–1770)
Der aus dem Leben Canalettos bekannte englische Kaufmann lebte lange Zeit in → Venedig. Am 22. 8. 1733 schrieb er an William Capel, den britischen Gesandten in Turin: »Ich sandte den Brief sofort an V., und er schickt mir sein Paket für Euer Gnaden.«
Lit.: M. Talbot, Charles Jennens and Antonio Vivaldi. In: Vivaldi Veneziano Europeo. Firenze 1980, S. 67–75.

Solokonzertsatz
Ähnlich wie in der Klassik der Sonatensatz führend war, dominierte in der ersten Hälfte des 18. Jahrhunderts der Solokonzertsatz. Wilhelm → Fischer nannte ihn geradezu die »Leitform der hochbarocken Instrumentalmusik«. Ihr Grundgedanke, ein → Ritornell, das unterbrochen von Zwischenteilen, mehrmals wiederkehrt, war schon bei Monteverdi in Gebrauch, allerdings tonartlich unverändert. Es mußte für die Musiker nur einmal aufgeschrieben werden. Allmählich kam die Modulationsfreiheit dazu. Bei Cavalli findet sich schon 1649 ein viermaliges Auftreten in den Tonarten e – a – C – e. Wenn anstelle eines Vokalsolisten ein Soloinstrument die Zwischenteile ausführte, war der Solo-

konzertsatz geboren, so z. B. bei Torelli. Die Benennung nach V. bedeutet keinen Prioritätsanspruch, aber er hat weit über 1000 Sätze in dieser Form geschrieben, und nach seinem Vorbild haben die meisten komponierenden Zeitgenossen die Form übernommen.

Der harmonische Plan in Dur und Moll ist bei V. in den Grundzügen folgender (siehe unten).

Bei fünf Ritornellen findet sich – etwa in PV 30 (RV 400) – die Tonartenfolge T – D – Dp – Tp – T, in Moll (PV 47, RV 499) T – Tp – D° – S – T. In der Wiederkehr wird das Ritornell meist verkürzt, was sich bei seinem Aufbau leicht bewerkstelligen läßt: Es hat nämlich selten ein Thema, sondern ist in Motivreihung angelegt. Häufig kommt es vor, daß z. B. R II als A B D E, R III aber als A C D E entwikkelt ist. Auch Ritornellteilung kommt vor, wobei beide Teile in der gleichen Tonart stehen.

Während das Ritornell in harmonischer Hinsicht ziemlich stabil ist, sind die Soloteile, denen (u. a.) die Aufgabe der Modulation zufällt, harmonisch labiler. Für das Verhältnis Ritornell: Soloteil treten folgende Möglichkeiten auf: 1. Solo unabhängig vom Ritornell; 2. Kopfmotiv des Ritornells zugleich Solobeginn; 3. andere Ritornellmotive im Solo, und 4. Kopfmotiv und weiteres Motivmaterial im Solo. Auch motivische Durchführungstechnik ist in Ansätzen vorhanden und wird z. B. in op III, Nr. 12, das → Bach genau gekannt hat, sehr weit vorgetrieben (Beispiel in: Kolneder, Die Solokonzertform bei Vivaldi. 1. Aufl. Strasbourg 1961, S. 62 bis 69). Die letzte Wiederkehr des Ritornells (= D. C.) wird meist durch einen Orgelpunkt vorbereitet.

Zur Terminologie hat Rudolf → Eller (in: Kongreßbericht Hamburg) schon 1956 darauf hingewiesen, daß Begriffe wie Exposition, Durchführung, Reprise hier keine Gültigkeit haben. Trotzdem wird die Musikwissenschaft nicht müde, Termini, die aus der klassisch-romantischen Musik stammen und zumindestens irreführend, wenn nicht überhaupt falsch sind, an die Solokonzertform heranzutragen, so z. B. Vordersatz, Nachsatz, Themenkopf, Thementyp, Ritornellthematik, Periodik, Phrasen, Fortspinnung usw.

Dur				Moll			
R I		T		R I		T	
	S I		T → D		S I		T → Tp
R II		D		R II		Tp	
	S II		D → Tp.		S II		Tp → D°
R III		Tp		R III		D°	
	S III		Tp → T		S III		D° → T
R IV (= D. C.)		T		R IV (= D. C.)		T	

Die ersten (gedruckten) Solokonzertsätze V.s finden sich in op. III. V. hat sie dann in die Vokalkomposition übernommen, aus der die Form ja hervorging: Ein Großteil der Arien in der Oper wie in der Kirchenmusik sind in dieser Form geschrieben. Schon bei V., insbesondere aber bei Bach (Brandenburgische Konzerte!), wurde die Form sehr verfeinert. Rudolf Stephan hat 1953 (in: Die Wandlung der Konzertform bei Bach) das Stichwort gegeben, er sagt, Bach habe die Form »zersetzt«.

Peter Ahnsehl geht noch einen Schritt weiter (in: Drittes Dresdner V.-Kolloquium, 1981, S. 71), wenn er feststellt:

»Insgesamt stellt sich die Geschichte der Vivaldischen Konzertform in dem Gärkessel Deutschland als eine Geschichte ihrer ›massenhaften Zerstörung‹ dar, und auch Bach hat daran mitgewirkt. Dabei entstehen zunächst keine neuen Strukturmodelle; vielmehr handelt es sich um einen – bezogen auf die ursprünglich festgefügte Vivaldische Struktur – ausgesprochen destruktiven Prozeß.«

Somis, Giovanni Battista

(*1686 Turin, †1763 ebd.)

Die Möglichkeit, daß der ausgezeichnete Geiger bei V. studiert hat – auch ein Studienaufenthalt V.s bei Somis wird gelegentlich in Erwägung gezogen –, wird sogar im MGG-Artikel »Somis« angedeutet. Es hat sich aber bislang keinerlei Beleg für eine persönliche Begegnung finden lassen.

Soranzo, Jacopo

(1686 – um 1750)

Aus adliger venezianischer Familie, Senator in seiner Heimatstadt. Soranzo besaß eine Bibliothek von viertausend Bänden und hat wohl unmittelbar nach dem Tode V.s dessen Nachlaß gekauft, weil schon 1745 sein Bibliothekar Francesco Melchiori da Oderzo ein Verzeichnis anlegte.

Lit.: F. Fano, Una traccia prossima alla prima origine della raccolta di Musiche Vivaldiane alla Biblioteca Nazionale di Torino. In: Miscellànea Marciana di Studi Bessarionei. Padova 1967.

Sordino

(→ piombo)

Die Verwendung des Dämpfers steht meist im Dienste einer poetischen Idee wie etwa im → Violinkonzert *Il Riposo* (PV 248, RV 270). Die Partitur trägt den Vermerk »Con[to] con tutti gl'Istrom[ti] sempre sordini«. Dabei kam es ihm auf Kontrastwirkungen an wie im »Con[to]: Funebre« mit der Anweisung: »Tutti li Violini e Violette Sordini Non però il Viol[o] Principale« oder im Konzert für drei Violinen PV 286 (RV 97) (siehe rechte Seite). Auch die Dämpfung von Bläsern verwendet V., z. B. in einem »Con[to] con Viola d'Amor, 2 corni da Caccia, e 2 Haubois Tutti Sordini e fagotto«.

Sorge vermiglia in ciel

→ Kantate »del Vivaldi« für Sopran und Bc., g-Moll. Turin, Sammlung → Foà, Bd. 28, und Dresden, Sächsische Landesbibliothek 1/J/7.

Spada, Michelangelo
Maler aus Verona. Schuf 1735 in seiner Heimatstadt zusammen mit Francesco → Bibiena und Gianantonio Paglia die Bühnenbilder zu den Aufführungen der V.-Opern *L'→ Adelaide und → Tamerlano.*

Spitta, Julius August Philipp
(*1841 Wechold b. Hoya, †1894 Berlin)
In seinem großen Werk »Johann Sebastian Bach« (Leipzig I/1873, II/1880) beschäftigt sich Spitta mit V. im Zusammenhang mit Bachs Übertragungen. In Bd. I, S. 409 schreibt er: »Antonio Vivaldi galt im Anfange des vorigen Jahrhunderts für einen der hervorragendsten Meister der Instrumentalcomposition ... Im Formalen lag seine Hauptstärke; seine Gedanken sind häufig matt und unbedeutend, zuweilen jedoch auch feurig und ausdrucksvoll ... Alle seine [Bachs] Zusätze machen sich so natürlich und selbstverständlich, daß es den Anschein gewinnt, als wären sie ihm beim bloßen Umschreiben aus der Feder geflossen, woraus eben wieder hervorgeht, daß nur ein gewiegter Künstler solches vermochte ...«
In der Fußnote auf S. 415 polemisiert er gegen → Forkel: »In allem, was mit dem Bau eines polyphonen Stückes zusammenhängt, konnte Bach nichts von Vivaldi lernen. Auch setzt damit Forkel die Beschäftigung mit den Concerten dieses Italiäners in eine viel zu frühe Zeit.«

Sporck, Franz Anton Graf von
(*1662 Lissa, †1738 ebd.)
Lernte 1679/80 auf einer zweijährigen Kavaliersreise durch Italien und Frankreich die Oper kennen und richtete in dem von ihm geförderten Badeort → Kukus und in seinem Privattheater Opernaufführungen ein, für die er 1724 den Sänger und → Impresario Antonio → Denzio aus → Venedig verpflichtete. V.s → *Orlando furioso* wurde mit → Rezitativen von Antonio → Bioni aufge-

Franz Anton Graf von Sporck
Entwurf und Stich von Emanuel Joachim Haas, 1735 (Foto: Bildarchiv Jürgens, Köln)

führt. Zwischen 1730 und 1736 folgten fünf weitere Opern V.s. In der Schloßbibliothek Křimice wurden zu allen in den Sporckschen Theatern aufgeführten Opern die Libretti gefunden. Von der Existenz dreier Opern V.s weiß man erst aufgrund dieser Funde.

Stabat mater

→ Sequenz »ad Alto solo, del Sig. D. Antonio Vivaldi« für Alt, Streicher und Bc., f-Moll. Turin, Sammlung → Giordano, Bd. 33. Das Stück gliedert sich in neun Teile:

Largo	Stabat mater
Adagissimo	Cujus animam
Andante	O quam tristis
Largo	Quis est homo
Adagissimo	Quis non posset
Andante	Pro peccatis
Largo	Eja mater (ohne Baß)
Lento	Fac, ut ardeat
unbezeichnet	Amen

Alfredo → Casella, der das Werk für die erste moderne Aufführung in Siena 1939 eingerichtet hat, äußerte sich darüber folgendermaßen: »Dieses Stabat mater würde allein genügen, um seinem Verfasser eine bedeutende Stelle in der Musikgeschichte zu sichern.«

Stagione

Wörtlich Jahreszeit; im Theaterbetrieb die Spielzeiten:
Karneval
(Winterspielzeit)
26. Dezember – 30. März
Christi Himmelfahrt
(Frühlingsspielzeit)
Pfingstmontag – 30. Juli
Herbstspielzeit
1. September – 30. November.

Stampiglia, Silvano (Silvio)

(*1664 Civita Lavinia, †1725 Neapel)
Sehr gesuchter Librettist, Hofdichter in Wien von 1706 bis 1714. Nach einem älteren Textbuch von Stampiglia wurde für Venedig (1738) das → Pasticcio → *Rosmira* zusammengestellt, das wahrscheinlich identisch ist mit dem Pasticcio → *Partenope*, Venedig 1737.

Stefani, Federico Cavaliere

(*1827 Citadella, †1897 Venedig)
Jurist, wandte sich später historischen Forschungen zu und publizierte seit 1857. Ein Werk über Napoleon I. überreichte er Napoleon III. persönlich. Seit 1889 Sovraintendente des venezianischen Staatsarchivs und Leiter des »Nuovo Archivio Veneto«. Veröffentlichte 1871 in Venedig in hundert Exemplaren »Sei lettere di Ant°. Vivaldi veneziano, maestro compositore di musica della prima metà del sec. XVIII, con notizie dell'autore«.

Stölzel, Gottfried Heinrich

(*1690 Grünstädtel/Erzgeb., †1749 Gotha)
Reiste 1713/14 über Venedig und Florenz nach Rom und lernte alle führenden Musiker kennen, darunter V. Sein Schüler dürfte er jedoch kaum gewesen sein.

Strada, Anna Maria, detta La Stradina

»Virtuosa di camera di S.E. il Sig. conte Colloredo, Governatore di Milano«, Sopranistin aus Bergamo, sang 1720 in → Venedig in *La → Verita in Cimento,* 1721 in Mailand in → *Silvia* und im gleichen Jahr in Venedig in → *Filippo Re di Macedonia.*

Strohm, Reinhard
(*1942 München)
Studium in München, Pisa, Mailand und Berlin, dort an der TU Promotion zum Dr. phil. im Jahr 1971. Redakteur an der Wagner-Gesamtausgabe, 1975–1983 Lecturer in Music, King's College, University of London; seit 1983 Professor of Music History, Yale University.
Schriften zu Vivaldi und der Operngeschichte des 18. Jahrhunderts: »Italienische Opernarien des frühen Settecento (1720–1730)«. 2 Bde. (Köln 1976); »Die italienische Oper im 18. Jh.« (Wilhelmshaven 1979); »Zu Vivaldis Opernschaffen« (in: Atti del convengo ›Venezia e il melodramma del Settecento‹. Firenze 1978); »Bemerkungen zu Vivaldi und der Oper seiner Zeit« (in: Vivaldi-Studien. Dresden 1981); »Vivaldi's Career as an Opera Producer« (in: Antonio Vivaldi, Teatro Musicale. Firence 1982); »A. Vivaldi, Giustino (1724)« (im Druck).

Sum in medio tempestatum
»Motetto a Canto solo con strumenti« für Sopran, Streicher und Bc., F-Dur. Dresden, Sächsische Landesbibliothek, Partitur und Stimmen 2389/E/1.

Talbot, Michael
(*1943 Luton/Engl.)
Studium in London und Cambridge, 1968 Ph. D., seit 1968 an der University of Liverpool, jetzt Reader in Music. Schrieb neben zahlreichen kleineren Arbeiten über V. und seine Zeit zwei Bücher über den Komponisten (London 1978 und 1979) und edierte dreiunddreißig Werke des Meisters.

Tamerlano
Tragedia per Musica / da rappresentarsi / nel nuovo Teatro / dell'Accademia Filarmonica / nel Carnovale dell'anno 1735 / A Sua Eccellenza / La Signora Isabella Correr Pisani / Li balli sono d'invenzione del sig. Petrillo Gugliantini / Le scene sono d'invenzione delli Sigg. Francesco Bibiena, Gianantonio Paglia, e Michele Angelo Spada / Il vestiario è d'invenzione del signor Natale Canziani. 3 Akte.
V.s Name ist nicht genannt, er war nur Mitarbeiter. In dem Werk sind Arien von Geminiani, Jacomelli und → Hasse verwendet, doch hat V. das → Pasticcio sicherlich selbst zusammengestellt, weil die Widmung des Textbuches von ihm unterzeichnet ist.
Personen und Interpreten: Tamerlano imperatore de' Tartari, Pieri Maria Maddalena »virtuosa di S. A. Ser. il Sig. duca di Modena«; Bajazette imperatore de' Turchi prigioniero di Tamerlano, Mareschi Marc-Antonio; Asteria figliuola di Bajazette amante d'Andronico, Girò Anna; Andronico principe greco confederato col Tamerlano, Moriggi Pietro »virtuoso di S. A. S. il Sig. principe Filippo langravio d'Assia Darmstat«; Irene principessa di Trebisonda promessa sposa al Tamerla-

no, Giacomazzi Margherita; Idaspe confidente d'Andronico, Manzoli Giovanni.
Das Textbuch, ohne Verfasserangabe, wurde in Verona von Jacopo → Vallarsi gedruckt und stammt von Agostino → Piovene. Exemplare befinden sich in Mailand, Padua und Rovigo. Die Partitur ist unter dem Titel → *Bajazet* in Turin, Sammlung → Giordano, Bd. 36, erhalten.

Tartini, Giuseppe
(*1692 Piran, †1770 Padua)
Bedeutender Geiger, Pädagoge und Komponist, seit etwa 1728 in Padua Solist an Sant'Antonio. Seine Äußerung über V. (→ Urteile der Zeitgenossen) scheint eher in einer einseitigen Neigung zur Instrumentalmusik ihren Grund gehabt zu haben. Es ist unmöglich, daß ein Komponist fünfzig Opern schreibt, die ausgepfiffen werden.

Il Teatro alla Moda
Im Dezember 1720 erschien anonym eine kleine Schrift, »Il Teatro alla Moda«, deren umständlicher Titel in deutscher Übersetzung folgendermaßen lautet:
»Das Theater nach dem heutigen Geschmack oder sichere und leichte Methode, um italienische Opern gut zu komponieren und in moderner Art aufzuführen. Darin werden nötige und nützliche Anweisungen gegeben für Dichter, Komponisten, Sänger beiderlei Geschlechts, Impresari, Orchestermusiker, Bühnentechniker und Bühnenmaler, lustige Rollen, Schneider, Pagen, Komparsen, Souffleure, Kopisten, Mäzene und Mütter der Sängerinnen und andere zum Theater gehörende Personen. Gewidmet vom Autor des Buches dessen Komponisten. Gedruckt bei Borghi di Belisania durch Aldiviva Licante, beim Firmenschild vom Bären in der Barke. Käuflich in der Korallenstraße beim Tore des Palazzo d'Orlando. Das Buch wird jedes Jahr mit Ergänzungen neu aufgelegt.«
Francesco → Malipiero entdeckte in einem Antiquariat ein Exemplar, in das der einstige Besitzer nicht nur das Erscheinungsdatum eingetragen hatte, sondern auch die anagrammatisch verschlüsselten Personen. Sie waren: Aldiviva = A. Vivaldi; Licante = Canteli, eine Sängerin des Theaters → San Moisè; Borghi di Belisania = Borghi und Belisani, zwei Sänger des Theaters → Sant'

IL
TEATRO
ALLA MODA
O SIA
METODO sicuro, e facile per ben comporre, ed esequire l'OPERE Italiane in Musica all'uso moderno.
Nel quale
Si danno Avvertimenti utili, e necessarj a Poeti, Compositori di Musica, Musici dell'uno, e dell'altro sesso, Impresarj, Suonatori, Ingegneri, e Pittori di Scene, Parti buffe, Sarti, Paggi, Comparse, Suggeritori, Copisti, Protettori, e Madri di Virtuose, ed altre Persone appartenenti al Teatro.
DEDICATO
DALL' AUTORE DEL LIBRO
AL COMPOSITORE DI ESSO.
Stampato ne' BORGHI di BELISANIA per ALDIVIVA LICANTE; all' Insegna dell'Orso in PEATA.
Si vende nella STRADA del CORALLO alla PORTA del Palazzo d'ORLANDO.
E si ristamperà ogn'anno con nuova aggiunta.

Angelo; Orso (Bär) = Orsatto, → Impresario des Theaters San Moisè. Der frühere Eigentümer hatte außerdem vermerkt:
»Als den Engel in Gestalt des Beschützers oder Wächters des Schiffes hat man das Theater zu verstehen, dessen Impresario der obenerwähnte Herr Modotto ist: aber den Hut auf dem Kopf und die Violine in der Hand, vom ›Engel‹ berührt mit dem Fuße in der Luft, das bedeutet Herrn Vivaldi, welchem der besagte Modotto sich ganz anvertraut hat . . .«
Natürlich wußten die Zeitgenossen genau, wer der Autor war. Bereits am 2. 4. 1721 schrieb Apostolo → Zeno aus → Wien an Francesco Marmi: »Das Teatro alla Moda des Herrn Benedetto Marcello ist eine ganz artige Satire . . .« Und etwas später äußert sich der Schriftsteller Francesco Savero Quadrio so darüber: »B. Marcello, der hochgebildete venezianische Edelmann, der Autor des Teatro alla Moda . . .«
Von modernen Autoren, die über das »Teatro« schrieben, wurde das Werk viel zu ernst genommen und als Racheakt der Eigentümer des Grundstücks interpretiert, auf dem Sant'Angelo erbaut worden war. Der Verfasser war mit dieser Familie zwar verwandt, scheint mit Vivaldi jedoch auf gutem Fuß gestanden zu haben: Bereits zwei Jahre nach Erscheinen des Büchleins hat der Bruder des Autors ein Empfehlungsschreiben für V. nach Rom abgeschickt.
Es hat Benedetto offenbar einfach Spaß gemacht, sein satirisches Füllhorn über die Opernwelt auszugießen. Daß er ausgerechnet V. als Ziel seines Spottes erwählte, ist als Zeichen der Anerkennung zu werten. V. hatte in den ersten acht Jahren seiner Theaterlaufbahn dreizehn Opern komponiert und war eben im Begriff, den Höhepunkt seiner »epoca aurea« (→ Giazotto) zu erreichen. Es ist aber völlig falsch, alles, was in der Schrift über Komponisten gesagt wird, auf V. zu beziehen. Marcellos Spott ist vielmehr so allgemein gehalten, daß seine Satire über Zeit und Ort des Anlasses hinaus das Opernleben überhaupt trifft. Der Textdichter, so Marcello, solle möglichst wenig mit der Kenntnis antiker Dichter belastet sein, er solle sich aber im Vorwort weitläufig über ästhetische Probleme auslassen und sich dabei auf Sophokles, Euripides, Aristoteles und Horaz berufen. Als Widmungsträger solle er lieber eine reiche als eine gebildete Persönlichkeit auswählen und das Geldgeschenk mit der Mittelsperson teilen. In der »Epistola dedicatoria« müßten Ausdrücke wie Freiheit und Großherzigkeit vorkommen, und sie müsse damit schließen, daß der Autor die Flohsprünge der Beine des Hundes seiner Exzellenz als Akt tiefster Verehrung küsse. Es sei ratsam, den Impresario möglichst frühzeitig einzuschalten und ihn um seine Wünsche zu befragen. Die Anzahl der Szenenwechsel werde nicht von dramatischen Notwendigkeiten bestimmt, sondern von ihm, und zur Vorbereitung langwieriger Umbauten sei es zu empfehlen, die vorhergehenden Szenen mit Dialogen, → Rezitativen und Arietten entsprechend zu ver-

längern. Arien sollten eine genügende Länge haben; am besten sei es, wenn man in der Mitte den Anfang schon vergessen habe. Besuche zu machen, sei dringend anzuraten, um den Erfolg einer Premiere zu sichern, am wichtigsten sei dabei die Mutter der Primadonna und deren »Protettore« (Beschützer).

Reizvoll ist, was Marcello über den Komponisten zu sagen weiß.

Zu viele Kenntnisse des Tonsatzes seien nur schädlich. Chöre und Duette seien zu vermeiden, das sei zu zeitraubend; schneller gehe es, wenn man viel im Einklang und der Oktave und mit Orgelpunkten setze. Sollte der Impresario mit einer Partitur jedoch nicht zufrieden sein, dann müsse man ihm sagen, daß sie mehr Noten enthalte als gewöhnlich und daß dazu eine Arbeit von fast fünfzig Stunden notwendig gewesen sei.

Natürlich kommt der Impresario bei Marcello sehr schlecht weg. Es sei günstig, wenn er auf keinem Gebiet des Theaterwesens Fachkenntnisse besitze, auf die Gestaltung des Textbuches müsse er aber Einfluß nehmen und vor allem dafür sorgen, daß auch tragische Stoffe ein glückliches Ende erhalten. Sollten aber zwei Primadonnen in einem Stück vorkommen – was stets gefährlich sei –, dann müsse er den Textdichter veranlassen, daß beide gleich viele Arien und Rezitative zugewiesen bekämen, ja, daß diese auch noch in der Silbenzahl übereinstimmten. Im übrigen genüge es, dem Komponisten acht Tage vor der Aufführung den Auftrag zu erteilen.

Damit griff Marcello in das Gebiet der Operndramaturgie über, für die es damals kaum schriftlich fixierte, aber darum nicht weniger genau beachtete Regeln gab. Sechs bis sieben Szenenwechsel waren obligatorisch, und jedes Werk mußte drei Hauptrollen haben. Die gleiche Anzahl von Arien für die Hauptdarsteller war unumgänglich: eine pathetische, eine Bravour-Arie, eine »aria parlante« (im Sprechgesang), eine mittleren Charakters und eine brillante. Höchstens drei Arien waren für jeden Träger von Rollen zweiten Grades erlaubt, höchstens zwei für kleinere Rollen, aber keinesfalls Bravour-Arien. Über die Einhaltung dieser Regeln wachten die Primadonnen eifersüchtig. Rezitative hatten offenbar den Sinn, die Sänger zu schonen und das Publikum nicht zu überfordern. Man hörte nämlich kaum zu, sondern unterhielt sich laut in den Logen, aß, trank und spielte Brett- und Kartenspiele. Diese Tätigkeiten unterbrach man nur, wenn eine Arie begann, nahm sie während des Applauses jedoch schon wieder auf.

Geschadet wird das Büchlein V. kaum haben. Man hat es mit Schmunzeln gelesen und sich daran erfreut, daß einem so erfolgreichen Manne einmal eins ausgewischt wurde, hat sich aber auch weiterhin seine Musik angehört. Übrigens scheint »Il Teatro« gar nicht so viel gelesen worden zu sein; erst 1738 wurde eine zweite Auflage notwendig.

Te Deum Laudamus

Für Baßsolo, vierstimmigen gemischten Chor, Streicher und Bc., D-Dur. Turin, Sammlung → Giordano, Bd. 33. Das Werk ist unvollständig, es fehlt das »In te Domine speravi«.

Temponahme
Die ältere, auf dem »Integer valor notarum« beruhende Temponahme, wie sie der Musikwissenschaftler Walter Gerstenberg noch teilweise für → Bach vorschlägt, war in Italien schon durch Giuseppe Torelli in Fluß gekommen. Dies zeigt ein Blick in das Werkverzeichnis des Schweizer Musikforschers Franz Giegling. Bei V. wird diese Differenzierung weiter vorangetrieben. Die Gründe dafür waren zum einen die Akzentrhythmik, die auf den Einbruch der Funktionsharmonik zurückzuführen ist, aber auch der instrumentale Spieltrieb, der beim Geiger V. die ganze Erfindung mitbestimmt.
Für die Haupttempi Largo, Andante und Allegro finden sich in den Partituren V.s folgende Zwischenstufen (die wahrscheinlich noch nicht einmal vollständig sind):

Largo molto (441/130)
L. molto e spiccato (290/286)
L. à piacimento (372/325)
L. e spiccato (314/283)
L. cantabile (102/299)
L. mà non molto (370/372)
L. mà più tosto andante (211/227)
L. mà sciolto (195/233)
Andante mà poco (405/367)
A. molto (45/472)
A. molto molto (→*Farnace*)
A. spiritoso (181/403)
A. molto e quasi Allegro (439/257)
Allegro assai (149/204)
A. molto (242/263)
A. molto e spiritoso (370/372)
A. con moto (215/348)
A. non molto (336/315)
A. mà cantabile (402/103)
A. poco (184/389)
A. mà poco (14/179)
A. mà poco e cantabile (436/509)
A. (mà) poco poco (225/349, 385/579)
A. (mà) non troppo (374/327, 34/421)
A. mà d'un mezzo tempo (→ *Atenaide*)
A. molto più che si pùo (*La → Fida Ninfa*)
A., poi si replica presto (Pincherle Sinf. 23)
(Die Zahlen in Klammern beziehen sich auf das Pincherle- bzw. das Ryom-Verzeichnis.)

Wie wendig V. in der Temponahme war, wenn es galt, der dramatischen Situation zu folgen, zeigt ein Duett aus der Oper → *Ottone in Villa*. Die Zahlen zeigen die Länge in Takten an: Adagio (1), Andante (5), Adagio (1), Allegro (3), Adagio (1), Allegro (3), Andante (7), Adagio (7), Allegro usw.
Auch manche Korrekturen beweisen, daß der Komponist seine Bezeichnungen genau überlegte. Z. B. ist in PV 14 (RV 179) das »And^{te}« in »Ad^{o}« (Adagio) geändert, im → Mittelsatz von PV 32 (RV 419) das »Largo« in »Andante«.

Temporini, Giovannina (Janetta, Zanetta)
Großmutter Antonio V.s mütterlicherseits aus Andrea, heiratete am

12. 10. 1650 in der Pfarrkirche Sant'Agnese in → Venedig Camillo → Calicchio.

Teuzzone

Dramma per musica / da rappresentarsi nel teatro / Archiducale di Mantova / nel carnovale dell'anno MDCCXIX / dedicata a sua altezza serenissima / il signor principe / Filippo / langravio d'Assia Darmstat / principe d'Hirschfeldt, conte di Catzenelenbo- / ghen, Dietz, Fliegenhain, Nidda, Schaum- / burg, Isenburg e Büdinghero, ecc., generale / Maresciallo di campo di sua maestà cesa- / rea e cattolica, colonello d'un reggimen- / to di corazze, cavaliere dell'insigne ordine / di S. Uberto e governatore plenipotenzia- / rio della città e stato di Mantova, ecc. ecc. 3 Akte.

Der Komponist wird zwar nicht genannt, es ist aber V. Vermutlich hat er Anleihen bei Kollegen gemacht: Die Arie »Ritorna a lusingarmi« stammt z. B. von G. M. Orlandini. Die Partitur befindet sich in Turin, Sammlung → Foà, Bd. 33, eine Abschrift wird in Berlin verwahrt (Staatsbibliothek, Preußischer Kulturbesitz). Das anonym von Alberto → Pazzoni 1719 in → Mantua gedruckte Textbuch ist die Bearbeitung eines von Apostolo → Zeno stammenden → Librettos. Exemplare davon sind in Mantua, Treviso und Venedig.

Personen und Interpreten: Troncone imperadore della Cina, Pederzoli Giuseppe; Teuzzone suo figlio, amante e sposo dichiarato di Zelinda, Gualandi Margherita detta la Campioli; Zidiana sposa ma non moglie di Troncone, amante in segreto di Teuzzone, Ambreville Anna »virtuosa del serenissimo di Modena«; Zelinda principessa tartara, amante di Teuzzone, Mucci Teresa; Cino governatore del regno, amante di Zidiana, Geri Gasparo; Sivenio generale del regno, amante di Zidiana, Benedetti Francesco »virtuoso di S.A.S. il Sig. principe Filippo . . .«; Egaro capitano delle guardie, parente e confidente di Zidiana, Beretta Lorenzo; Argonte principe tartaro e confidente di Zelinda (stumme Rolle).

Das Originaltextbuch wurde von Antonio Lotti komponiert und in → Venedig im Teatro San Cassiano 1707 aufgeführt.

Textbuchwidmungen

Es war üblich, daß der Opernunternehmer das Textbuch einer hochgestellten Persönlichkeit widmete. Dadurch erfährt man, ob V. als → Impresario an einer Oper beteiligt war, so z. B. im Falle der 1714 im Teatro → Sant'Angelo aufgeführten Oper → »Rodomonte sdegnato« von Michelangelo Gasparini. Die meisten dieser Widmungen bewegen sich im Rahmen zeitüblicher Höflichkeitsformeln.

Textdichter

In seinem Aufsatz »V.s Career as an Opera Producer« (in: A. V. Teatro musicale . . . Firenze 1982) gibt Reinhard → Strohm eine Übersicht über die Librettisten. Er gliedert in: 1. Dichter, die neue → Libretti für V. schrieben: Domenico → Lalli (3), Grazio → Braccioli (3), Antonio → Marchi (1), Antonio Maria → Luc-

chini (3), Giovanni → Palazzi (3), Antonio → Salvi (1), Girolamo → Giusti (1), Carlo → Goldoni (1) mit der Bemerkung »Collaboration very doubtful«.
2. Vorhandene Libretti, die vielleicht auf V.s Initiative hin ausgewählt wurden: Matteo → Noris (4), Antonio → Salvi (2), Adriano → Morselli (1), Apostolo → Zeno (4), Domenico → Lalli (2), Agostino → Piovene (2), Francesco Silvani (2), Silvio → Stampiglia (1), Pietro → Metastasio (4).
3. Opern, die durch V. wiederaufgeführt wurden, vielleicht teilweise wegen des Librettos: Grazio → Braccioli (3), Antonio → Marchi (4), Giovanni → Palazzi (4), Antonio Maria → Lucchini (9), Pietro → Metastasio (2). Die Zahlen sind ungenau, weil Strohm in manchen Fällen die Bemerkung »vielleicht« dazusetzt.
In den Textbüchern werden die Textdichter in den meisten Fällen nicht genannt; sie mußten deshalb aus anderen Quellen erschlossen werden. So kommt es, daß jetzt einige Namen auftauchen, die bei Strohm nicht vorkommen. (Bei mehreren Aufführungen des gleichen Werkes ist nur die erste gewählt):

Berengani	1x
Bissaro	1x
Braccioli	3x
Bussani	1x
Giusti	1x
Goldoni	2x
Lalli	5x
Lucchini	3x
Maffei	1x
Marchi	4x
Metastasio	4x
Morselli	1x
Noris	3x
Palazzi	4x
Piovene	2x
Ruggeri	1x
Salvi	4x
Silvani	4x
Stampiglia	1x
Zeno	4x

Theaterleben in Venedig
Lange vor der Einrichtung des ersten öffentlichen Opernhauses (1637) hatte Venedig, seinem Bevölkerungscharakter entsprechend, ein reiches Theaterleben. Schon in einem Dokument von 1508 ist von »recitationes et representationes comediales« die Rede, und die Obrigkeit war bemüht, eine gewisse Ordnung in diese Dinge zu bringen. Man spielte nicht nur in den Theatern, sondern auch in Privathäusern, wo die »Inqusitori« oft genug Anlaß hatten, einzuschreiten. Dabei wurde häufig gesungen und auch mit Instrumenten gespielt. Von diesen musikalischen Darbietungen bis zur Oper war dann nur mehr ein kleiner Schritt. Die → Commedia dell'Arte feierte ihre Triumphe vor allem auf öffentlichen Plätzen, wo im Handumdrehen ein paar Bretter die Welt bedeuteten. Nach → Giazotto soll es in → Venedig zwanzig Theater und mehr als tausend Komödianten und Sänger gegeben haben, die insbesondere im Karneval ihr Brot verdienten. Kein Wunder, daß ». . . das Volk Mauern bestieg, Türen einbrach und den Kanal überquerte, um sich an Orte zu stürzen,

wo man eine Komödie oder eine Tragödie aufführte«, wie dies ein Text aus der Mitte des 16. Jahrhunderts anschaulich schildert.

Ti confido il pianto
→ Kantate für Sopran und Bc. Turin, Sammlung → Foà, Bd. 28.

Tieteberga
Drama per Musica / Da rappresentarsi / Nel Teatro Giustiniano / di San Moisè / L'Autunno dell'Anno MDCCXVII / La musica è del sempre celebre Sig. D. Antonio Vivaldi. 3 Akte.
Personen und Interpreten: Lotario re d'Austrasia, Natali Francesco detto il Perugino; Tieteberga regina, moglie di Lotario, Macari Costanza; Valdrada amante segreta di Lotario, Merighi Antonia »virtuosa di S. A. S. la Sig. gran Principessa Violante vedova di Toscana«; Clotilde figlia di Marciano, amante d'Ercinio, Orlandi Chiara detta la Mantoanina; Guido cavalier di corte, amante di Valdrade, Venturini Rosa »virtuosa di camera di S. A. S. il Sig. principe Antonio Farnese di Parma«; Ercinio fratello di Tieteberga, amante di Clotilde, Branganti Francesco; Marciano primo ministro del regno e padre di Clotilde, Imperatori Annibale (→ Chronologie).
Das von Marino → Rossetti ohne Verfasserangabe 1717 in → Venedig gedruckte Textbuch ist von Antonio Maria → Lucchini. Exemplare befinden sich in Bologna, Los Angeles, Mailand, Modena, Rom, Venedig und Washington. Die Partitur ist verloren, doch haben sich einzelne → Arien erhalten.

Tigrane
Die Oper *La → Costanza trionfante degl'Amori e degl'Odi,* Venedig 1716, wurde nach → Rinaldi (in: Il Teatro musicale di A. V., S. 85) dreimal umgearbeitet: für → San Moisè, 1718, unter dem Titel → *Artabano Re de' Parti,* für → Sant' Angelo, 1731, *L'→ Odio vinto dalla Costanza* und für Prag, 1732, als → *Doriclea.* Es gibt noch ein viertes Werk, dessen Textbuch den Titel trägt: »Die über Hass und Liebe siegende Beständigkeit oder Tigranes König von Armenien / in einem / Musicalischen / Schau-Spiel / auff dem Hamburgischen / Schau-Blass / vorgestellt / im Jahr 1719.« Dieses Werk ist ein → Pasticcio mit Musik von Gasparini, Conti und Orlandini – einige Arien aus *La Costanza* – und einer Arie aus → *Armida al Campo d'Egitto.* Das ohne Verfasserangabe von G. Jakhel 1719 in Hamburg gedruckte Textbuch stammt von Antonio → Marchi und liegt in Berlin.

T'intendo si mio cor
→ Kantate »del Vivaldi« für Sopran und Bc., C-Dur. Turin, Sammlung → Foà, Bd. 28.

La Tirannia gastigata
Dramma per Musica / Da rappresentarsi nel Teatro / di S. E. il Signor / Francesco Antonio Conte di Sporck / e dedicato all'Ill.ma Signora Filippina / vedova contessa di Thun / natta contessa di Harrach / nel carnovale dell'anno 1726 / La Musica di tutte le Arie è sempre del celebre Maestro il sig. D. Antonio Vivaldi di Venezia / E i Recitativi

sono del Sig. Gio. Antonio Guerra di Roma. 3 Akte.
Personen und Interpreten: Nerone imperatore di Roma, Denzio Antonio; Statilia moglie di Nerone, Gualandi Diamante; Flavia vedova di Brittannico e amante di Plancio, Bianchi Barbara; Plancio capitano dei Romani, amante di Flavia, Gaspari Antonio; Cilone fu già proconsole in Asia, Negri Maria Catterina; Mitridate re di Ponto, sotto nome d'Ismeno, moro, Luchini Matteo »di Venezia, servitore attuale della corte reale di Polonia ed elettorale di Sassonia«; Oronta moglie di Mitridate e prigioniera di Nerone, Peruzzi Teresa detta la Denzia; Berenice loro figlia bambina.
Das von einem ungenannten Dichter überarbeitete Textbuch stammt von Francesco → Silvani (Titel: La fortezza in cimento), wurde von Wolfgang → Wickhart 1726 in → Prag gedruckt und ist in Křimice erhalten. Die Partitur ist verloren.

Ti sento, si ti sento
→ Kantate für Alt, Streicher und Bc. Paris, Bibliothèque Nationale.

Titel
Auf dem op. I (1705) hat sich V. als »Musico di Violino / Professore Veneto« bezeichnet, auf dem op. II (1708/09) als »Musico di Violino, e Maestro de' Concerti del Pio Ospedale della Pietà di Venezia«. Diesen Titel hat er bis zum op. VII (um 1716/17) beibehalten. Mit dem Erscheinen von op. VIII (1725) hat die Zahl seiner offiziellen Titel einen Höhepunkt erreicht: Er zeichnet nun als »Maestro in Italia dell'Illustrissimo Signor Conte Sudetto (Venceslav Conte di Marzin) Maestro di Concerti del Pio Ospitale della Pietà in Venetia e Maestro di Capella di S. A. S. il Signor Principe Filippo Langravio d'Hassia Darmistath«. In der Zeit von op. IX bis op. XII ist er »Musico di Violino, Maestro del Pio Ospitale della Città di Venetia e Maestro di Capella di Camera di S. A. S. Il Signor Principe Filippo Langravio d'Hassia Darmistath«. 1740 schließlich, auf den sechs Cellosonaten, ist V. wieder schlicht und einfach »Musico di Violino e Maestro de' Concerti del Pio Ospidale della Pietà di Venezia«. Die Titel, die er in den Textbüchern seiner → Opern führt, fügen dem nichts Wesentliches hinzu.

Tito Manlio (I)
Dramma per musica / Da rappresentarsi nel Teatro / Arciducale di Mantova / nel Carnevale dell'Anno MDCCXIX / Dedicato a Sua Altezza Serenissima / la Signora Principessa / Eleonora di Guastalla / Sposa di S. A. S. / Il Signor Principe / Filippo Langravio d'Assia Darmstat / principe d'Hirschfeldt, conte di Catzenelenbo- / ghen, Dietz, Fliegenhain, Nidda, Schaum- / burg, Isenburg e Büdinghero, ecc., generale / maresciallo di campo di sua maestà cesa- / rea e cattolica, colonello d'un Reggimen- / to di corazze, cavaliere dell'insigne ordine / di S. Uberto e governatore plenipotenzia- / rio della città e stato di Mantova, ecc. ecc. / La Musica è di D. Antonio Vivaldi / maestro di cappella di camera di S. A. S. il Sig. principe Filippo langravio d'Assia d'Armstat. 3 Akte.

Personen und Interpreten: Tito Manlio console, Benedetti Francesco »virtuoso di S. A. S. il Sig. principe Filippo . . .«; Manlio suo figlio, Gualandi Margherita detta la Campioli; Vitellia figlia di Tito, amante di Geminio, Mucci Teresa; Decio capitano delle falangi, Beretta Lorenzo »virtuoso della serenissima repubblica di Lucca«; Servilia sorella di Geminio destinata sposa a Manlio, Ambreville Anna »virtuosa del serenissimo di Modena«; Lucio cavaliere latino amante di Vitellia, Geri Gasparo; Geminio capitano di latini, amante di Vitellia, Pederzoli Giuseppe; Lindo servo di Vitellia, Calvi Gio. Battista »virtuoso della cappella arciducale di Mantova«.

Das ohne Verfasserangabe von Alberto → Pazzoni 1719 in → Mantua gedruckte Textbuch stammt von Matteo → Noris. Es ist in Dillingen erhalten. Nach Alberto Basso (in: Mostra dei manoscritti . . ., S. 18/19) ist die Partitur in Turin zweimal vorhanden (Sammlung → Foà, Bd. 37, und Sammlung → Giordano, Bd. 39). Eine der beiden Partituren trägt die Aufschrift: »Musica del Vivaldi fatta in 5 giorni«.

Tito Manlio (II)

So muß man das Werk wohl korrekt bezeichnen, das 1720 in Rom aufgeführt wurde. Das Textbuch besagt: Dramma per musica / da rappresentarsi nell'antico / teatro della Pace nel car- / nevale dell'anno 1720 / dedicato / alla nobilità romana.

Es handelt sich um eine Gemeinschaftsarbeit: erster Akt von Gaetano Bono, zweiter Akt von Giovanni → Giorgio, dritter von V., der einige Nummern aus der gleichnamigen Oper von 1719 und ein Arie aus → *Ottone in Villa* übernommen hat. Das Textbuch – mit leicht geänderten Personen – ist offenbar nach Matteo → Noris gearbeitet. Es wurde 1720 in Rom bei A. de'Rossi gedruckt; Exemplare befinden sich in Bologna, Florenz, Krakau, Mantua, Neapel, Paris und Rom. Die Partitur ist nicht erhalten.

Todesdatum

Das genaue Todesdatum V.s wurde erst 1938 von Rudolfo Gallo entdeckt, der, gestützt auf eine Bemerkung von → Gradenigo, in → Wien suchte. Danach ist V. am 28. 7. 1741 in Wien gestorben und wurde noch am gleichen Tag begraben. (Die entsprechenden Dokumente sind in dem biographischen Abriß zu Leben und Werk V.s am Beginn dieses Bandes abgedruckt.)

Tonartenverwendung

Auf Seite 160 seines großen V.-Buches hat Marc → Pincherle eine Übersicht über die von V. verwendeten Tonarten gegeben. Obwohl die Gesamtzahl der bekannten Werke sich seither beträchtlich erhöht hat, dürfte das Verhältnis annähernd gleichgeblieben sein. Von 469 Konzerten und Sinfonien stehen in:

C-Dur	80	a-Moll	24
D-Dur	61	e-Moll	17
F-Dur	51	Es-Dur	15
B-Dur	47	c-Moll	15
g-Moll	40	E-Dur	11
G-Dur	39	h-Moll	11
A-Dur	29	f-Moll	2
d-Moll	26	fis-Moll	1

Für die → Mittelsätze wurden die

parallele Molltonart, Dominante, Subdominante, die parallele Durtonart verwendet, und zwar so, daß zwei Drittel der langsamen Sätze in einer Molltonart stehen. Außergewöhnlich sind Tonartenverhältnisse wie: D-Dur – F-Dur – D-Dur oder D-Dur – e-Moll – D-Dur. Auch Irrtümer kamen in der Eile des Komponierens vor. In einem F-Dur-Konzert für Flöte schreibt V. einen Mittelsatz in f-Moll, der ihm aber zu schwierig erscheint. Daher fügt er die Anweisung für den Kopisten bei: »Schreiben Sie alles einen Ganzton höher, und schreiben Sie alles in g-Moll.« Der Schlußsatz steht in der Regel in der Tonart des Hauptsatzes. Bei dem Konzert op. 7, Nr. 7 dürfte allerdings ein Irrtum unterlaufen sein: erster Satz in B-Dur, zweiter Satz in g-Moll, dritter Satz in g-Moll (→ Violinkonzerte).

Tra l'erbe i zeffiri
→ Kantate »del Sig. D. Antonio Vivaldi« für Sopran und Bc., B-Dur. Turin, Sammlung → Foà, Bd. 27.

Travers, Roger-Claude
(*1953 Poitiers)
Arzt, gründete die »Association V. de Poitiers« und schrieb eine medizinische Dissertation über »La maladie de V.«, die 1982 im Druck erschien (Kurzfassung: »Une mise au point sur la maladie de V.« In: Informazioni e Studi Vivaldiani, 1982). Gegenwärtig (1984) arbeitet er an einer V.-Monographie (bei Laffont, Paris, in Vorbereitung) sowie an einem »Catalogue pratique des œuvres lyriques de V.« (Association V. de Poitiers). Seine Bemühungen um die V.-Diskographie siehe: → Schallplatten.

Treu, Daniel Gottlob
(italianisiert: Fedele, Daniele Teofilo)
(*1695 Stuttgart, †1749 Breslau)
Reiste 1716 mit einem Stipendium des Herzogs Eberhard Ludwig von Württemberg nach Italien und war in Venedig Schüler V.s und A. Biffis. Als Opernkapellmeister war er in Breslau und in anderen Städten tätig.

Triosonaten
V. hat siebenundzwanzig Triosonaten geschrieben. Zwölf *Suonate da Camera a tre* (zwei Violinen und Bc.) sind seine ersten gedruckten Werke; mit ihnen hat er sich 1705 in den Kreis der Maestri eingeführt. Es handelt sich um ausgezeichnete Arbeiten, die vermuten lassen, daß ihnen umfangreiche Studien vorausgegangen sind. Das op. I gilt im allgemeinen als noch von → Corelli abhängig. Man sollte aber eher die hervorragenden Bässe und die Dichte des Satzes betonen, durch die sich V. von Anbeginn an von Corelli unterscheidet. Unter den für andere Instrumentenkombinationen geschriebenen Werken sind besonders bemerkenswert zwei Sonaten für Violine und »leuto« (Laute) und eine für Blockflöte und → Fagott.

Trompete
Symbolisiert »maiorem dei Gloriam« ebenso wie fürstlichen Glanz. Tonarten C-Dur und D-Dur.
V. verwendet nur die elf Töne e', g',

c'', d'', e'', f'', fis'', g'', a'', h'' und c''' bzw. einen Ton höher, wenn in D stehend. In seinem einzigen Trompetenkonzert, dem Konzert für zwei Trompeten C-Dur, PV 75 (RV 537), wird aufgrund von Imitation, Terzenstaccato in Sechzehnteln und Spiel mit dynamischen Tonrepetitionen der Mangel an Tönen nicht spürbar; der Mittelteil beschränkt sich auf eine sechstaktige Streicherüberleitung. In einem zwölfsätzigen *Gloria* sind die D-Trompeten zu Beginn und am Schluß eingesetzt und markieren die tonalen Eckpfeiler, im »Judicabit« des → *Dixit (Dominus)* ist die zweite Trompete sehr wirkungsvoll als Echo-Instrument verwendet.

In drei Konzerten kommt eine »Violine in tromba« vor, das ist eine Violine, die sowohl in Tonauswahl wie in melodisch-rhythmischer Erfindung (Hornquintenwendung in Doppelgriffen) wie eine Trompete behandelt ist. In einem weiteren (Dresdener) Konzert sind »due Violini in tromba marina« angegeben. Karl → Heller vermutet, daß das Wort »marina« erst nachträglich hinzugefügt wurde.

Turiner Sammlungen

Die Geschichte der Turiner V.-Autographen, fast ein musikwissenschaftlicher Kriminalroman, wird hier nach den Erzählungen Alberto → Gentilis wiedergegeben sowie nach den Dokumenten, die seine Tochter Verona → Gabriella Gentili in den »Vivaldiana«, S. 31–56, mitgeteilt hat.

Als in den napoleonischen Kriegen die Turiner Hofkapelle nach Sardinien emigrierte, versteckte man das umfangreiche Notenarchiv so gut, daß es nach der Rückkehr unauffindbar blieb. Gentili suchte sein Leben lang nach diesem Repertoire und glaubte sich am Ziel, als sich im Herbst 1926 Monsignore Emanuel, der Rektor des Collegio San Carlo in San Martino (Monferrato, Provinz Alessandria, nördlich von Genua und östlich von Turin), an die Turiner Nationalbibliothek mit der Bitte wandte, eine Sammlung von fünfundneunzig Bänden, darunter vierzehn von Vivaldi, auf ihren Verkaufswert zu schätzen. Die Salesianermönche waren gezwungen, diese Schätze zu veräußern, weil sie an Räumen, die einst Don Bosco bewohnt hatte, dringende Instandsetzungsarbeiten vornehmen lassen mußten. Man war schon in Verhandlungen mit Antiquaren getreten, wollte sich zuvor aber noch des Wertes vergewissern. Eine Marchesa Durazzo hatte die Bestände einst dem Kloster geschenkt. Die Familie Durazzo hatte durch eines ihrer Mitglieder musikalische Bedeutung erlangt, den Genueser Conte Giacomo → Durazzo, 1717–1794, der nach einer Tätigkeit in Wien 1765 österreichischer Gesandter in Venedig wurde.

Gentili hatte kaum im ersten Band geblättert, als ihm sofort klar wurde, welche Schätze er in seinen Händen hielt, die er unbedingt in Turin geschlossen erhalten wollte. Da die Mittel der Nationalbibliothek für einen Ankauf auch nicht annähernd reichten, fand er einen Mäzen in dem Turiner Börsenmakler Roberto → Foà, der bereit war, die Bände zu kaufen und sie, zur Erinnerung an seinen frühverstorbenen Sohn Mauro, der Bibliothek zu schenken. Die Schenkung wurde am 15. 2. 1927 vollzogen und am 23. März des Jahres von der italienischen Regierung bestätigt.

Bei der genaueren Durchsicht der Bände stellte Gentili fest, daß sie nach Werkgattungen numeriert waren, von manchen Reihen jedoch die geradzahligen fehlten, von anderen die ungeradzahligen. Er vermutete, daß die Sammlung einmal doppelt so groß gewesen sein mußte und in der Familie bei einer Erbteilung halbiert worden war. Der damalige Direktor der Turiner Nationalbibliothek, Luigi Torri, und Gentili beschlossen, den letzten Überlebenden der Durazzo-Familie ausfindig zu machen, und gewannen für dieses Projekt einen erfahrenen Archivar, den Marchese Dr. Faustino Curli, der als Angehöriger einer Genueser Adelsfamilie die besten Voraussetzungen für diese heikle Aufgabe mitbrachte. Mit Hilfe der Staatspolizei fand man schließlich den Gesuchten: den Marchese Giuseppe Maria Durazzo, einen schrulligen Alten, der eine große und völlig ungeordnete Bibliothek besaß und aus Angst vor Dieben jedermann den Zugang verwehrte. In persönlichen Angelegenheiten holte er stets den Rat seines Beichtvaters ein, und dieser, der Jesuitenpater Antonio Oldra, erreichte es, Zugang zur Bibliothek zu erlangen. Der alte Durazzo besaß tatsächlich den fehlenden Teil der Sammlung. Nach langen, geduldigen Verhandlungen, immer unterstützt von Padre Antonio, willigte er schließlich mit Schreiben vom 30. 1. 1930 in den Verkauf ein. Gentili gelang es wiederum einen Mäzen zu finden, und zwar den Turiner Textilfabrikanten Filippo → Giordano. Am 30. 10. 1930 wurden Verkauf und Schenkung abgeschlossen. Der Zufall wollte es, daß auch er seinen Sohn im Kindesalter verloren hatte und er die Schenkung in Erinnerung an diesen machte. Die Vignetten der beiden frühverstorbenen Kinder schmücken jetzt die Bände der großen Sammlung.

Der Marchese Durazzo kämpfte aber noch einen hartnäckigen Kampf um seine Bibliothek: Eine Klausel im Vertrag besagte nämlich, daß für alle Zeiten eine Veröffentlichung oder Aufführung verboten sein sollte. Erst nach langwierigen staats- und kirchenrechtlichen Verfahren konnte diese Bestimmung aufgehoben werden. Olga → Rudge, Sekretärin der Accademia Musicale Chigiana (→ Chigi) in Siena, legte einen → Katalog der Bestände an, und in der Vivaldi-Woche 1939 in Siena konnten die wichtigsten Werke einer staunenden Mitwelt vorgeführt werden.

Inzwischen hat die Forschung auch den Weg der Durazzo-Sammlung genau rekonstruieren können. Die Turiner Manuskripte waren mit Sicherheit nie im Besitz des Ospedale della → Pietà, denn eine Bestimmung der Anstaltsordnung besagte, daß der Maestro dei Concerti seine Partituren der Maestra di Coro zur Abschrift überlassen mußte. Es ist also wahrscheinlich, daß diese zusammen mit dem Nachlaß V.s im

Vignetten mit den Bildnissen von Renzo Giordano und Mauro Foà

Besitz der Brüder blieben. Von diesen kaufte sie ein reicher Sammler, Jacopo → Soranzo, der 1745 einen Katalog von seinem Bibliothekar Francesco Melchiori da Oderzo anlegen ließ. Von dort an läßt sich der Weg lückenlos nachweisen. (Die Tabelle unten ist dem Katalog der Ausstellung »A. V. 1678–1978« der Turiner Nationalbibliothek entnommen.)
Turin ist so das »santuario vivaldiano« (Mila) geworden.
Die Turiner Bestände umfassen an Autographen V.s: 276 Konzerte, acht Sonaten, sechzig geistliche Werke, das → Oratorium → *Juditha Triumphans*, siebzehn → Kantaten, zwei Serenaden, dreizehn → Opern, also insgesamt 377 Werke.
Lit.: A. Gentili, La Raccolta di rarità musicali »Mauro Foà« della Biblioteca Nazionale di Torino. In: Accademie e Biblioteche d'Italia, 1927, S. 36–50; A. Gentili, La Raccolta di antiche musiche »Renzo Giordano« alla Biblioteca Nazionale di Torino. In: Accademie e Biblioteche, 1930, S. 117–125; V. Gabriella Gentili, Le Collezioni Foà e Giordano della Biblioteca Nazionale di Torino. In: Accademie e Biblioteche,

1.	Jacopo Soranzo (1686–um 1750)		Kauf vor 1745
2.	Giacomo Durazzo (1717–1794)		Kauf nach 1764
3.	Girolamo Durazzo (1739–1809)	Neffe des Vorhergehenden	Erbschaft 1794
4.	Marcello Durazzo (1770–1848)	Neffe des Vorhergehenden	Erbschaft 1809
5.	Giuseppe Maria Durazzo (1805–1893)	Sohn des Vorhergehenden	Erbschaft 1848
6a.	Marcello Durazzo (1842–1922)	Sohn des Vorhergehenden	Erbteilung 1893 mit 6b.
6b.	Flavio Ignazio Durazzo (1849–1925)	Bruder von Marcello (6a)	Erhält bei der Erbteilung 1893 die zweite Hälfte
7.	Collegio San Carlo		Erhält den Nachlaß 1922
8.	Roberto Foà		Kauf und Geschenk an die Nat. Bibl., 1927
9.	Giuseppe Maria Durazzo (1880–1960)	Sohn von 6b.	Erbschaft 1925
10.	Filippo Giordano		Kauf und Geschenk an die Nat. Bibl., 1930

1964, S. 405–430; F. Fano, Una traccia prossima alle prima origine della raccolta di musiche vivaldiane conservata alla Biblioteca Nazionale di Torino. In: Medioeva e Umanesimo 24. Miscellanea Marciana di Studi Bessarionei.

Uffenbach, Johann Friedrich Armand von
(*1687 Frankfurt/M., †1769 ebd.)
Ratsmitglied, Schöffe und später Bürgermeister seiner Vaterstadt. Unternahm Kavalierreisen nach England (1709), studierte von 1712 bis 1714 in Straßburg, reiste 1714/15 nach Italien und später nach Frankreich sowie nach Brabant. Sein besonderes Interesse galt dem Musikleben. In seinen Reisetagebüchern berichtet er u. a. über den Karneval 1715 in Venedig, über Opernaufführungen und einige Besuche bei V.
Lit.: E. Preußner, Die musikalischen Reisen des Herrn von Uffenbach. Kassel 1949.

Johann Friedrich Armand von Uffenbach. Kupferstich von Beer, 1768

L'Unione della Pace e di Morte
»Serenata a tre voci«, aufgeführt in Venedig 1727, Text von G. Grossatesta. Musik verloren, das Textbuch hingegen in Mailand erhalten.

Urteile der Zeitgenossen
1714 (Quantz)
»In Pirna bekam ich zu dieser Zeit die Vivaldischen Violinenconcerte zum erstenmal zu sehen. Sie machten, als eine damals gantz neue Art von musikalischen Stücken, bey mir einen nicht geringen Eindruck. Ich unterließ nicht, mir davon einen ziemlichen Vorrath zu sammeln. Die prächtigen Ritornelle des Vivaldi haben mir, in den künftigen Zeiten, zu einem guten Muster gedienet.« (Lebenslauf, von ihm selbst entworfen)

1722
». . . im Hause des Marchese Pietro Martinengo wurde eine sehr schöne Serenade gehört und zwei Konzerte mit Violinen und Oboen, Werke des Monsignor A. Vivaldi.« (Aus einem Reisebericht über die Fürstin Sultzbach)

1724 (Quantz)
»Das neueste, was mir zu Ohren kam, war der mir noch ganz unbekannte Lombardische Geschmack, welchen kurz vorher Vivaldi durch

eine seiner Opern in Rom eingeführt und die Einwohner dadurch dergestalt eingenommen hatte, daß sie fast nichts hören mochten, was diesem Geschmack nicht ähnlich war.« (Lebenslauf)

1725
»Die italienischen Künstler haben Überfluß an Ideen, sind voller Initiative, immer lebhaft; und sie regen mit ihren seltsamen Harmonien und den entsprechenden Melodien die trägen Geister der Deutschen an. Ihr Violinstil ist im ganzen sehr fortschrittlich, wie die Musik des Geigers Vivaldi zeigt.« (Giornale dei Letterati)

1727 (Abbé Conti)
»Meine Oper ist die neue von Sant' Angelo . . . Die Musik ist von Vivaldi, sie ist sehr verschiedenartig im Erhabenen und im Zarten; seine Schülerin macht Wunder darin, obgleich ihre Stimme nicht eine der schönsten ist . . .
Vivaldi hat drei Opern in weniger als drei Monaten geschrieben, zwei für Venedig und die dritte für Florenz; diese letzte hat das Florentiner Theater wieder aufgerichtet und ihm eine Menge Geld eingetragen . . .
Ich werde auch Arien von Vivaldi suchen, Sie werden bezaubert sein von ihrer Lebhaftigkeit und ihrer Verschiedenartigkeit.« (Abbé Conti an Madame de Caylus)

1727
». . . ein sehr schönes Instrumentalkonzert, welches fast zwei Stunden dauerte, dessen Musik wie jene des Te Deum vom berühmten Vivaldi war.« (Mercure de France)

(Um 1730)
»Die Opera La Tirannia Gastigata hat allen Leuthen sehr wohl gefallen. Farnace hat eine große Approbation, Argippo eine sehr große Approbation gehabt.« (Handschriftliche Eintragungen des Grafen Johann Joseph von Wrtba in Prager Textbüchern)

1730 (Aubert)
»Wiewohl die italienischen Konzerte in Frankreich einigen Erfolg hatten während mancher Jahre, wo man dem, was Corelli, Vivaldi und manch andere auf diesem Gebiete bemerkenswertes gemacht haben, Gerechtigkeit widerfahren ließ, hat man nichtsdestoweniger bemerkt, daß diese Art von Musik trotz der Geschicklichkeit eines Teiles der Ausführenden, dem allgemeinen Geschmack nicht genügt und vor allem jener Damen, von denen immer das Urteil der Nation abhing.« (Vorwort der »Première Suite de Concerts de Symphonies«)

1732
»Am Ufer wartete der Klerus mit angezündeten Fackeln und begleitet von Musikern, welche ein Laudate Dominum anstimmten, ein ganz feierliches Werk von Abate Vivaldi von der Pietà . . .« (Pier Caterino Zeno an den Grafen Daniele Florio von Udine über eine Reliquienübertragung)

1735 (Goldoni)
»Dieser Geistliche, ausgezeichneter

Violinspieler und mittelmäßiger Komponist . . .
Der Komponist der Musik jenes Jahres für die Oper der Frühlingsspielzeit war der Herr Abate Vivaldi, genannt der Prete Rosso wegen seiner Haarfarbe und von einigen irrtümlich Rossi, weil sie das für den Familiennamen halten. Dieser ganz hervorragende Geiger, dieser Mann, berühmt wegen seiner Sonaten, besonders für die Quattri Stagioni, komponierte überdies Opern. Und obwohl die guten Kenner sagten, daß es ihm am Kontrapunkt fehle und er die Bässe nicht ordentlich setzte, ließ er die Stimmen gut singen, und seine Opern haben mehrmals Glück gehabt.« (Aus den Memoiren)

1739 (Mattheson)
»Vivaldi, ob er gleich kein Sänger ist, hat doch aus seinen Sing-Sachen die Geigen-Sprünge so weit zu verbannen gewußt, daß seine Arietten manchem geübten Vokal-Componisten ein rechter Stachel in den Augen geworden sind.« (Der vollkommene Capellmeister, S. 205)

1739 (de Brosses)
»Zu meinem großen Erstaunen habe ich gefunden, daß er [V.] hierzulande nicht so geschätzt ist, wie er es verdiente. Hier, wo alles nach der Mode geht und die Musik des vergangenen Jahres keine Einnahme mehr bringt, hört man seine Werke seit allzu langer Zeit.« (Vertrauliche Briefe . . .)

1739 (Tartini)
»Diese zwei Gattungen sind derart voneinander verschieden, daß das, was der einen recht ist, der andern nicht billig sein kann. Jeder muß sich in seinem Talent beschränken. Ich bin aufgefordert worden, für die Theater Venedigs zu komponieren, ich habe es aber niemals gewollt, weil ich weiß, daß eine Kehle kein Griffbrett ist. Vivaldi, der sich auf beiden Gebieten betätigen wollte, wurde in dem einen stets ausgepfiffen, während er im andern sehr große Erfolge erzielte.« (Gespräch mit de Brosses)

1752 (Quantz)
»Zweene berühmte lombardische Violinisten . . . Der erste war lebhaft, reich an Erfindung und erfüllete fast die halbe Welt mit seinen Concerten . . . Zuletzt aber verfiel er, durch allzu vieles und tägliches Componieren, und besonders da er anfing, theatralische Singmusiken zu verfertigen, in eine Leichtsinnigkeit und Frechheit, sowohl im Setzen, als Spielen: weswegen auch seine letztern Concerte nicht mehr so viel Beyfall verdieneten, als die ersten. (Versuch . . . XVIII. Hauptstück, 58. Kap.)

Vivaldi über sich:
»Se questa non piace non voglio più scrivere di Musica!« (Wenn das nicht gefällt, will ich keine Musik mehr schreiben!) (Am Kopf einer Arie im *Orlando finto pazzo)*

Vallarsi, Jacopo
Drucker in Verona, der 1732 und 1735 Textbücher zu V.-Opern druckte, 1729 für eine Aufführung in Treviso.

Valvasene, Stefano
Venezianischer Drucker, der für die Aufführungen von Opern V.s in Vicenza (1720) und in Treviso (1729) die Textbücher druckte.

Variation
V. hat die ältere Technik der Ostinato-Variation (→ Ostinato), wie sie etwa durch → Corelli überliefert war, wohl beherrscht. Die Follia-Variationen op. I Nr. 12, sichtlich durch den römischen Meister angeregt, sind ein frühes Meisterstück. Das großangelegte Werk (mit dem Foliathema zwanzig Nummern) bezieht auch den Baß in die Variation ein. Weitere ähnlich gebaute Variationen über einen unverändert oder auch verändert wiederkehrenden Baß finden sich vorwiegend in → Mittelsätzen, so z. B. in op. III Nr. 8, in PV 19 (RV 172), PV 146 (RV 549), PV 192 (RV 222), PV 204 (RV 95), PV 368 (RV 583), gelegentlich auch in einem dritten Satz (PV 271, RV 292). Variationen im klassischen Sinn finden sich bei V. nicht, doch scheint ihm das Variieren eine gewisse Inventionshilfe gewesen zu sein. So spielt in seinen Satzanfängen der diatonisch, aber auch der chromatisch fallende Baß eine große Rolle. Das fast schon unbewußte variative Erfinden ergibt eine große Zahl Oberstimmen von erstaunlicher Verschiedenheit (vgl. W. Kolneder, Melodientypen bei V., S. 91–108).

Vatielli, Francesco
(*1876 Pesaro, †1946 Portogruaro) Leiter der Bibliothek des Liceo Musicale in Bologna. Schrieb u. a. »Un ritratto di A. V.« (in: Rass. Mus. It., 1938, S. 224–227) und publizierte einen in Bologna liegenden Brief V.s vom 26. 12. 1736.

Venedig
In den Stürmen der Völkerwanderung zogen sich die Städter des Festlandes immer wieder auf die Fischersiedlungen des Veneto zurück, wurden schließlich seßhaft, wählten im Jahre 697 einen »duca« – im Idiom Doge genannt – und errichteten auf Pfahlkonstruktionen von hoher technischer Vollendung die Stadt Venezia. Die Verfassung als Adelsrepublik mit einem auf Lebzeiten gewählten Dogen und starken überwachenden Körperschaften war ein Meisterwerk staatspolitischer Klugheit. Die Staatskirche von San Marco war ein Zentrum kultureller Entwicklung und damit den Schwankungen absolutistischen Denkens entzogen. Die günstige Lage am Meer machte die Stadt zu einem bevorzugten Umschlagplatz für den Orienthandel. Dieser brachte unermeßliche Reichtümer ein, die sich in vielfältigen Aufträgen für Architekten, Bildhauer und Maler umsetzen.
Im Musikleben Venedigs waren die Markuskapellmeister führend: Adrian Willaert, Gioseffo Zarlino, Claudio Monteverdi, unterstützt von zahlreichen Musikern, den Organisten und Komponisten Claudio Merulo, Andrea und Giovanni Gabrieli und vielen anderen. Dieses reiche musikalische Leben gab Druckern wie Petrucci, Gardano, Vincenti, Amadino und → Sala Beschäftigung, unter den Instrumen-

tenbauern nahmen die Geigenbauer Gofriller, Montagnana, Gobetti und Petrus Guarnerius Seraphin eine hervorragende Stellung ein. In diese Welt wuchs V. hinein; sie hat auf seine empfängliche Seele eingewirkt, insbesondere, als er durch seinen Vater die reiche Musikpflege im Markusdom in sich aufnehmen konnte.
Dieses blühende Leben erforderte zu seinem Schutz jedoch starke militärische Kräfte. Ein Seesieg wie jener von Lepanto (1571) hatte auf lange Zeit den Besitzstand gesichert. Im Frieden von Passarowitz (1737) gingen allerdings viele ostmittelländische Besitzungen verloren, und die Stadt, inzwischen ein Zentrum des Fremdenverkehrs geworden, ging einer Zeit politischer Ohnmacht entgegen. V. hat dies offenbar mit wachen Sinnen erfaßt. In der Widmung seiner Oper *L'→ Adelaide* (1735) an den Capitano und Vice-Podestà von Verona, Antonio → Grimani, gab er seiner »Italianità« Ausdruck.

Vengo a voi luci adorate
→ Kantate »del Sig. D. Antonio Vivaldi« für Sopran, Streicher und Bc., C-Dur. Turin, Sammlung → Foà, Bd. 27.

Venturini, Francesco (Maria)
Baß/Bariton aus Florenz, »virtuoso di S.A. sereniss. elettore di Baviera«, sang 1725 in → Mantua die Titelrolle in *L'Artabano* und im gleichen Jahr die Titelrolle in → *Orlando furioso*, 1732 in Verona in *La → Fida Ninfa* und 1735 in Verona in *L'Adelaide*.

Venturini, Rosa
»Virtuosa da camera di S. A. S. il Sig. principe Antonio Farnese di Parma«, Sopran, sang auch männliche Rollen: 1717 in → Venedig in → *Tieteberga*, 1718 in → Mantua und Venedig in → *Armida al Campo d'Egitto*, in Venedig außerdem in → *Artabano Re de' Parti* und im gleichen Jahr in Florenz in → *Scanderbeg*.

Verdi, Domenico Antonio (auch Ambrogio)
»Dirimpetto [gegenüber] dell'Oratorio di S. Filippo Neri«, Drucker aus Florenz, der die Textbücher zu den V.-Opern → *Ipermestra*, 1727, → *Atenaide*, 1729, und → *Farnace*, 1733, druckte.

La Verità in Cimento
Drama per Musica / Da rappresentarsi / Nel Teatro S. Angelo / L'autunno dell'Anno 1720 / Dedicato / a Sua Eccellenza / Il Signor Conte / Sava Wladislavich / Consigl. Aul. di S. M. Tzar K. ecc. / La musica è del Sig. D. Antonio Vivaldi Maestro di Cappella, / di Camera di S. A. S. il Sig. Principe Filippo Langravio d'Hassia Darmstadt / Invenzione e pitture delle scene sono delli Sign. Giuseppe Domenico / Fratelli Valeriani di Roma. 3 Akte.

Personen und Interpreten: Mamud gran soldano del regno di Cambaja, Barbieri Antonio; Rustena sua sposa, Orlandi Chiara; Damira sua favorita, Merighi Antonia Margherita; Rosane principessa erede del regno di Joghe, Strada Anna Maria; Zelim figlio legitimo di Rustena e Mamud, creduto figlio naturale di

Mamud e Damira, Albertini Gorolamo; Melindo figlio naturale di Mamud e Damira, creduto figlio legitimo di Mamud e Rustena, Laurenti Antonia detta Coralli.
Das ohne Verfasserangabe bei Marino → Rossetti in Venedig 1720 gedruckte Textbuch ist von Domenico → Lalli und Giovanni → Palazzi. Exemplare befinden sich in Bologna, Florenz, Los Angeles, Mailand, Rovigo, Treviso, Venedig und Washington. Die Partitur ist in Turin in der Sammlung → Foà, Bd. 33, erhalten.

Verkauf
Wollte ein Komponist aus seinem Schaffen Gewinn ziehen, so genügte in der Vivaldi-Zeit der Druck keineswegs. Wir wissen noch nicht einmal, ob V. ein Honorar von seinen Verlegern erhielt. Der Druck diente augenscheinlich nur dazu, um ein Werk auch in Gegenden bekanntzumachen, die man persönlich nicht erreichen konnte. Venedig mit seinen zahlreichen fremden Besuchern bot aber ausgezeichnete Möglichkeiten, um mit zahlungskräftigen Ausländern in Verbindung zu treten. So berichtet de → Brosses: »V. hat sich mir sehr eng angefreundet, um mir ziemlich teuer Konzerte zu verkaufen.« Aber schon 1715 notierte Herr von → Uffenbach in seinem Tagebuch unter dem 9. März: »Nachmittag kam der Vivaldi zu mir und brachte mir, weil ich es bestelt hatte, 10 concerti grossi, so wie er sagte er mir expresse componiert hätte, erstehe einige davon, und damit ich sie besser hörte so wolte er mich sie gleich spiehlen lernen und dann und wann deßwegen zu mir kommen, damit wir denn dießes mahl den anfang machten.« Dieses gewisse »Dicht-am-Kunden-bleiben« hat V. offenbar sehr gut beherrscht.
Analog zu einer Praxis, die wir aus dem Leben Canalettos kennen, wurden manchmal auch Zwischenhändler eingeschaltet. So wissen wir von Edward → Holdsworth, daß er im Auftrag englischer Freunde Werke V.s in Venedig einkaufte (→ Einnahmen). V. erzählte ihm, er wolle nichts mehr publizieren, durch direkten Verkauf nähme er mehr ein.

Versette
Strophe eines liturgischen Gesanges. Konnte vokal oder rein instrumental, z. B. für Orgel, gesetzt werden.

Vesper
Die Vesper ist die musikalische Nachmittagsveranstaltung in den italienischen Städten, das nachmittägliche Pendant zur Oper (vgl. H. Hucke in: A. V. Teatro Musicale Cultura e Società I. Firenze 1982, S. 194). V. hat vollständige Vertonungen geliefert, aber auch nur Teile komponiert. Zur Vesper zählte man → Psalmen, → Antiphonen, → Hymnen, → Magnificat-Kompositionen und das → *Stabat mater*. Eine besondere Eigenheit italienischer Vesperkompositionen stellen die Einleitungen dar, die sich in einigen Fällen erhalten haben, auch wenn die dazugehörige Vesper verloren ist. An Magnificat-Vertonungen sind vier erhalten, außerdem siebzehn Psalm-Vertonungen.

Vestro Principi divino
→ Motette für Alt, Streicher und Bc., F-Dur. Turin, Sammlung → Giordano, Bd. 32.

Vielschreiber
In der V.-Literatur findet sich immer wieder die Behauptung, er sei ein Vielschreiber gewesen. Mißt man seine Werkzahlen an denen → Bachs, Graupners, Telemanns, → Händels, ja noch Haydns und Mozarts, so muß man feststellen: Sie halten sich absolut in den zeitüblichen Grenzen, V. war also keineswegs ein ungewöhnlicher Vielschreiber. Die Komponisten der ersten Hälfte des 18. Jahrhunderts lebten in einer Zeit, die einen ungeheuren Verbrauch an Musik hatte. Ihre schöpferische Veranlagung sowie ihre kompositorische Technik befand sich in voller Übereinstimmung mit der Gesellschaft, für die es keine historische Tiefe beim Musikhören gab, die immerfort Neues verlangte. Daß V. bei der Befriedigung dieses Anspruchs durchaus kritisch verfuhr, beweisen die Turiner Manuskripte fast auf jeder Seite (→ Korrekturen).

Il Vinto trionfante del Vincitore
Drama per Musica / Da rappresentarsi nel Teatro di / Sant' Angelo / L'Autunno dell'Anno MDCCXVII / Consacrato / a Sua Ecc. il Sig. Marchese / Alessandro Lomellini / Patron dell'Isola Tabarca ecc. / Le scene sono del Signor Canal. 3 Akte.
Personen und Interpreten: Zenobia regina de' Palmireni, Giusti Maria detta la Romanina »virtuosa della casa real di Polonia«; Silvio suo figlio, Novello Felice; Ersinda cugnata di Zenobia, sorella d'Odenato, Scalfi Giovanna; Ormonte governator di Palmira, Denzio Antonio; Lidio principe della Grecia invaghito di Filidea, Fracassini Gaetano; Filidea figlia d'Ormonte invaghita di Lidio, Guglielmini Anna; Aureliano imperator, Beretta Lorenzo »virtuoso della serenissima repubblica di Lucca«; Cleonte suo capitano, Lodi Silvia detta la Spagnoletta.
Das 1717 von Marino → Rossetti in Venedig gedruckte Textbuch stammt von Antonio → Marchi. Exemplare befinden sich in Florenz, Mailand und Venedig. Da kein Komponist genannt wird, handelt es sich wahrscheinlich um ein → Pasticcio. Die Partitur ist nicht erhalten, so können über V.s Anteil nur Vermutungen angestellt werden.

Vio, Gastone (*1921 Venedig)
Seit 1946 Priester in Venedig, der seit etwa zehn Jahren intensive Archivarbeiten betreibt, wobei er immer wieder Dokumente auffindet, die der Forschung bisher entgangen sind.
Veröffentlichungen: »Precisazioni sui documenti della Pietà in relazione alle figlie del coro« (in: Convegno Vivaldiano Venezia, 1978) sowie Beiträge in den »Informazioni e studi Vivaldiani«: 1980 »A. V. prete«; 1981 »A. V. violinista in S. Marco«; 1982 »Una nuova abitazione di V. a Venezia«; 1983 »A. V. e i Vivaldi«.

Viola all'inglese
Mit Ratsbeschluß vom 17. 8. 1704

wurde V. zum Lehrer für Viola all'Inglese ernannt und sein Gehalt auf einhundert Dukaten jährlich erhöht. Es war dies ein der → Viola d'amore ähnliches Instrument, jedoch mit sehr vielen → Aliquotsaiten ausgestattet. Man baut es familienweise vom Geigenformat bis zum Baß. V. hat es in fünf Werken verwendet: PV 308 (RV 544), PV 87 (RV 555), im *Concerto funebre* PV 385 (RV 579) und außerdem in der Oper *L'→ Incoronazione di Dario,* wo es im ersten Akt eine »Cantata in scena« der Statira als Baßinstrument auszuführen hat. Am schönsten eingesetzt ist die Viola all'inglese im → Oratorium → *Juditha Triumphans,* in dem ein fünfstimmiges »Con^{to}: dè Viole all'Inglese« (siehe oben) ein → Rezitativ und eine → Arie begleiten.

Viola d'amore

Sechsseitiges Instrument mit ebenso vielen → Aliquotsaiten, die unter dem Steg laufen. V. scheint eine ausgesprochene Vorliebe für den silbrigen Klang dieses Instruments gehabt zu haben, das er in der → Pietà wahrscheinlich selbst unterrichtete. Er schrieb sieben Konzerte mit Streichorchester, nämlich PV 37 (RV 397), PV 166 (RV 392), PV 233 (RV 396), PV 286 (RV 97), PV 287 (RV 395), PV 288 (RV 394) sowie PV 289 (RV 393), und verwendete es im → Oratorium → *Juditha Trimphans* solistisch. Für PV 289 schrieb V. vor: »Accordatura senza scordatura«, d. h. er verstand die Stimmung D, A, d, f, a d' als die Normalstimmung und änderte sie je nach Bedarf und Tonart, z. B. in PV 286: F, A, c, f, a, e' oder in PV 37: E,

A, c, e, a, e'. Das zweite Konzert hat übrigens P. Hindemith am 6. 2. 1928 in Bremen gespielt (Klaus Blum).

Violinkonzerte
Im Werkverzeichnis von »Grove's Dictionary« verzeichnet → Ryom: dreißig Konzerte in C-Dur, acht in c-Moll, fünfunddreißig in D-Dur, fünfzehn in d-Moll, dreizehn in Es-Dur, zehn in E-Dur, elf in e-Moll, siebzehn in F-Dur, eines in f-Moll, achtzehn in G-Dur, neunzehn in g-Moll, fünfzehn in A-Dur, fünf in a-Moll, siebenundzwanzig in B-Dur und acht in h-Moll, das sind insgesamt 232 Violinkonzerte. Hinzu kommen noch etwa fünfzehn verlorengegangene Konzerte, die nur aus einem der → Kataloge bekannt sind. Mit dieser erstaunlichen Zahl hat V. den größten Beitrag zum Violinkonzert geleistet, den wir je einem Komponisten, → Tartini inbegriffen, verdanken. Gründe für diese hohe Zahl gibt es zwei: Einmal die Erweiterung des Repertoires an spieltechnischen Figuren, die es V. erlaubte, immer wieder neue Formungen zu finden; zum anderen der ständige Bedarf an Violinmusik sowohl für die Pietà-Konzerte als auch für die Zwischenakteinlagen in der Oper. Natürlich ist unter dem Druck der Aufträge auch viel »Run-of-the-mill-Music« (H. Lang) entstanden, aber in den besten Stücken, also in jenen Konzerten, in denen das Orchester mit Motivmaterial am Soloaccompagnement teilnimmt und die Form so durchführungsmäßigen Charakter gewinnt, reicht V. durchaus an → Bach heran.
Unter diesem Blickpunkt erscheint es fraglich, ob man dem Komponisten mit einer Gesamtausgabe wirklich gedient hat, oder ob es nicht besser gewesen wäre, man hätte sich in der Herausgebertätigkeit auf die besten Werke konzentriert. Die abfälligen Urteile von Dallapiccola, → Malipiero, Strawinsky und anderen wären dann sicherlich unterblieben.

Violinsonaten mit Basso continuo
→ Ryom verzeichnet (in: »Grove's Dictionary«) zweiundvierzig Sonaten, von denen einige verloren sind; andere stimmen in einzelnen Sätzen überein, so daß etwa fünfunddreißig für das geigerische Repertoire bleiben.
Davon wurden zwölf als op. II veröffentlicht. Insgesamt ist diese Produkion eher bescheiden, verglichen mit dem Konzertschaffen. Man hat die → Violinsonaten ebenso wie die → Triosonaten op. I unter dem Zeichen der Abhängigkeit von → Corelli gesehen. Sicher wird V. dessen Sonaten gekannt haben, wurden sie in Venedig doch rasch nachgedruckt. Aber wichtiger als gelegentliche Anklänge ist der hohe Grad der Durchdringung der beiden Stimmen. Ein Beispiel wie das unter Nummer 3 in W. Kolneder »A. V.« mitgeteilte findet sich bei Corelli nicht. Das Entscheidende ist jedoch nicht diese Kombinatorik, sondern der dabei wie selbstverständliche musikalische Fluß, der beim Hörer nie den Eindruck kompositorischer »Arbeit« hervorruft. Die hohe Qualität dieser Werke, die konstruktives Denken mit der Freude an lockerem,

tänzerischen Bewegungsablauf verbinden, läßt den Schluß zu, daß diese hochentwickelte und so überlegen gehandhabte Technik das Ergebnis von langen und auch zahlenmäßig umfangreichen Studien war und daß diese Sonaten vielleicht aus einer großen Zahl von Werken aus der Frühzeit des Meisters ausgewählt wurden.

Lit.: W. Kolneder, Das Frühschaffen Antonio Vivaldis. In: Kongreßbericht Utrecht, 1952, S. 254.

Violintechnik

V. war wohl von seinem Vater unterrichtet worden, doch ist das nur eine Vermutung. Es ist uns keinerlei Nachricht über seine geigerische Ausbildung überliefert. Über sein Geigenspiel gibt es einen Bericht aus dem Jahr 1715, er stammt von → Uffenbach, der selbst gegeigt hat und sehr wohl in der Lage war, gut zu beobachten. Er hatte am 4. 2. 1715 einer Opernaufführung im Theater → Sant'Angelo beigewohnt und schreibt darüber:

». . . gegen das ende spielte der Vivaldi ein accompagnement solo, admirabel, woran er zu letzt eine phantasie anhing die mich recht erschrecket, denn dergleichen ohnmöglich so jemahls ist gespielt worden noch kann gespiehlet werden, denn er kahm mit den Fingern nur einen strohhalm breit an den steg daß der bogen keinen plaz hatte, und das auf allen 4 saiten und einer geschwindigkeit die unglaublich ist, er surprenierte damit jedermann, allein daß ich sagen soll daß es mich charmirt das kan ich nicht thun weil es nicht so angenehm zu hören, als es künstlich gemacht war.«

Höchstwahrscheinlich hat V. bei dieser Gelegenheit das Violinkonzert PV 165 (RV 212) gespielt, dessen → Kadenz die angeführten Merkmale zeigt.

An den gedruckten Werken läßt sich die Entwicklung der Violintechnik kaum ablesen, weil V. wahrscheinlich spieltechnisch anspruchslosere Werke in Druck gegeben hat und die schwierigeren seiner eigenen Praxis vorbehielt. Fingersätze wie in PV 270 (RV 241) hat er wohl für seine Schülerinnen eingeschrieben. Sie zeigen eine außerordentliche Streck- und Dehnfähigkeit der linken Hand, die er bis zum fis'''' schreibt (siehe links). Das immer wieder als moderne Errungenschaft deklarierte Spiel in zwei Lagen gleichzeitig war V. durchaus geläufig (vgl. Kolneder, A. V., Notenbeispiele 104, 106, 107). Doppelgriffspiel findet sich relativ wenig, mehrstimmige Akkorde dagegen hat er oft, in Arpeggien aufgelöst, verwendet. Diese hat er in vielen Fällen so eingeführt, daß damit die Art der Ausführung angegeben ist. Auch seine Bogentechnik mit Wurfbogen, Staccato und fliegendem Staccato war weit über die Corellische Spielart hinaus entwickelt. So stellt V.s Violinspiel eine wichtige Verbindung zu Locatelli her und führt in manchen Einzelheiten in die Nähe Paganinis (vgl. Kolneder, A. V., Notenbsp. 101).

Violoncellokonzerte

→ Ryom (in: »Grove's Dictionary«) verzeichnet siebenundzwanzig Solokonzerte. Außerdem hat V. ein Konzert für zwei Vc. geschrieben, drei für Vl. und Vc., zwei für zwei Vl. und Vc., eines für eine Vl. und zwei Vc. sowie zwei für zwei Vl. und zwei Vc. Die hohe Zahl überrascht, weil um 1700 das Instrument erst am Beginn seiner Verwendung als Soloinstrument stand und etwa die »Concerti per camera à 3 e 4 strumenti con Violoncello obligato« op. IV, Bologna 1701, von Giuseppe Maria Jacchini recht bescheidene Stücke sind. V. scheint die ersten Konzerte als Ansporn für seine Schülerinnen in der → Pietà geschrieben zu haben. Auch die Werke, die sich Rudolf Franz Erwein Graf von → Schönborn nach → Wiesentheid kommen ließ, gehen in spieltechnischer Hinsicht kaum über die vierte Lage hinaus.

Für seine späteren (?) Konzerte scheint V. ein guter Spieler zur Verfügung gestanden zu haben. Es ist durchaus möglich, daß er die Spieltechnik des Instruments aus eigenen Versuchen kennen und auswerten gelernt hat. Das vielleicht reifste Werk ist ein Konzert in a-Moll (PV 35, RV 418), in dem das Instrument bis e'' geführt ist. Im Anschluß daran steht eine fallende → Sequenz, die nur mit Daumenaufsatz (mit dem Daumen als Griffinger) sauber ausgeführt werden kann. Als Erfinder des Daumenaufsatzes gilt der italienische Cellist Franciscello, der in Rom und Neapel tätig war. Vielleicht hat ihn V. während seiner römischen Opernstagione (1723/24) kennengelernt.

Violoncellosonaten mit Basso continuo

Von den insgesamt neun erhaltenen Violoncellosonaten wurden sechs noch zu Lebzeiten des Komponisten in Paris gedruckt, möglicherweise als op. XIV. Das Erscheinungsjahr ist nicht angegeben, doch wurde die Ausgabe in der Dezember-Nummer 1740 des »Mercure de France« angekündigt. Zwei weitere Sonaten in a-Moll und Es-Dur fanden sich in der Bibliothek des Konservatoriums von Neapel, eine in g-Moll in der Schloßbibliothek zu → Wiesentheid. Sie haben sich seither vor allem im Unterricht bewährt, weil sie einerseits spieltechnisch relativ leicht zugänglich, andererseits aber auch imstande sind, ». . . etwas von

der unerschöpflichen ›barocken‹ Einfallsfülle dieses Komponisten begreifbar zu machen« (aus: HiFi, 1982, S. 1313).
Merkwürdigerweise wurde der so klare Urtext mehrere Male gründlich mißverstanden: Der Komponist Vincent d'Indy hat die Sonaten 1922 »mises en concert« für Violoncello und Streichorchester herausgegeben, der Cellist Paul Bazelaire hat aber die fünfte Sonate als »Concerto en mi-mineur« veröffentlicht. Es gibt eine Platteneinspielung (Decca F – 128 HiFi) durch Fournier und das Stuttgarter Kammerorchester mit einem Sammelsurium von Bearbeitern (erster Satz Bazelaire, zweiter Satz d'Indy, dritter Satz S. Barchet, vierter Satz Bazelaire).
Ein interessantes aufführungspraktisches Problem wirft die Platte Tudor 74005/06 auf. Violoncellosonaten werden ja meist ohne ein Melodie-Instrument für den Baß ausgeführt. Hier jedoch wird ein zweiter Cellist dazu herangezogen, so daß man stellenweise den Eindruck bekommt, es werde doppelgriffig gespielt. Man müßte es vielmehr mit einem Instrument versuchen, das sich klanglich genügend von der Oberstimme abhebt, etwa mit einem Kleinbaß oder einem → Fagott.

La Virtù trionfante dell'Amore e dell'Odio overo Il Tigrane

Drama per musica / da recitarsi / Nel Teatro dell'Ill.mo Sig. Federico Capranica / Nel Carnevale dell'Anno 1724 / Dedicato / All.ma. e Ecc. ma Signora, / La Signora / D. Faustina Mattei Conti / Duchessa di Guadagnolo / Ingegnere e Pittore delle scene il Sig. Alessandro Mauri Veneziano / La Musica dell'atto Primo, e delli tre Intermezzi è del Signor Benedetti Micheli Romano / La Musica dell'atto Secondo, è del Signor D. Antonio Vivaldi Veneziano / La Musica dell'atto Terzo, è del Signor Nicola Romaldi Romano. 3 Akte.
Personen und Interpreten: Mitridate re di Ponto amante d'Apamia, Barbieri Antonio »da Reggio, virtuoso di S. A. S. il Sig. principe d'Armestat«; Tigrane re d'Armenia sotto nome di Farnace amante di Cleopatra, Mariani Paolo; Cleopatra figlia di Mitridate amante di Tigrane, Fontana Giacinto detto Farfallino; Oronte principe di Sinope fratello d'Apamia, favorito di Mitridate ed amante di Cleopatra, Ossi Giovanni »virtuoso dell'eccellentissimo principe Borghese«; Apamia sorella d'Oronte amante di Tigrane, Bartoluzzi Girolamo »detto il Regiano, virtuoso dell'eccellentiss. Sig. duchessa di Guadagnolo e allievo del signor Francesco Gasparini«; Clearte principe de' Messaggeti, confederato di Mitridate ed amico di Tigrane, Pera Carlo; Arbante aio di Cleopatra, Mozzi Pietro.
Das ohne Verfasserangabe 1724 bei → Bernabò in Rom gedruckte Textbuch stammt von Abate Francesco → Silvani. Exemplare befinden sich in Bologna, Florenz und Mantua. Die Partitur des zweiten Akts ist unter dem Titel → *Tigrane* in Turin, Sammlung → Giordano, Bd. 37, erhalten.

La Vittoria Navale
→ Oratorium, das 1713 in Vicenza in der Chiesa Santa Corona aufgeführt wurde. Die Partitur ist nicht erhalten, das → Libretto befindet sich in → Venedig in der Casa Goldoni.
Das Titelblatt besagt: »La Vittoria / Navale / Predetta dal Santo Pontefice / Pio V. Ghisilieri / Dell'Ordine de Predicatori / Oratorio / Da farsi nella Chiesa di Santa Corona / Di Vicenza. / In occasione dell'Ottavario per la Sua / Cannonizazione solennizato da / Padri del medesimo Ordine. / Posto in Musica / dal Signor / D. Antonio Vivaldi / Maestro de Concerti del Pio Ospitale / della Pietà di Venezia. / In Vicenza, MDCCXIII. Per Tomaso Lavezari / Con Licenza de Superiori.«

Vivaldi, Agostino
Großvater väterlicherseits von A. V., Bäcker und Hausbesitzer in Brescia, heiratete dort 1642 Margarita (Mädchenname nicht bekannt). 1655 wurde ihnen Giovanni Battista geboren.

Vivaldi, Bonaventura Tommaso (*1685)
Bruder A. V.s, verheiratete sich um 1718 außerhalb Venedigs.

Vivaldi, Camilla (1655–1728)
A. V.s. Mutter, die Tochter des Schneidermeisters Camillo → Calicchio. Über sie ist nur sehr wenig bekannt. Die beiden in der Kirche → San Giovanni in Bràgora aufbewahrten Dokumente beziehen sich auf den Nachweis ihres ledigen Standes (6. 6. 1676) und auf ihre Heirat (6. 8. 1676). Sie starb am 6. 5. 1728.

Vivaldi, Cecilia Maria (*1683)
Die zweite Schwester A. V.s, heiratete 1713 den Notenkopisten Giovanni Antonio Mauro. Ihre beiden Söhne Pietro (*1715) und Daniele (*1717) übten den gleichen Beruf aus wie der Vater.

Vivaldi, Francesco Gaetano (1690–1752)
Bruder A. V.s, Friseur und Perückenmacher. Der venezianische Chronist Pietro → Gradenigo berichtet über ihn, daß er 1721 aus → Venedig verbannt wurde, weil er in früher Morgenstunde mit einem Patrizier Streit gehabt hatte. Sein 1731 geborener Sohn Carlo übte den Beruf eines »copista musica« aus. Es scheint, daß Francesco in den Druckerberuf wechselte; am 18. 12. 1730 legte er jedenfalls ein entsprechendes Gesuch vor.

Vivaldi, Giovanni Battista (Giambattista)
(*1655 Brescia, †1736 Venedig)
Der Vater A. V.s war der Sohn des Hausbesitzerehepaars Agostino und Margarita V. 1665 übersiedelte die Mutter mit dem jungen Giovanni Battista nach Venedig, wo er das Friseurhandwerk erlernte und nebenbei Geige spielte. Diese Verbindung war in Italien häufig, weil in den Frisierstuben Instrumente vorhanden waren, mit denen sich die Kunden die Zeit vertrieben. Als er am 6. 8. 1676 die Schneiderstochter Camilla → Calicchio heiratete, war dazu ein Dokument nötig, das be-

zeugte, daß beide ledig waren (Juni 1676, Registro di stato libero, Parrochia di San Giovanni in Bràgora). Von auswärts Zugezogene brauchten in Venedig zudem eine Heiratserlaubnis. Im Taufdokument Antonios wird der Vater »sonador« genannt; er mußte also zu diesem Zeitpunkt schon in den Musikerberuf hinübergewechselt sein. Welches Ansehen er bald genoß, geht daraus hervor, daß er 1685 Gründungsmitglied eines »Sovvengno de musicista di Santa Cecilia« wurde, eines Versorgungsinstituts, das seinen Sitz in der Kirche San Nartino hatte. Als Vorstand berief man den Vizekapellmeister von San Marco, Giovanni → Legrenzi, der im gleichen Jahr Markuskapellmeister wurde. Legrenzis erste Amtshandlung bestand darin, daß er den Mitgliederstand des Orchesters auf vierundzwanzig erhöhte. In der Ernennungsurkunde wird der Vater A. V.s seines rotblonden Haares wegen »Giov.: Baptista Rossi« genannt. Auch in den Büchern des Ospedale dei Mendicanti (→ Ospedali), an dem er unterrichtete, wird er 1689 »Giov.: Batta Vivaldi detto Rosetto« genannt. Er muß sehr gut gegeigt haben, denn im gleichen Jahr wurde sein Gehalt im Orchester von fünfzehn auf fünfundzwanzig Dukaten erhöht. Um diese Zeit hat er auch im Teatro San Giovanni Grisostomo gespielt. Aus dem Jahre 1689 ist ein Dokument über eine Geldforderung an die Brüder → Grimani überliefert. 1713 wird A. V.s Vater in einem »Guida dei Forestieri in Venezia« zusammen mit seinem Sohn zu den besten Geigern der Stadt gezählt. Es scheint, daß der Vater auf irgendeine Weise am allmählichen Übergang in die Impresariogeschäfte beteiligt war. 1710 spielte er im Theater Sant' Angelo; mit Francesco → Santurini verband ihn eine enge Freundschaft. 1729 legte er ein Urlaubsgesuch vor mit der Bitte, »ein Jahr fern vom Dienst in der Cappella Ducale zu bleiben, um einen seiner Söhne nach Deutschland zu begleiten . . .« Die »Procuratori de Supra, Chiesa di S. Marco« genehmigten den Antrag in der Sitzung vom 3. September. Am 14. 5. 1736 starb der Vater, nachdem er in den letzten Jahren bei seinem Sohn Antonio gewohnt hatte. Das Totenregister besagt: »Der Herr G. B. V., 81 Jahre alt, krank und seit langer Zeit bettlägerig, ist heute gegen 17 Uhr und zwei Tagen Hustenanfällen gestorben. Arzt war der ausgezeichnete Santorini. Seine Söhne lassen ihn mit dem Domkapitel begraben.«

Vivaldi, Iseppo Gaetano (*1697) Bruder A. V.s, kam wie Francesco mit dem Gericht in Konflikt, nachdem er am 9. 11. 1728 den Laufburschen einer Drogerie auf offener Straße bei einem Raufhandel verletzt hatte. Ein Zeuge sagte aus: »Iseppo, den Familienname kenne ich nicht, ein Bruder des rothaarigen Priesters, der Geige spielt.«
Iseppo wurde für drei Jahre aus Venedig verbannt.

Vivaldi, Margherita Gabriella (*1680)
Älteste Schwester A. V.s, erhielt unmittelbar nach der Geburt (18.

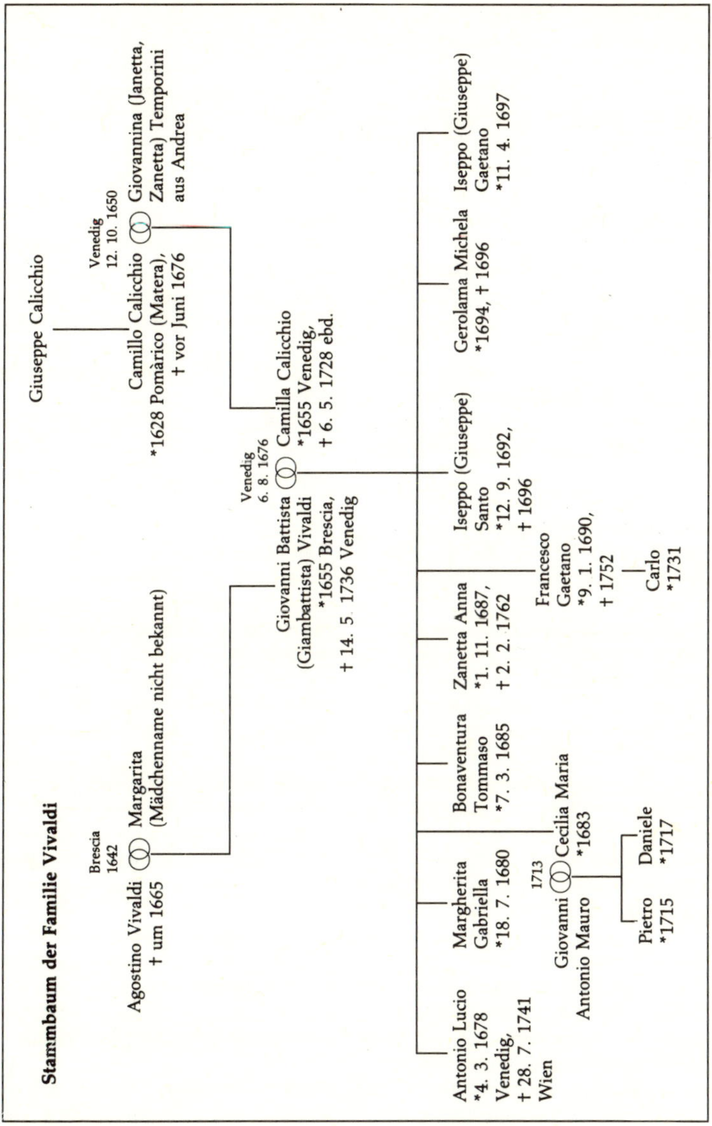

Stammbaum der Familie Vivaldi
Giuseppe Calicchio
Agostino Vivaldi
+ um 1665
Brescia
1642
Margarita
(Mädchenname nicht bekannt)
Camillo Calicchio
*1628 Pomàrico (Matera),
+ vor Juni 1676
Venedig
12. 10. 1650
Giovannina (Janetta,
Zanetta) Temporini
aus Andrea
Giovanni Battista
(Giambattista) Vivaldi
*1655 Brescia,
+ 14. 5. 1736 Venedig
Venedig
6. 8. 1676
Camilla Calicchio
*1655 Venedig,
+ 6. 5. 1728 ebd.
Antonio Lucio
*4. 3. 1678
Venedig,
+ 28. 7. 1741
Wien
Margherita
Gabriella
*18. 7. 1680
Bonaventura
Tommaso
*7. 3. 1685
Zanetta Anna
*1. 11. 1687,
+ 2. 2. 1762
Iseppo (Giuseppe)
Santo
*12. 9. 1692,
+ 1696
Gerolama Michela
*1694, + 1696
Iseppo (Giuseppe)
Gaetano
*11. 4. 1697
Giovanni
Antonio Mauro
1713
Cecilia Maria
*1683
Pietro
*1715
Daniele
*1717
Francesco
Gaetano
*9. 1. 1690,
+ 1752
Carlo
*1731

Juli) die Nottaufe wegen Lebensgefahr; die kirchliche Taufe wurde am 7. Oktober nachgeholt.

Volek, Tomislav (*1931 Prag)
Studium in Prag, 1955 Promotion, Assistent und Mitarbeiter des musikwissenschaftlichen Instituts der Tschechischen Akademie der Wissenschaften. Schrieb zusammen mit Maria Skalická »Vivaldis Beziehungen zu den böhmischen Ländern« (in: Acta musicologica, 1967, S. 64–72), wobei es ihnen gelang, Textbücher zu V.-Opern nachzuweisen, von deren Existenz man bis dahin nichts gewußt hatte. Volek arbeitet zur Zeit an einem Vivaldi-Buch.

Vos aurae per montes
→ Motette für Sopran und Bc., A-Dur. Assisi, Biblioteca comunale.

Waldersee, Paul Hermann Otto Graf von
(*1831 Potsdam,
†1906 Königsberg/Franken)
Bis 1871 preußischer Offizier, dann betrieb er Musikforschungen. Schrieb u. a. »Antonio Vivaldis Violinconcerte unter besonderer Berücksichtigung der von Johann Sebastian Bach bearbeiteten« (in: Vierteljahresschrift für Musikwissenschaft, 1885, S. 356–380). In der mit Rücksicht auf die Quellenlage sehr gründlichen Arbeit sagt der Autor: »Vivaldi führt die Stimmen äußerst sangbar, seine Harmoniefolgen sind einfach und klar, wenn auch manchmal steif und trocken, zweifelhaft ist es aber, ob er die höheren Kunstformen beherrscht; wir finden Anläufe zu thematischer Arbeit, aber keine Durchführungen, auch ist der Reichthum an musikalischen Gedanken ein geringer, die Unzahl der Rosalien verräth uns, daß der Born, aus dem er schöpfte, kein tiefer ist« (S. 362).

Walsh
Das bedeutende Londoner Verlagshaus entstand durch Zusammenschluß der Verlage von John Walsh (†1736) und John → Hare (†1725). An Nachdrucken von V.-Werken erschienen bei ihnen: op. II (um 1720), op. III (um 1730), op. IV (um 1720), op. IX (um 1732) und »Select Harmony« (zwölf Konzerte, ausgewählt aus op. VII, VIII und IX / um 1732).

Walther, Johann Gottfried
(*1684 Erfurt, †1748 Weimar)
Gab 1732 in Leipzig sein »Musicalisches Lexicon oder Musicalische Bibliothec, Darinnen nicht allein die Musici . . .« heraus, an dem er seit 1710 gearbeitet hatte. Über V. schrieb er: »Ein vortrefflicher Violinist und Capellmeister am Hospital della Pietà zu Venedig, hat verschiedene Werke herausgegeben, davon . . .«, und nun folgen von op. I–XII alle damals gedruckten Werke. Seine vierzehn Konzertübertragungen für Orgel umfassen u. a. zwei Werke von Albinoni und drei von Torelli. Sie haben vielleicht Bach, mit dem er verwandt und befreundet war, zu seinen Bearbeitungen italienischer Meister angeregt.

Wessely, Alberto Guglielmo
»Factor«, druckte in den Jahren von

1730 bis 1732 in → Prag die Textbücher zu drei Opern V.s.

Wickhart, Wolfgang
Drucker in → Prag, der 1726 das Textbuch zu V.s Oper *La* → *Tirannia gastigata* druckte. Im Textbuch vermerkte er in eigener Sache: »Con licenza de' Superiori Stampato a Praga, da Wolffgango Wickart Stampatore dell'Arcivescovo, e delli Sig. Stati del Regno di Boëmia.«

Widmannstädter
Drucker in → Graz, der zwischen 1738 und 1740 Textbücher zu Opern V.s druckte. In der italienischen Fassung wird die Firma »Eredi Widmanstadj« genannt.

Widmungsvorworte
Die Operntextbücher wurden in der Regel vom → Impresario einer hochgestellten Persönlichkeit gewidmet. So hat beispielsweise V. das → Libretto zu Michelangelo Gasparinis Oper »Radomonte sdegnato« (1714) dem »Signor principe. D. Giuseppe Maria Gonzaga di Guastalla« gewidmet, das von Luca Antonio Predieris Oper »Lucio Papirio« (1715) dem »Sig. Carlo Giuseppe Nomohradskij conte di Kollorath«. In vielen Fällen sind diese Widmungen jedoch nicht erhalten, weil sie meist auf gesonderten Blättern gedruckt wurden, die verlorengegangen sind. Im allgemeinen gehen die Widmungen der Textbücher nicht über die zeitüblichen Höflichkeitsformeln hinaus; eine Ausnahme bildet die Widmung der Oper *L'*→ *Adelaide*, Verona 1735, an den Capitano und Vice-Podestà Antonio → Grimani, in der V. sein Denken und Fühlen als italienischer Patriot offenbart.
Auch die Widmungen der Instrumentalwerke enthalten selten musikalische Aussagen, die uns heute besonders interessieren würden, sind vielmehr Ausdruck devoter Huldigung, wie etwa eine Stelle aus dem Widmungsvorwort der Sonaten op. II an → Friedrich IV. König von Dänemark und Norwegen: »Sie sind vom Throne herabgestiegen, und die Herablassung hat Eurer Hoheit erlaubt, den zu trösten, der tief verneigt sich unwürdig bekannte, nicht einmal die unterste Stufe Ihres Thrones zu küssen.«
Auch das Vorwort zu op. III *Estro Armonico* an »S. A. S. Ferdinand III. von Toskana« ergeht sich in allgemeinen Phrasen, doch ist ihm eine Nachschrift »an die Liebhaber der Musik« beigegeben, die uns den Übergang V.s von den italienischen Druckern der Opera I und II zum Amsterdamer Verlagshaus verständlich macht:
»Die höfliche Nachsicht, welche ihr bis jetzt meinen Schwächen gewährt habt, hat mich überzeugt, danach zu streben, euch mit einem Werk von Instrumentalkonzerten zufriedenzustellen. Ich gestehe wohl, daß, wenn meine Kompositionen in der Vergangenheit außer ihren Mängeln auch noch den Nachteil des Druckes gehabt haben, es jetzt ihr größter Vorteil sein wird, von der berühmten Hand des Monsieur Estienne Roger gestochen zu sein. Dies ist ein Grund, warum ich bestrebt war, euch mit dem Druck der Konzerte zufriedenzustellen, und

was mir außerdem den Mut gibt, euch eine andere Konzertreihe à 4 zu präsentieren. Gewährt mir euer Wohlgefallen und lebet glücklich.« Auch in der Widmung von op. IV *La Stravaganza* »a Sua Eccellenza il Sig. Vettor Delfino Nobile Veneto« steht ein bemerkenswerter Satz, der Einblick gewährt in die Art, wie V. Schüler behandelte: »Ich hatte das große Glück, Ihnen mehr Gefährte im Studium zu sein als Leiter . . .« Schließlich ist die Widmung von op. VIII *Il Cimento dell'Armonia e dell'Inventione* wertvoll, weil sie Aufschluß über die Entstehung der → *Jahreszeitenkonzerte* gibt. Auch zur Serenade *Le* → *Gare del Dovere* hat V. ein Widmungsvorwort verfaßt, ohne allerdings etwas über die Musik oder ihre Wiedergabe auszusagen.

Wien
Die Stadt, die in der ersten Hälfte des 18. Jahrhunderts durch die Anstellung von Apostolo → Zeno und Pietro → Metastasio als Hofdichter eine der wichtigsten Städte italienischer Opernkultur war, stand mehrfach in Beziehung zu V. Er hat sie mit seinem Vater um 1729/30 vermutlich auf Einladung → Karls VI. besucht (». . . ich bin nach Wien eingeladen worden . . .«). In Wien befinden sich die Stimmen der *Cetra* (nicht identisch mit dem Druck), in Wien wurde mindestens eine Oper aufgeführt, wenn nicht mehrere. Schließlich reiste V. 1740 nach Wien in der Hoffnung, dort noch eine Tätigkeit als Komponist zu finden. Am 28. 7. 1741 ist er dort gestorben (→ Todesdatum).

Wiesentheid
Schloß in der Nähe von Kitzingen (Unterfranken), gelangte 1701 durch Heirat in den Besitz des Grafen Rudolf Franz Erwein von Schönborn. Die »Gräflich von Schönbornsche Musikbibliothek« geht auf ihn zurück (er erwarb hundertfünfundvierzig Drucke und über fünfhundert Handschriften) und auf seinen Urenkel Franz Erwein von Schönborn (1776–1840), der einen Besitzstand von hundertvierzig Drukken und fündundachtzig Handschriften hinterlassen hat.
Lit.: F. Zobeley, Rudolf Franz Erwein Graf von Schönborn und seine Musikpflege. Würzburg 1949.

Witvogel, Gerhard Fredrik
(*um 1696 Varel, †1746 Aachen) Organist, zuletzt an der Nieuwe Kerk in → Amsterdam. Betätigte sich als Musikverleger und brachte innerhalb von zehn Jahren dreiundneunzig Werke heraus, darunter das doppelchörige Konzert V.s PV 14 (RV 179) in C-Dur.

Wright, Edward
Englischer Italienreisender, schrieb »Some observations made in travelling through France, Italie etc. in 1720–1722« (Band I, London 1730). Von den Mädchen in der → Pietà sagt er: »Sie haben als Meister einen Eunuchen, und er ist es, der ihre Musik komponiert . . .« Und: »Es ist sehr üblich, Priester im Orchester spielen zu sehen: Der berühmte Vivaldi (den man Prete rosso nennt), wohlbekannt bei uns wegen seiner Konzerte, war der bemerkenswerteste von ihnen.«

Zwei Antonio Vivaldi gewidmete Briefmarken aus Italien und Mexiko

Zaghini, Giacomo
»Virtuoso attuale di camera da S. A. R. la Margravia di Parait [Bayreuth] Brandenburgh nata real di Prussia«, sang Alt/Mezzosopranrollen, 1737 in Verona in → *Catone in Utica*, 1738 in Venedig in → *Armida al Campo d'Egitto*, in *L'→ Oracolo in Messenia* und in → *Rosmira* sowie 1739 in Venedig in → *Feraspe*.

Zanu(c)chi, Angiola (Angela) detta la Bresciana
»Virtuosa di S. A. S. d'Armstat«, Altistin, sang auch männliche Rollen: 1725 in → Mantua in → *Orlando furioso* und in *L'→ Artabano*, 1733 in → Venedig in → *Montezuma*, 1734 in Venedig in → *Dorilla in Tempe* und *L'→ Olimpiade* und 1739 in → Ferrara in → *Siroe Re di Persia*.

Zeno, Apostolo
(*1668 Venedig, †1750 ebd.)
Seit 1695 Opernlibrettist; erfreute sich bald eines europäischen Rufes. Seit 1718 am Hofe → Karls VI. in Barcelona und → Wien mit viertausend Fiorini Gehalt. Er schrieb sechsundsechzig Libretti für Opern und Oratorien. V. komponierte 1729 → *Atenaide* und 1738 *L'→ Oracolo in Messenia*, 1719 den → *Teuzzone* nach einem überarbeiteten Textbuch Zenos, 1735 die → *Griselda* in einer Bearbeitung des Textbuches von Zeno durch → Goldoni.
Lit.: M. G. Pensa, L'Atenaide di Apostolo Zeno adattata per la musica di Vivaldi. In: A. V. Teatro Musicale Cultura e Società. Firenze 1982.

Zobeley, Fritz
(*1900 Breisach, †1969 Heidelberg) Studienrat in Heidelberg, widmete sich der Erforschung und Katalogisierung der Musikbibliothek auf Schloß → Wiesentheid. 1943 legte er eine Dissertation über »Graf Rudolf Franz Erwein Schönborn (1677–1754), seine Musikpflege und Musikaliensammlung« vor, die unter dem Titel »Rudolf Franz Erwein Graf von Schönborn und seine Musikpflege« 1949 in Würzburg gedruckt wurde.

Werkverzeichnis

Im »Verzeichnis der Werke Antonio Vivaldis. Kleine Ausgabe« (Leipzig 1974) führt → Ryom 748 Werke an. Zu Nr. 749 schreibt er: »Obwohl zahlreiche der einzeln überlieferten Arien durch die Libretti festgestellt worden sind . . ., bleibt die Zuordnung mehrerer Vokalsätze noch unbestimmbar. Ihre genaue Anzahl kann zur Zeit nicht ermittelt werden.«In »Grove's Dictionary (1980) ist → *Tito Manlio* durch den gleichen Autor unter Nr. 778 angeführt. Man sieht daraus, wie sehr bei V. die Erforschung des Werkbestandes noch im Fluß ist. Genaue Zahlen zu geben, ist auch deswegen nicht möglich, weil manche Werke verschiedene Bezeichnungen tragen (z. B. → Concerto, → Sinfonia), die Zuordnung also unsicher ist. Gewisse Schwankungen rühren unter anderem auch daher, daß Ryom z. B. gar nicht existierende Werke zählt, während andere Autoren sich auf die Werke beschränken, die dem Ausführenden heute zur Verfügung stehen.

In der folgenden Werkübersicht sind unter I. die in Opusreihen edierten 126 Werke angegeben, unter II. die außerhalb dieser Reihen zu Lebzeiten des Komponisten erschienenen Werke und unter III. die im Manuskript nachgelassenen, je nach Besetzung in Gruppen a), b), c) usw. gegliedert.

I.
13 bzw. 14 Opusreihen, zu Lebzeiten ediert:

op.I
(12) Suonate da camera / a Tre, Due Violini e Violone o Cembalo / Consacrate / all'Illustrissimo et Eccellentissimo Signor Conte / Annibale Gambara / Nobile Veneto etc. / Da D. Antonio Vivaldi Musico di Violino / Professore Veneto / Opera Prima. / In Venezia da Giuseppe Sala MDXXV, Si vendono à S. Gio. Grisostomo All'Insegna del Re David.

op.II
Sonate / A Violino, e Basso per il Cembalo / Consagrate / A Sua Maestà / Il Re / Frederico / Quarto / Di Danimarka, e Norvegia, Duca di Slesvig, di Olstein, di Stormar e di Ditmarsia, / Conte di Oldemburgo, Di Del- / Menorst, ecc. ecc. / Da D. Antonio Vivaldi / Musico di Violino, e Maestro de' Concerti del Pio Ospidale / della Pietà di Venezia / MDCCIX, / appresso Antonio Bortoli / Con Licenza de Superiori.
Das op. II erschien 1708 ohne Widmung. Als König Friedrich IV. von Dänemark in Venedig eintraf und einem Konzert unter Vivaldis Leitung beiwohnte, ließ der Komponist rasch Exemplare mit dem hier angegebenen Titel drucken und widmete das Werk dem König. op. II existiert also in zwei Drucken, die zeitlich nur wenig auseinanderliegen.

op.III
L'Estro Armonico (12) Concerti / Consacrati / All'Altezza Reale / Di / Ferdinando III / Gran Principe di Toscana / da D. Antonio Vivaldi / Musico di Violino e Maestro de Concerti / del Pio Ospidale della Pietà di Venezia / Opera Terza / Libro Primo / Libro Secondo / A Amsterdam / Aux dépens d' Estienne Roger Marchand Libraire / n° 50–51
Erschienen: 1711

op.IV
La Stravaganza (12) Concerti / Consacrati a Sua Eccellenza / il Sig. Vettor Delfino / Nobile Veneto / da D. Antonio Vivaldi / Musico di Violino, e Maestro de Concerti / del Pio Ospitale della Pietà di Venetia / Opera Quarta / Libro Primo / Libro Secondo / A Amsterdam / Chez Estienne Roger Marchand Libraire / n° 399–400
Erschienen: um 1712

op.V
VI Sonate / Quatro a Violino Solo e Basso / e due / a due Violini e Basso Continuo / di / Antonio Vivaldi / Opera Quinta / O Vero Seconda Parte del Opera Seconda / A Amsterdam / chez Jeanne Roger n° 418
Erschienen: um 1716

op.VI
(6) Concerti / a Cinque Stromenti, tre Violini / Alto Viola e Basso Continuo / di / Antonio Vivaldi / Musico di Violino, e Maestro de Concerti / del Pio Ospedale della Pietà di Venetia / Opera Sesta / A Amsterdam / Chez Jeanne Roger / n°452
Erschienen: um 1716/17

op.VII
(12) Concerti / a Cinque Stromenti, tre Violini / Alto Viola e Basso Continuo / di D. Antonio Vivaldi / musico di Violino, e Maestro de Concerti / del / Pio Ospitale della Pietà di Venetia / Opera Settima, Libro Primo (Libro Secondo) uno e con Oboe / A Amsterdam / chez Jeanne Roger / n° 470–471
Erschienen: um 1716/17

op.VIII
Il Cimento dell'Armonia / e dell'Inventione / (12) Concerti / a 4 e 5 / Consacrati / All'Illustrissimo Signore / Il Signor Venceslao Conte di Morzin, Signore Ereditario / di Hohenelbe, Lomnitz, Tschista, Krzinetz, Kaunitz, Doubek / et Sowoluska, Cameriere Attuale, e Consigliere di / S. M. C. C. / Da D. Antonio Vivaldi / Maestro in Italia dell'Illustrissimo Signor Conte Sudetto / Maestro di Concerti del Pio Ospitale della Pietà in Venetia / e Maestro di Capella di S. A. S. il Signor / Principe Filippo Langravio d'Hassia Darmistath / Opera Ottava / Libro primo (Libro secondo) / A Amsterdam / Spesa di Michele Carlo Le Cene / Libraro / n° 520 bis 521
Erschienen: 1725

op.IX
La Cetra / (12) Concerti / Consacrati / Alla Sacra, Cesarea, Cattolica, Real Maestà / di / Carlo VI / Imperadore / e Terzo Re delle Spagne / di Bohemia di Ungaria, etc., etc., / da D. Antonio Vivaldi / Musico di Violino, Maestro del Pio Ospitale / della Città di Venetia e Maestro di Capella / di Camera di S. A. S. Il Signor Principe Filippo Langravio d'Hassia Darmistaht / Opera Nona / Libro Primo (Libro Secondo) / a Amsterdam / Spesa die Michéle Carlo Le Cene / Libraire / n° 533–534
Erschienen: 1728

op.X
VI Concerti / a Flauto Traverso / Violino Primo e

Secondo / Alto Viola / Organo e Violoncello / Di / D. Antonio Vivaldi / Musico di Violino, Maestro del Pio Ospitale / della Citta di Venetia e Maestro di Capella / di Camera di S. A. S. il Signor Principe Filippo Langravio d'Hassia Darmistaht / Opera Decima / Amsterdam / a Spesa di Michele Carlo Le Cene / n° 544
Erschienen: um 1728

op.XI
Sei / Concerti / a Violino Principale, Violino Primo e Secondo / Alto Viola, Organo e Violoncello / di / D. Antonio Vivaldi / Musico di Violino, Maestro del Pio Ospedale della Città di Venetia e Maestro di Capella / di Camera di S. A. S. il Signor Principe / Filippo Langravio d'Hassia Darmstadt / Opera Undecima / Amsterdam / a Spesa di Michele Carlo Le Cene / n° 545
Erschienen: 1729

op.XII
Sei / Concerti / a Violino Principale, Violino Primo e Secondo / Alto Viola, Organo e Violoncello / di / D. Antonio Vivaldi / Musico di Violino, Maestro del Pio Ospitale della Citta di Venetia e Maestro di Capella / di Camera di S. A. S. il Signor Principe / Filippo Langravio d'Hassia Darmstad / Opera duodecima / Amsterdam / a Spesa di Michele Carlo Le Cene / n° 546
Erschienen: 1729

op.XIII
Il Pastor Fido. / (6) Sonates pour / la Musette, Viole, Flûte, Hautbois, Violon / avec / la Basse Continûe / Del Signor / Antonio Vivaldi / Opera XIII[a] / prix en blanc 6[tt] / A Paris / chez Mr Boivin M[de] rue St Honoré à la Régle d'Or / Avec Privilége du Roy.
Erschienen: um 1737

op.XIV (?)
VI / Sonates / Violoncelle Solo / col Basso / da D. Antonio Vivaldi / Musico di Violino e Maestro de' Concerti / del Pio Ospidale della Pietà di Venetia / gravé par Mlle Michelon / Prix 5[tt] / A Paris / chez M[r] le Clerc le cadet rue S[t] Honoré à la ville de Constantinople prés l'Oratoire / M[r] le Clerc M[d] rue du Roule à la Croix d'Or, / Mme Boivin M[de] rue S[t] Honoré à la Régle d'Or. / Avec Privilége du Roy.
Erschienen: 1740

II.
Außer diesen vierzehn Opera erschienen bei Wright (London), Longman (London), Jones (London), Wright and Yonny (London), → Walsh and Hare (London), → Boivin e → Le Clerc (Paris), E. → Roger (Amsterdam), J. Roger (Amsterdam), → Witvogel (Amsterdam) und Michel-Charles Le Cène (Amsterdam) dreißig Konzerte im Druck. Die meisten stellen aber Raubdrucke nach dem Verlagshaus Roger/Le Cène dar. Nach → Pincherle sind nur dreizehn Konzerte eine zusätzliche Bereicherung. Insgesamt wurden zu Lebzeiten V.s 139 Werke gedruckt.

III.
Die nachgelassenen Werke gliedern sich in:
1. Sonaten für ein Instrument und bezifferten Baß
   a) für Violine (→ Violinsonaten)
   b) für Violoncello (→ Violoncellosonaten)
   c) 4 Sonaten für Querflöte
   d) 1 Sonate für Blockflöte
   e) 1 Sonate für Oboe
2. Sonaten für zwei Instrumente und bezifferten Baß → Triosonaten
3. 22 Kammerkonzerte für mehrere Instrumente und bezifferten Baß
   a) Bfl., Ob., 2 Vl.
   b) Bfl., Vl., Fg.
   c) Bfl., Ob., Vl., Fg. (4)
   d) Bfl., Ob., Fg.
   e) Bfl., 2 Vl.
   f) Qufl., Ob., Vl., Fg. (4)
   g) Qufl., 2 Vl. (2)
   h) Qufl., Ob., Vl., Fg.
   i) Qufl., Vl., Fg. (4)
   j) Qufl., 2 Vl., Fg.
   k) Liuto, 2 Vl.
   l) → Viola d'amore, 2 Hr., 2 Ob., Fg.
4. → Concerti ripieni
5. → Sinfonien und → Opernsinfonien
6. → Violinkonzerte
7. Solokonzerte für andere Instrumente
   a) Viola d'amore
   b) Violoncello
   c) → Mandoline
   d) Querflöte (16)
   e) Blockflöte (2)
   f) Flautino
   g) Oboe
   h) → Fagott
8. → Doppelkonzerte
9. Konzerte mit mehr als zwei Solisten
   a) 3 Vl.
   b) Vl., Org., Ob.
   c) Vl., Org., Vc.
   d) Vl., 2 Vc.
   e) Vl., 2 Ob.
   f) 2 Vl., Vc. (2)
   g) Qufl., Ob., Fg.
   h) 4 Vl. (4)
   i) 2 Klar., 2 Ob. (2)
   j) 2 Vl., 2 Vc.
   k) »con molti istrumenti«, d. i. mehr als 4 Solisten (19). [V. verwendete im allgemeinen ein Notenpapier mit nur zehn Systemen. Auf diesem fand er häufig keinen Platz, um die »molti istrumenti« unterzubringen. Er mußte allerlei Kniffe anwenden und manche Instrumente in der Partitur wandern lassen.]
10. Werke für zwei Orchester (3)
11. → Orgelstücke
12. → Messe, Messenteile
13. → Psalm
14. → Hymnen
15. → Motetten
16. → Oratorien
17. → Kantaten
18. → Opern
19. → Serenaden

Zeittafel

1678	4. März, Antonio Lucio Vivaldi als ältestes von neun Kindern des Friseurs und Liebhabergeigers Giovanni Battista (Giambattista) Vivaldi in Venedig geboren; Nottaufe wegen Lebensgefahr, reguläre Taufe am 6. Mai
1693	V. empfängt die Tonsur (Ostiario)
1694	Lektor (Lettore)
1695	Exorzist (Esorcista)
1696	Akolyth (Accolyta)
1699	Subdiakon (Suddiacono)
1700	Diakon (Diacono)
1703	Priesterweihe (Sacerdote); Violinlehrer am Ospedale della Pietà
1704	Zusätzlich Lehrer für Viola all'inglese
1705	12 *Triosonaten op. I*; Verzicht auf das Messelesen
1708/09	*12 Violinsonaten op. II*
1709	Abstimmungsniederlage in der Pietà
1711	Wiederernennung in der Pietà; *L'Estro Armonico op. III*
1713	Oper *Ottone in Villa*, Vicenza
1714	V. wird Impresario am Theater Sant' Angelo, seither regelmäßiges Opernschaffen; Oratorium *Moyses* in der Pietà (oder 1716)
1715	Uffenbach besucht V. in Venedig; *La Stravaganza op. IV*
1716	Pisendel besucht V. in Venedig; Abstimmungsniederlage am 29. März, aber erneut gewählt am 24. Mai; *Juditha Triumphans* in der Pietà aufgeführt; in Amsterdam erscheinen die Opera V bis VII
1717	V. scheidet aus der Pietà aus
1718/20	Maestro di Capella des Prinzen Philipp von Hessen-Darmstadt; Anna Giraud wird V.s Schülerin
1720	Rückkehr nach Venedig; B. Marcello publiziert anonym seine Satire »Il Teatro alla Moda«
1723	V. in Rom als Opernkomponist tätig; Karikatur Ghezzis; neuer Vertrag mit der Pietà
1724	Zwei Opern in Rom; Spiel vor dem Papst
1725	Die Konzerte *Il Cimento dell'Armonia e dell'Inventione* mit den *Jahreszeiten* erscheinen
1726	Vier Opern in Sant' Angelo
1727	Abermals vier Opern; die Konzerte op. IX, *La Cetra*, erscheinen
1728	Begegnung mit Karl VI.; *Flötenkonzerte op. X* erscheinen
1729	*Konzerte op. XI* und *XII* erscheinen
1729/30	Reise mit dem Vater »in Germania«
1732	*La Fida Ninfa* wird in Verona aufgeführt
1735	Begegnung mit Goldoni; neuer Vertrag mit der Pietà
1737	Erfolgreiche Opernaufführungen in Verona; Kardinal Ruffo verbietet V., in Ferrara tätig zu sein
1738	Reise nach Amsterdam zur 100-Jahr-Feier der Schouwburg
1739	Konzert in der Pietà vor Ferdinand von Bayern; Begegnung mit de Brosses
1740	Festaufführung in der Pietà vor August III.; Notenverkäufe; Abreise von Venedig
1741	Notenverkauf an den Grafen Collalto in Wien; Tod am 28. Juli

Literaturverzeichnis

Die bis 1965 erschienene V.-Literatur (166 Titel) ist in W. Kolneder, »Antonio Vivaldi« (Wiesbaden 1965), verzeichnet. Die wichtigsten, seither veröffentlichten Bücher und Aufsätze sind:

Abbado, Michelangelo: A. V. nel nostro secolo con particolare referimento alle sue opere strumentali. In: NRMI, 1979.

Ahnsel, Peter: Bemerkungen zur Rezeption der Vivaldischen Konzertform durch die mittel- und norddeutschen Komponisten im Umkreis Bachs. In: Vivaldi-Studien, Referate des 3. Dresdener Vivaldi-Kolloquiums, Dresden 1981.

Alberti, Luciano: Il teatro vivaldiano e problemi di rappresentazione allora e oggi. In: Convegno Vivaldiano, Venezia 1978.

Anderson, Nicholas: The italian influence on Bachs vocal music. In: V. Veneziano Europeo, Firenze 1980.

Antonicek, Theophil: V. in Österreich. In: ÖMZ, 1978.

Antonio Vivaldi 1678–1978. Mostra dei manoscritti dei fondi Foà e Giordano. Torino 1978.

Arnold, Denis: Orphans and Ladies: The Venetian Concervarvatories (1690–1707). In: Musical Times, 1963.

Arnold, Denis: Instruments and instrumental teaching at the early italian conservatoires. In: Galpin Society Journal, 1965.

Arnold, Denis: Orchestras in 18th Century Venice. In: Galpin Society Journal, 1966.

Arnold, Denis: Vivaldis Church Music: an introduction. In: Early Music, 1973.

Arnold, Denis: Venetian motets and their singers. In: Musical Times, 1978.

Arnold, Denis: Vivaldis Motets for Solo Voice. In: Proc. V. Conference at the Fondazione Cini, Venezia 1979.

Arnold, Denis: The solo motet in Venice (1625–1775). In: Proc. of The Royal Musical Ass., 1979–1980.

Assmann, Karl (Hrsg.): Festschrift Sächsische Landesbibliothek Dresden zum 400jährigen Bestehen 1556–1956. Leipzig 1956.

Basso, Alberto: Introduzione per la Mostra dei manoscritti dei fondi Foà e Giordano. Torino 1978.

Beckmann, Klaus: A. V. oder J. Meck? Zum Echtheitsproblem des Concerto PV 217. In: Kongreßbericht, Kopenhagen 1972.

Beckmann, Klaus: Zur Echtheitsfrage des Concerto RV 275. In: V. Informations, Vol. 2, 1973.

Bellina, Anna Laura / Bruno Brizi / Maria Grazia Pensa: I Libretti Vivaldiani. Recensione e Collazione dei Testimoni a Stampa. Firenze 1982.

Bellingardi, Luigi: Discografia di A. V. In: Giazotto, A. V. Torino 1973.

Benzoni, Gino: Venezia al tempo di Vivaldi. In: A. V. da Venezia all'Europa, Milano 1978.

Bianchi, Lino: Intorno alla »Juditha« di V. In: NRMI, 1979.

Bianconi, Lorenzo: Condizione sociale e intellettuale del musicista di teatro ai tempi di V. In: A. V. Teatro Musicale Cultura e Società, Firenze 1982.

Bianconi, Lorenzo / Giovanni Morello (Hrsg.): A. V. Teatro Musicale Cultura e Società. 2 Bde. Firenze 1982.

Biella, Giuseppe: A. V.: La data di nascità. In: Musica sacra, 1963.

Braun, Werner: V., Concerti grossi op. 8 Nr. 1–4. München 1975.

Brizi, Bruno: Domenico Lalli Librettista di Vivaldi? In: V. Veneziano Europeo, Firenze 1980.

Brizi, Bruno: Gli Orlandi di V. attraverso i libretti. In: A. V. Teatro Musicale Cultura e Società, Firenze 1982.

Brook, Barry S. (ed.): The Breitkopf Thematic Catalogue 1762–1787. New York 1966.

Bruni, Massimo: L'operea veneziana, Espresione e immaginazione in V. In: Storia dell'opera. Torino 1967.

Bruni, Massimo: Postille e appunti sulla Griselda di V. In: Memorie . . . offerti a F. Ghisi . . . Bologna 1974.

Burkeley, F.: Priest-Composers of the Baroque: a Sacred-Secular Conflict. In: The Musical Quarterly, 1968.

Burrows, D.: Style in Culture: Vivaldi, Zeno and Ricci. In: Journal of Interdisciplinary History, 1973.

Buscaroli, Piero: Vivaldi prete immorale. In: La stanza della Musica. Torino 1976.

Candé, Roland de: Vivaldi. Paris 1967.

Candé, Roland de: Histoire d'une Résurrection. In: Vivaldiana I, Bruxelles o. J.

Caselli, A.: Catalogo delle opere liriche pubblicate in Italia. Firenze 1969.

Cavicchi, Adriano: Inediti nell'epistolario Vivaldi-Bentivoglio. In: NRMI, 1967.

Cavicchi, Adriano: L'iconografia di A. V. In: Convegno Vivaldiano, Venezia 1978.

Coral, Lenore: A Concordance of the Thematic Indexes to the Instrumental Works of A. V. Dissertation University of Chicago, 1965. Ann Arbor 1965.

Corti, G.: Il teatro La Pergola di Firenze e la stagione d'opera per il carnevale 1726–1727. Lettere di Luca Casimiro degli Albizzi a Vivaldi, Porpora ed altri. In: RMDM, 1980.

Cross, Eric: Vivaldi as opera composer: »Griselda«. In: Musical Times, 1978.

Cross, Eric: Vivaldi's operatic borrowings. In: Music and Letters, 1978.

Cross, Eric: The late operas of Antonio Vivaldi (1727–1738). Dissertation University of Birmingham 1980. 2 vols. Ann Arbor 1981.

Dalton, James: Bach transcribes Vivaldi. In: Musical Times, 1966.

Damilano, Piero: Inventario delle Composizioni musicali manoscritte di A. V. esistenti presso la Biblioteca Nazionale di Torino. In: RIM, 1968.

Damilano, Piero: A. V. compose due vespri? In: NRMI, 1969.

Degrada, Francesco: Le allieve di Vivaldi. In: Convegno Musicale, Torino 1965.

Degrada, Francesco: Un'inedita testimonianza settecentesca sull'Ospidale della Pietà. In: Convegno Musicale, Torino 1965.

Degrada, Francesco / M. T. Muraro (Hrsg.): A. V.

da Venezia all'Europa. Milano 1978.
Degrada, Francesco: Attualità di Vivaldi. In: A. V. da Venezia all'Europa, Milano 1978.
Degrada, Francesco: Testimonianze e giusizi su A. V. In: A. V. da Venezia all'Europa, Milano 1978.
Degrada, Francesco (Hrsg.): V. Veneziano Europeo. Firenze 1980.
Degrada, Francesco: V. e Metastasio: Note in margine a una lettura dell'Olimpiade. In: V. Veneziano Europeo, Firenze 1980.
Demoulin, Jean-Pierre: Chronologie des principaux événements qui' ont marqué la résurrection d'Antonio Vivaldi, au vingtieme siecle. In: Vivaldiana, I, 1969.
Demoulin, Jean-Pierre: Indice thématique »pro memoria« autographe concervé dans la Collection Foà de Turin. In: Vivaldiana, I, 1969.
Demoulin, Jean-Pierre: Chronologie des œuvres de V. (les périodes créatives stylistiques). In: Convegno Vivaldiano, Venezia 1978.
Demoulin, Jean-Pierre: Les vêpres et comparaison des deux Dixits. In: Convegno Vivaldiano, Venezia 1978.
Demoulin, Jean-Pierre: A propos de la chronologie des œuvres de Vivaldi. Definition des périodes creatives stylistiques. In: V. Veneziano Europeo, Firenze 1980.
Demoulin, Jean-Pierre: Les »sinfonie« de concert et d'opéra de V. Réflexions sur le classement et la chronologie. In: A. V. Teatro Musicale Cultura e Società, I, Firenze 1982.
Demoulin, Jean-Pierre u. a.: Vivaldi, Genies et Réalitées. Paris 1977.
Dondi, Giuseppe / Giorgio Balmas: Antonio Vivaldi 1678–1978. Mostra dei manoscritti dei fondi Foà e Giordano. Torino 1978.
Dunham, Mary Meneve: The Secular Cantatas of A. V. in the Foà Collection. Dissertation University of Michigan 1969.
Durante, Sergio: Alcune considerazioni sui cantanti di Teatro del primo settecento e la loro formazione. In: A. V. Teatro Musicale Cultura e Società, II, Firenze 1982.
Eller, Rudolf: Antonio Vivaldi. In: MGG. Kassel, Basel 1949–
Eller, Rudolf: Geschichtliche Stellung und Wandlung der Vivaldischen Konzertform. In: Kongreßbericht, Wien 1956.
Eller, Rudolf: Über Charakter und Geschichte der Dresdener V.-Manuskripte. In: Vivaldiana, I, 1969.
Eller, Rudolf: V., Dresden, Bach. In: A. V. da Venezia all'Europa, Milano 1978.
Eller, Rudolf: V. e Bach. In: V. Veneziano Europeo, Firenze 1980.
Ellero / Scarpa / Paolucci u. a. (Hrsg.): Arte e Musica all'Ospidaletto. Venezia 1978.
Ellero, Giuseppe: Origini e sviluppo storico della musica nei quattro grandi ospedali di Venezia. In: NRMI, 1979.
Fanna, Antonio (Hrsg.): A. V. Catalogo numericotematico delle opere strumentali. Milano 1968.
Fano, Fabio: Una traccia prossima alla prima origine della raccolta di musiche vivaldiana conservata alla Biblioteca Nazionale di Torino. In: Medioevo e Umanesimo 24. Miscellanea Marciana di Studi Bessarionei . . ., Padova 1976.
Farup, Inge: Vivaldis anvendelse af fløjteinstrumenter. Dissertation Universität Kopenhagen 1974.
Fido, Franco: Le Tre Griselde: Appunti su Goldoni Librettista di V. In: A. V. Teatro Musicale Cultura e Società, II, Firenze 1982.
Folena, Gianfranco: La Fida Ninfa di Scipione Maffei. In: Convegno Vivaldiano, Venezia 1978.
Folena, Gianfranco: »Prima le Parole, poi la Musica«, Scipione Maffei poeta per musica e la Fida Ninfa. In: V. Veneziano Europeo, Firenze 1980.
Folena, Gianfranco: La Cantata e V. In: A. V. Teatro Musicale Cultura e Società, Firenze 1982.
Fort, Robert E. jr.: The Sacred Choral Music of A. V. in the Foà and Giordano Collections. Dissertation (in Arbeit) Union Theological Seminary, School of Sacred Music, New York.
Gallico, Claudio: V. dagli archivi di Mantova. In: V. Veneziano Europeo, Firenze 1980.
Gallois, Jean: Antonio Vivaldi. Lyon 1967.
Garbero, Elvira: Drammaturgia Vivaldiana: Regesto e Concordanze dei Libretti. In: A. V. da Venezia all'Europa, Milano 1978.
Giazotto, Remo: Vivaldi. Milano 1965, Torino 1973.
Giazotto, Remo: La guerra dei palchi. In: NRMI, 1967.
Girard, Agostino / Giancarlo Rostirolla: Catalogo delle Opere di A. V. In: NRMI, 1979.
Göllner, Theodor: J. S. Bach and the tradition of keyboard transcriptions. In: Geiringer Festschrift, London 1970.
Grattoni, Maurizio: Una scoperta vivaldiana a Cividale del Friuli. In: Informazioni e Studi Vivaldiani, Milano 1983.
Graumann, Keith David: A. V. Performance Edition of Nine Sacred Vocal Works on Liturgical Texts preserved in the Racollta Faò-Giordano. Diss. M. A. University of Oklahoma 1981.
Grossato, E.: Un inedito Vivaldiano dedicato alla »Solenità di S. Antonio«. Il Santo 1978.
Grüß, H.: Vorwort zur Ausgabe: Vier Sonaten f. Vl. u. Bc. »fatto per il Maestro Pisendel«. Leipzig 1965.
Haas, Robert: »Durazzo«. In: MGG. Kassel, Basel 1949–
Hell, H.: Ein Doppelkonzert A. V.s als Triosonate. In: Studien zur ital. Musikgeschichte, XIII.
Heller, Karl (Hrsg.): Vier Sonaten f. Vl. u. Bc. »fatto per il Maestro Pisendel«. Leipzig 1965.
Heller, Karl: Die deutsche Vivaldi-Überlieferung. Diss. Univ. Rostock 1965. Leipzig 1971.
Heller, Karl: Vivaldis Ripienkonzerte. Bemerkungen zu einigen ausgewählten Problemen. In: Vivaldi-Studien, Referate des 3. Dresdener Vivaldi-Kolloquiums, Dresden 1981.
Heller, Karl: Anmerkungen zu V.s Opernsinfonien. In: A. V. Teatro Musicale Cultura e Società, Firenze 1982.
Heller, Karl: Concerto ripieno und Sinfonia bei Vivaldi. Rostock 1983.
Heller, Karl: Über die Beziehungen zwischen einigen Concerto- und Sinfonia-Sätzen V.s. In: Informazioni e Studi Vivaldiani, 1983.

Heller, Karl: Bearbeitungen fremder Werke. Konzertbearbeitungen nach A. V. und Johann Ernst, Prinz von Sachsen-Weimar. (BWV 592–596). NBA, Bd. IV/8, 1979.

Hortschansky, Klaus: Arientexte Metastasios in V.s Opern. In: Informazioni e Studi Vivaldiani, 1983.

Hoshino, H.: The manuscripts of A. V.s instrumental concertos in National Library in Turin and their relation with the complete work printed by the publisher Ricordi and two other catalogues. In: Journal of Musicology, Tokio 1966.

Hucke, Helmut: »Kantate B, Die italienische Kantate im 18. Jh.« In: MGG. Kassel, Basel 1949–

Hucke, Helmut: V.s Stabat Mater. In: V. Veneziano Europeo, Firenze 1980.

Hucke, Helmut: V. und die vokale Kirchenmusik des Settecento. In: A. V., Teatro Musicale Cultura e Società, I, Firenze 1982.

Igoe, James T.: Bachs Bearbeitungen für Cembalo solo. Bachjahrbuch 1971.

Il Cimento all'invenzione. Il secolo di Vivaldi e il Melodrama 1650–1750. Venezia 1978.

Isotta, Paolo: »Dixit Dominus Domino meo«: Struttura e semantica in Haendel e Vivaldi. In: Riv. Intern. di musica sacra, 1981.

I teatri pubblici di Venezia (secoli XVII.–XVIII.). Mostra Venezia 1971.

Janegic, I.: Antonio Vivaldi. Bucuresti 1965.

Kendall, Alan: Vivaldi. London 1978.

Kendall, Alan: Vivaldi, his Music, Life and Times. London 1979.

Klein, Hans-Günther: Der Einfluß der Vivaldischen Konzertform im Instrumentalwerk Johann Sebastian Bachs. Baden-Baden 1970.

Kneidl, Pravoslav: Libreta italské opery v Praze v 18. stoleti Strahovská knihovna. Praha 1966.

Kolneder, Walter: »Antonio Vivaldi«. In: Riemann, H.: Musik-Lexikon. Hrsg. von W. Gurlitt. 12. Aufl., 2 Bde. Mainz 1959–1961.

Kolneder, Walter: Profilo biografico di A. V. In: A. V. da Venezia all'Europa, Milano 1978.

Kolneder, Walter: Intorno alla biografia di A. V. Tavola rotunda sul tema »Il punto su A. V.« Urbino 1978.

Kolneder, Walter: V. e il simbolo musicale. In: V. Veneziano Europeo, Firenze 1980.

Kolneder, Walter: Gibt es einen Vivaldistil? In: Informazioni e Studi Vivaldiani, 1980.

Kolneder, Walter: V.s »Brutzeit« als Opernkomponist. In: A. V. Teatro Musicale Cultura e Società, I, Firenze 1982.

Kolneder, Walter: »Laudate Dominum«, eine Motette von Michael Corrette nach dem Frühlings-Konzert op. VIII Nr. 1 von Vivaldi. In: Logos Musicae. Festschrift f. A. Palm. Wiesbaden 1982.

Landmann, Ortrun: Johann Georg Pisendel und der »deutsche Geschmack«. Konferenzbericht, Blankenburg/Harz 1980.

Landmann, Ortrun: Katalog der Dresdener Vivaldi-Handschriften und Frühdrucke. In: Vivaldi-Studien, Referate des 3. Dresdener Vivaldi-Kolloquiums, Dresden 1981.

Lasocki, David: V. and the Recorder. In: Recorder Monthly Magazine, 1969.

Lesure, François: Bibliographie des Editions musicales publiées par E. Roger et M. Ch. Le Cène. Paris 1969.

Lionnet, Annie: A la recherche d'un V. méconnu: la musique religieuse et le thème de la Passion. Paris 1976.

Lorenz, Franz: Franz Benda und seine Nachkommen. Berlin 1967.

Mangini, Nicola: Teatri di Venezia. Milano 1974.

Mangini, Nicola: Sui rapporti del Vivaldi col Teatro di Sant'Angelo. In: Venezia e il Melodramma nel Settecento. Firenze 1978.

Mangini, Nocola: Sulla diffusione dell'opera comica nei teatri veneziani. In: Venezia e il Melodramma nel Settecento. Firenze 1978.

Mangini, Nicola: Drammaturgia e spettacolo tra Settecento e Ottocento. Padova 1979.

Marnat, Marcel: A. V. l'homme, son milieu et sa musique. Paris 1965.

Martin, Alan Stone: V. violon concertos: a handbook. Metuchen 1972.

Maurer, H.: The Independent Arias of A. V. in Foà 28. Dissertation Indiana University 1974.

Meunier-Thouret, Marc: Vivaldi. Paris 1972.

Mila, Massimo: Il violino del Prete Rosso. In: L'Espresso, 1967.

Mila, Massimo: Come Torino divenne santuario vivaldiano. In: La Stampa, 1978.

Morelli, Giovanni (Hrsg.): L'Invenzione del Gusto. Corelli e Vivaldi. Muntazioni culturali, a Roma e Venezia nel periodo post-barocca. Milano 1982.

Morelli, Giovanni: Morire di Prestazioni. Sulla condizione intellettuale del Musicista Teatrale, al tempo di Vivaldi. In: A. V. Teatro Musicale Cultura e Società, II, Firenze 1982.

Moretti, Lino: Le Inconvenienze teatrali: Documenti inediti su V. Impresario. In: A. V. da Venezia all'Europa, Milano 1978.

Moretti, Lino: Dopo l'insuccesso di Ferrara: Diverbio tra V. e Antonio Mauro. In: V. Veneziano Europeo, Firenze 1980.

Mostra documentaria. V. e l'ambiente musicale veneziano. Venezia 1978.

Muraro, Maria Teresa / Elena Povoledo: Disegni teatrali dei Bibiena. Catalogo della Mostra. Venezia 1970.

Muraro, Maria Teresa: Il Secolo di V. e il Melodramma: I Teatri, le Scene. In: A. V. da Venezia all'Europa, Milano 1978.

Muraro, Maria Teresa / Elena Povoledo: Le scene della Fida Ninfa: Maffei, V. e Francesco Bibiena. In: V. Veneziano Europeo, Firenze 1980.

Nicolodi, Fiamma: V. nell'attività di Casella organizzatore e interprete. In: V. Veneziano Europeo, Firenze 1980.

Nono, Luigi: Texte. Studien zu seiner Musik. Hrsg. J. Stenzel. Zürich 1975

Ohmura, Noriko: Concertos without Orchestra of A. V. In: Journal of the Japanese Musicological Society, 1972 (jap. Fassung).

Ohmura, Noriko: A Reference Concordance Table of V.s Instrumental Works. Tokio 1972.

Ohmura, Noriko: History of Research Work on V. from Torino through bis 300th anniversary. In: The Ongaku Geijutsu, 1978.

Pabisch, Hedy: Neue Dokumente zu V.s Sterbetag. In: ÖMZ, 1972.

Pancino, Paolo: Il problemo dei rapporti tra insegnamento e vita musicale a Venezia fino alla caduta della Repubblica: i quattro conservatori. In: Il Conservatorio di musica Benedetto Marcello di Venezia 1876–1976. Venezia 1977.
Paumgartner, Bernhard: Zum »Crucifixus« der h-Moll-Messe J.S. Bachs. In: ÖMZ, 1966.
Pensa, Maria Grazia: L'Atenaide di Apostolo Zeno adatta per la musica di V. In: A. V. Teatro Musicale Culturale e Società, II, Firenze 1982.
Petrobelli, Pierluigi: Il Musicista di Teatro settecentesco nelle Caricature di Pierleone Ghezzi. In: A. V. Teatro Musicale Cultura e Società, II, Firenze 1982.
Pincherle, Marc: »Vivaldi«. In: Enciclopedia della Musica. Milano 1964.
Pincherle, Marc: Vivaldi. In: La Musica, Torino 1966–1970.
Pincherle, Marc: Rencontre de V. In: Vivaldiana, I, Bruxelles 1969.
Richter, Dewain L.: Harmony of V.s Sonatas and Concertos. Dissertation Michigan State University 1968.
Rinaldi, Mario: Antonio Vivaldi. Roma 1945.
Rinaldi, Mario: Catalogo numero tematico delle composizioni di A. V. Roma 1945.
Rinaldi, Mario: Vivaldi: Juditha Triumphans. Milano 1946.
Rinaldi, Mario: Alla scoperta di V. operista. In: Collectanea Historiae Musicae, IV, Firenze 1966.
Rinaldi, Mario: Vita, morte e resurrezione di A. V. In: Studi Musicali, VII, 1978.
Rinaldi, Mario: Dati certi su V. Operista. In: NRMI, 1979.
Rinaldi, Mario: Il Teatro Musicale di A. V. Firenze 1979.
Rinaldi, Mario: Intinerario della Rivalutazione Vivaldiana. In: V. Veneziano Europeo, Firenze 1980.
Rolandi, Ulderico: Alla riscoperta di V. operista. In: Collectanea Historiae Musicae, IV, Firenze 1966.
Rostirolla, Giancarlo: L'organizzazione musicale nell' Ospedale Veneziano della Pietà al tempo di V. In: NRMI, 1979.
Ruegge, Raimund: Die Kirchenmusik von A. V. In: Schweiz. Musikzeitung, 1971.
Ruile-Dronke, Jutta: Die Dacapo-Arie des frühen Settecento und die Entstehung des Vivaldischen Konzerttypus. In: Colloquium A. Scarlatti. Würzburg 1975. Tutzingen 1979.
Ryom, Peter: Problemer omkring V.-overleveringen. In: Dansk Aårbog f. Mf., Kopenhagen 1966.
Ryom, Peter: A propos de l'inventaire des œuvres d' A. V. Etude critique des Catalogues et nouvelles découvertes (48 manuscrits inconnus). In: Vivaldiana, I, Bruxelles 1969.
Ryom, Peter: Un nouveau catalogue des œuvres d' A. V. In: Kongreßbericht, II, Kopenhagen 1972.
Ryom, Peter: Le Concerto »Per il Natale« de V. In: V. Informations, 1972.
Ryom, Peter: Le premier catalogue thématique des œuvres d' A. V. In: Larsen-Festschrift. Kopenhagen 1972.
Ryom, Peter: Le recensement des cantates d' A. V. In: Dansk Aårbog f. Mf., Anno VI, Kopenhagen 1972.
Ryom, Peter: Les catalogues thématiques et »La Cetra«. In: V. Informations, 1973.
Ryom, Peter: Inventaire de la documentation manuscrite des œuvres de V. I Biblioteca Nazionale di Torino. Première Partie: le fonds Foà. In: V. Informations, 1973.
Ryom, Peter: A. V., table de concordances des œuvres. Kopenhagen 1973.
Ryom, Peter: Das Vokalschaffen A. V.s – der unbeachtete Forschungsbereich. In: Kongreßbericht, Leipzig 1975.
Ryom, Peter: Perspectives of future Vivaldian musicology. In: Convegno Vivaldiano, Venezia 1978.
Ryom, Peter: A. V.: Les Relations entre les operas et la musique instrumentale. In: Venezia e il Melodramma, I, Firenze 1978.
Ryom, Peter: Cx 1102: Le manuscrit perdu du fonds de Dresde. In: Informazioni e Studi Vivaldiani, Venezia 1980.
Ryom, Peter: Les catalogues de Bonlini et de Groppo. In: Informazioni e Studi Vivaldiani, 1981.
Ryom, Peter: La Situation Actuelle de la Musicologie Vivaldienne. In: Acta Musicologica, 1981.
Ryom, Peter: Problèmes du Catalogage des Opéras de V. In: A. V. Teatro Musicale Cultura e Società, Firenze 1982.
Scarpa, Jolando (Hrsg.): Arte e Musica all'Ospedaletto. Venezia 1978.
Schreyer, Johannes: Beiträge zur Bach-Kritik. Leipzig 1911.
Schreyer, Johannes: Beiträge zur Bach-Kritik, H. 2. Leipzig 1913.
Selfridge-Field, Eleanor: Venetian Instrumental Music from Gabrieli to Vivaldi. Oxford 1975.
Selfridge-Field, Eleanor: V.s Esoteric Instruments. In: Early Music, 1978.
Selfridge-Field, Eleanor: Juditha in Historical Perspective: Scarlatti, Gasparini, Marcello and Vivaldi. In: V. Veneziano Europeo, Firenze 1980.
Selfridge-Field, Eleanor: V.s Te Deum: Clue to a French Patron. In: Informazioni e Studi, 1981.
Selfridge-Field, Eleanor: Marcello, the Teatro alla Moda. In: A. V. Teatro Musicale Cultura e Società, Firenze 1982.
Selfridge-Field, Eleanor: Pallade Veneta: Writings about Music in venetian Society 1650–1750. Venezia 1984.
Seta, Fabrizio della: Documenti inediti su V. a Roma. In: A. V. Teatro Musicale Cultura e Società, II, Firenze 1982.
Smither, Howard E.: A History of the Oratorio. I.: The Oratorio in the Baroque Era – Italy, Vienna, Paris. Chapel Hill 1977.
Straková, T.: Brtnicky hudebni inventar. In: Gasopis Moravského Muzea, 1963.
Strohm, Reinhard: I Melodrammi di V. In: Convegno Vivaldiano, Venezia 1978.
Strohm, Reinhard: Zu V.s Opernschaffen. In: Venezia e il Melodramma nel Settecento, Firenze 1978.
Strohm, Reinhard: Die italienische Oper im 18. Jh. Wilhelmshaven 1979.

Strohm, Reinhard: Il Melodramma di V. e dei suoi contemporanei. In: Convegno Vivaldiano, Venezia 1981.
Strohm, Reinhard: Bemerkungen zu V. und der Oper seiner Zeit. In: Vivaldi-Studien, Referate des 3. Dresdener Vivaldi-Kolloquiums, Dresden 1981.
Strohm, Reinhard: V.s Career as an opera producer. In: A. V. Teatro Musicale Cultura e Società, I, Firenze 1982.
Surian, Elvidio: Rassegna bibliografica di studi su Vivaldi pubblicati nel 1978–1979. In: Informazioni e Studi Vivaldiani, 1980.
Tagliavini, Luigi Ferdinando: V. nelle elaborazioni di J. S. Bach. In: Convegno Vivaldiano, Venezia 1978.
Talbot, Michael: V. and Albinoni. In: V. Informations, 1971.
Talbot, Michael: A Question of Authorship. In: V. Informations, 1973.
Talbot, Michael: V.s Manchester Sonatas. In: Proc. of the Royal Musical Ass., 1977–1978.
Talbot, Michael: V.s Venice. In: Musical Times, 1978.
Talbot, Michael: Charles Jennens and A. V. In: V. Veneziano Europeo, Firenze 1980.
Talbot, Michael: A quel(s) instrument(s) doit-on confier les parties de basse dans les Sonates pour violon seul de V.? In: Seminaire V., Poitiers 1980.
Talbot, Michael: »Vivaldi«. In: Grove's Dictionary . . . London 1980.
Talbot, Michael: V.s Four Seasons. In: Music Teacher, 1980.
Talbot, Michael: A. V. Discovery at the Conservatorio »Benedetto Marcello«. In: Informazioni e Studi Vivaldiani, 1982.
Talbot, Michael: V.s Serenatas: Long Cantatas or Short Operas? In: A. V. Teatro Musicale Cultura e Società, I, Firenze 1982.
Thompson, Marcus: Performance Edition of Three Works for Viola d' Amore . . . by A. V. Dissertation Juillard School of Music 1970.
Tiepolo, Maria Francesca: Antonio Vivaldi. In: Mostra documentaria, Venezia 1978.
Timms, Colin: The Dramatic in V.s Cantatas. In: A. V. Teatro Musicale Cultura e Società, I, Firenze 1982.
Tozzi, Lorenzo: Invito alla sacralità Vivaldiana. In: NRMI, 1979.
Travers, Roger-Claude: La découverte de Matteo Vivaldi. In: Seminaire V., Poitiers 1980.
Travers, Roger-Claude: La maladie de V. 1982.
Vio, Gastone: Precisazioni sui documenti della Pietà in relazione alle figlie del coro. In: Convegno Vivaldiano, Venezia 1978.
Vio, Gastone: A. V. prete. In: Informazioni e Studi Vivaldiani, 1980.
Vio, Gastone: A. V. violinista in S. Marco. In: Informazioni e Studi Vivaldiani, 1981.
Vio, Gastone: Una nuova abitazione di V. a Venezia. In: Informazioni e Studi Vivaldiani, 1982.
Vio, Gastone: A. V. e i Vivaldi. In: Informazioni e Studi Vivaldiani, 1983.
Vivaldi – Dresda – Bach. Influenze ed effetti. Venezia 1978.
Vivaldi e l'ambiente musicale veneziano. Mostra documentaria, 1978.
Vivaldi-Studien. Referate des 3. Dresdener V.-Kolloquiums. Dresden 1981.
Weiss, Piero: Carlo Goldoni, Librettist. The Early Years. Dissertation Columbia University 1970.
Weiss, Piero: Teorie drammatiche e »infranciosamento«: motivi della »riforma« melodrammatica nel primo Settecento. In: A. V. Teatro Musicale Cultura e Società, II, Firenze 1982.
Westrup, Jack Allan: Editorial. In: Music and Letters, 1969.
Wiesend, Reinhard: V. e Galuppi: Rapporti biografici e stilistici. In: A. V. Teatro Musicale Cultura e Società, I, Firenze 1982.
Wiesend, Reinhard: Die Arie »Già si sa ch'un empio sei« von V. oder Galuppi? In: Informazioni e Studi Vivaldiani, 1983.
Witzenmann, Wolfgang: Die italienische Kirchenmusik des Barocks. Ein Bericht über die Literatur aus den Jahren 1945–1974. In: Acta Musicologica, 1976.
Wolff, Hellmuth Christian: V. und der Stil der italienischen Oper. In: Acta Musicologica, 1968.
Yagub, Hanan Camille: An Analysis of A. V.s »Beatus Vir«, with a Biography and Surrey of his Sacred Music. M. M. California State University Fullerton 1980.
Zanetti, Roberto: La musica italiana del Settecento. Milano 1978.
Zorzi, Ludovico: I Teatri pubblici di Venezia. Venezia 1971.
Zorzi, Ludovico: Il Climento dell'Invenzione. Il secolo di V. e il Melodramma (1650–1750). In: A. V. da Venezia all'Europa, 1978.